高等级公路路面结构性能预测

赵之仲　栾利强　王日升　田中亚　著

中国水利水电出版社
www.waterpub.com.cn
·北京·

内 容 提 要

公路路面性能包括决定使用寿命的结构性能和决定行车舒适安全的使用性能两个部分。路面性能的精确预测是道路学科未来发展的重要研究方向，也是道路学科的基础。

本书以高等级公路路面结构性能预测为主，共分为 5 章，包括路面横向开裂、纵向开裂、龟裂等结构性能的预测模型发展趋势和现有的研究成果，还涉及影响结构性能的层间连接状态、路面结构初始状态应力响应和材料参数等直接因素变化规律的阐述。

本书可以作为土木工程道路方向的高年级本科生和研究生的学习教材，也可以供相关领域的技术人员和科研工作者阅读参考。

图书在版编目（ＣＩＰ）数据

高等级公路路面结构性能预测 / 赵之仲等著. -- 北京：中国水利水电出版社，2020.3（2024.1重印）
ISBN 978-7-5170-8404-4

Ⅰ．①高… Ⅱ．①赵… Ⅲ．①高级路面－工程结构－性能检测 Ⅳ．①U416.23

中国版本图书馆CIP数据核字(2020)第027426号

策划编辑：杜 威 责任编辑：张玉玲 加工编辑：张天娇 封面设计：梁 燕

书 名	高等级公路路面结构性能预测 GAO DENGJI GONGLU LUMIAN JIEGOU XINGNENG YUCE
作 者	赵之仲 栾利强 王日升 田中亚 著
出版发行	中国水利水电出版社 （北京市海淀区玉渊潭南路 1 号 D 座 100038） 网址：www.waterpub.com.cn E-mail：mchannel@263.net（万水） 　　　　sales@waterpub.com.cn 电话：(010) 68367658（营销中心）、82562819（万水）
经 售	全国各地新华书店和相关出版物销售网点
排 版	北京万水电子信息有限公司
印 刷	三河市元兴印务有限公司
规 格	170mm×240mm 16 开本 17.75 印张 296 千字
版 次	2020 年 3 月第 1 版 2024 年 1 月第 2 次印刷
印 数	0001—3000 册
定 价	78.00 元

前　　言

保证公路路面的使用性能在服役年限内及设计寿命周期内能够满足要求，是设计、建造和维护工作围绕的核心问题，设计规范、施工技术规范和养护技术规范的制定也是以此为目的。路面性能的精准预测可以使设计工作、施工控制和养护方式及时机的把握更加科学合理，但是通过分析国内外的研究现状，发现目前并未建立一个系统的精准预测模型体系可供参考。

本书以《高等级公路典型路面结构的性能预测和寿命周期费用的研究》为主要框架，参考交通运输部行业联合攻关项目和山东省交通运输厅科技计划项目"典型路面结构路用性能和寿命周期费用"（2009-353-337-490）、山东省交通运输厅科技计划项目"钛石膏阻抗半刚性基层开裂机理和应用技术研究"（项目编号：2013A16-05）、山东省教育厅高校科技计划项目"沥青面层与半刚性基层层间抗剪强度特征及衰变规律研究"（项目编号：J13LG12）和山东省交通运输厅科技计划项目"水泥稳定碎石基层材料差异化设计及路用性能研究"（项目编号：2016B07）的部分科研成果，并结合了许多科研工作者的研究结论，书中所建立的预测模型在国家高速公路网长春至深圳线青州至临沭（鲁苏界）公路和济南绕城高速公路二环线东环段建设项目中也进行了应用。

本书共分为5章：第1章从公路路面性能预测的研究现状入手，梳理和分析了国内外的研究成果；第2章通过设计实验剪切仪，进行层间抗剪强度测试，并得到其变化规律和影响；第3章以有限元模拟为手段，分析了横向开裂的过程和影响因素，得到横向开裂预测模型，并对依托工程进行了预测和验证；第4章以断裂力学为基础，进行了试件的疲劳试验，并建立了疲劳寿命的预测模型；第5章对路面初始状态荷载响应进行了现场修正，并对材料力学参数的关联进行了分析。在以上规律的研究和模型的建立过程中，本书也提出了一些值得继续探讨的问题。

全书由山东交通学院赵之仲策划和定稿。第1章内容由山东交通学院王日升负责；第2～3章由赵之仲负责；第4章由山东交通学院栾利强负责；第5章由栾利强和齐鲁交通发展集团有限公司济南分公司田中亚负责。

本书的完成得到了同济大学郭忠印先生、山东省交通运输厅公路局杨永顺先生、山东省交通科学研究院王林先生、齐鲁交通发展集团有限公司薛志超先生的悉心指导和真诚帮助，研究生柳泓哲、杨振宇、申靖琳和陈飞鹏在资料搜集、章节安排、版式调整和文字校核等方面也付出了辛勤的劳动，在此一并致谢。

公路路面的性能预测是道路工程学科中的核心问题，需要深厚的理论研究和大量的现场验证才能保证其准确性。本书对国内外研究现状进行了系统性的梳理，并增加了作者多年来的科研项目成果与最新研究思想的总结，但预测模型的成熟度还有待提升，作者也会继续在此领域内进行深耕，以期使预测模型更加完善和实用。本着抛砖引玉的目的，本书内容和方法可供各位道路工作者参考。

由于作者水平所限，书中难免会出现不足之处，恳请使用本书的广大师生和同行专家批评指正。

作　者
2019 年 10 月

目　　录

前言

第1章　绪论 1

　1.1　研究目的和意义 1

　1.2　国内外研究背景 5

　　1.2.1　路面结构性能检测与评价技术研究 5

　　1.2.2　路面结构组合的研究 6

　　1.2.3　路面性能预测模型的研究 12

第2章　层间连接状态研究 19

　2.1　概述 19

　　2.1.1　研究目的和意义 19

　　2.1.2　层间连接状态的研究现状 21

　2.2　研究内容和技术路线 25

　　2.2.1　主要的研究内容 25

　　2.2.2　拟解决的关键科学问题 26

　　2.2.3　研究方法和技术路线 27

　2.3　剪切试验夹具的设计和制作 28

　　2.3.1　功能设计 29

　　2.3.2　形状和尺寸设计 29

　2.4　复合试件的制作规程 33

　2.5　层间界面抗剪机理及控制指标分析 36

　　2.5.1　层间抗剪强度的组成和影响因素 36

　　2.5.2　层间界面剪切过程中的力学描述 37

　　2.5.3　层间界面剪切试验的过程设置 38

　2.6　试验流程和注意事项 39

　2.7　试验数据处理及结果分析 40

　　2.7.1　剪应力的计算 40

　　　2.7.2　抗剪强度各组成指标值的计算 42

　　　2.7.3　抗剪指标结果和变化规律分析 44

　2.8　小结 57

第3章　横向开裂预测研究 59

　3.1　概述 59

　　　3.1.1　研究目的和意义 59

　　　3.1.2　国内外研究现状 62

　　　3.1.3　主要的研究内容和技术路线 73

　3.2　环境及材料参数的确定 75

　　　3.2.1　降温幅度的变化 75

　　　3.2.2　层间摩擦阻力的分析 75

　　　3.2.3　沥青混凝土和水稳碎石收缩系数的变化规律 76

　3.3　有限元模型的建立和计算指标的确定 76

　　　3.3.1　路表面温缩开裂的计算模型 76

　　　3.3.2　半刚性基层的有限元模型 77

　　　3.3.3　计算指标的确定 78

　3.4　横裂预测模型的建立 78

　　　3.4.1　路面结构横向开裂机理分析 78

　　　3.4.2　路表面的低温缩裂变化规律分析 80

　　　3.4.3　水稳碎石基层温缩开裂的预测 91

　　　3.4.4　水稳碎石基层干缩开裂的预测 94

　3.5　横向开裂预测模型 94

　　　3.5.1　沥青面层温缩开裂的预测 94

　　　3.5.2　水稳碎石基层温缩开裂的预测 97

　　　3.5.3　水稳碎石基层干缩开裂的预测 99

　3.6　青临高速典型路面结构收缩开裂的预测 99

　　　3.6.1　面层温缩开裂的预测 100

　　　3.6.2　基层温缩开裂的预测 100

　　　3.6.3　基层干缩开裂的预测 101

　3.7　小结 102

第 4 章　疲劳寿命综合分析与预估 104

　4.1　概述 104

　　4.1.1　研究目的和意义 104

　　4.1.2　国内外研究现状 104

　4.2　半刚性基层沥青路面疲劳机理 111

　4.3　断裂力学理论基础 112

　　4.3.1　疲劳裂缝开裂模式 112

　　4.3.2　应力强度因子 K 113

　　4.3.3　裂缝尖端应力强度因子的计算 115

　　4.3.4　裂缝疲劳扩展 116

　4.4　疲劳裂缝分析模型和参数 118

　　4.4.1　基本假定 118

　　4.4.2　模型参数 118

　　4.4.3　疲劳开裂有限元模型 123

　4.5　疲劳裂缝尖端应力强度因子分析 123

　　4.5.1　对称荷载作用下的应力强度因子分析 123

　　4.5.2　偏荷载作用下的应力强度因子分析 131

　4.6　小梁剪切疲劳试验和疲劳参数 140

　　4.6.1　小梁剪切疲劳试验 140

　　4.6.2　Paris 公式参数 142

　　4.6.3　断裂韧度 144

　4.7　半刚性基层沥青路面疲劳寿命分析 146

　　4.7.1　应力强度因子拟合曲线 146

　　4.7.2　疲劳寿命影响因素分析 147

　　4.7.3　路面初始状态的荷载响应分析 153

　　4.7.4　疲劳扩展寿命预估模型 155

　　4.7.5　预估疲劳寿命与规范反算疲劳寿命的比较 159

　4.8　小结 161

第 5 章　反射裂缝扩展寿命综合分析与预估 163

　5.1　概述 163

　　5.1.1　研究目的和意义 163

    5.1.2　国内外研究现状 164

  5.2　半刚性基层沥青路面反射裂缝产生机理 166

  5.3　反射裂缝分析的模型和参数 167

    5.3.1　基本假定 167

    5.3.2　模型参数 168

    5.3.3　反算裂缝扩展有限元模型 170

  5.4　反射裂缝应力强度因子分析 170

    5.4.1　对称荷载作用下的应力强度因子分析 170

    5.4.2　偏荷载作用下的应力强度因子分析 180

    5.4.3　温度荷载作用下的应力强度因子分析 199

  5.5　半圆弯曲疲劳试验和疲劳参数 215

    5.5.1　半圆弯曲疲劳试验 215

    5.5.2　Paris 公式参数 218

    5.5.3　断裂韧度 220

  5.6　半刚性基层沥青路面反射裂缝扩展寿命分析 221

    5.6.1　对称荷载作用时反射裂缝扩展寿命分析 221

    5.6.2　偏荷载作用时反射裂缝扩展寿命分析 222

    5.6.3　温度荷载作用时反射裂缝扩展寿命分析 229

    5.6.4　路面初始状态荷载响应分析 235

    5.6.5　反射裂缝扩展寿命预估模型 236

  5.7　小结 242

第 6 章　路面初始状态荷载响应现场修正与材料力学参数的关联分析 245

  6.1　概述 245

    6.1.1　研究目的和意义 245

    6.1.2　国内外研究现状 245

  6.2　荷载响应的计算值与实测值的对比分析 251

  6.3　荷载响应与预估公式的现场修正 253

  6.4　材料力学参数与实验室数据关联分析 255

  6.5　小结 263

参考文献 265

第 1 章　绪论

1.1　研究目的和意义

高速公路是经济发展重要的基础设施，不仅是交通运输现代化的重要标志，也是一个国家现代化的重要标志。中国高速公路起步晚，进步快，期间积累了大量的建设经验和成功的做法。随着国内经济发展需求的变化，"十三五"期间，构建横贯东西、纵贯南北、内畅外通的"十纵十横"综合运输大通道；完善高速公路网络，加快推进由 7 条首都放射线、11 条北南纵线、18 条东西横线，以及地区环线、并行线、联络线等组成的国家高速建设。

目前，我国高速公路绝大多数都采用半刚性基层沥青路面的结构形式，由于沥青路面工程的复杂性、多变性及早期结构设计不成熟和施工质量控制等种种原因，许多高速公路建成通车后，随着高速公路交通量的迅速增加、汽车轴载的加大、超载重载严重和渠化交通的形成，高速公路路面均出现不同程度的裂缝、永久变形、坑槽、松散等破损，尤以车辙和横向裂缝为主要破损类型，降低了路面的使用性能，甚至造成路面结构损坏。由于我国早期主要以高速公路建设为主，忽视了养护技术的发展与研究，高速公路路面结构在交通荷载和自然环境因素的不断作用下，其路面使用性能有逐年下降的趋势。而且受多种因素的综合影响，高速公路沥青路面使用 5～8 年即需要大面积维修，造成较大的资金投入。因此，保持高速公路的服务水平、延缓路面性能的衰退、减少资产损失、延长路面使用寿命，是高速公路养护管理的主要任务。而对高速公路养护管理部门而言，所面临的关键问题是如何科学评价路面的技术状况，合理分配有限的资金，将养护资金在最佳的时机以最佳的方式使用到最需养护的设施上，以保证最佳的整体服务水平，即以最低的成本取得最大的"收益"。

然而，哪些道路需要维修、何时进行维修、采用什么养护措施等问题的回答都建立在合理科学的路面性能评价及预测的基础上。对路面性能和破损状况的评价，有利于清晰地掌握路面状况，结合路面使用性能预测模型，为合理地制订养护维修计划和方案提供有力的理论依据。

半刚性基层具有整体强度高、稳定性好、板体性强、经济实惠等特点，而被广泛用于修建高等级公路沥青路面的基层或底基层。据统计，我国在建或已建成的高速公路，90%以上采用半刚性基层沥青路面，今后一段时间，半刚性基层沥青路面仍将是我国高速公路主要的路面结构形式。因此，建立一套合理的高速公路半刚性基层沥青路面使用性能评价体系是适时且必要的。考虑到我国 20 世纪 90 年代建成通车的高速公路至今已有十多年的运营历史，在当前环境下，开展我国高速公路沥青路面使用性能的研究是可行的[1]。

根据养护方式、路面结构和材料的作用，路面性能可以分为三类：结构性能、舒适性能和安全性能，后两者可以合并为使用性能。各个性能的定义、标准指标、影响因素和养护方式见表1.1。

表 1.1　路面性能的分类及区别

性能分类	定义	标准指标	影响因素	养护方式
结构性能	结构性能是指路面结构抵抗交通荷载、环境因素作用而保持整体性和允许的力学响应状态的性能，以疲劳寿命长短作为结构性能好坏的指标	弯沉值、纵向开裂率和龟裂率	材料力学性质、结构组合特点	局部铣刨重铺结构层，整条路铣刨重铺结构层
舒适性能	舒适性能是指车辆行驶时保证平稳、连续、不发生颠簸，保证驾乘人员舒适度的指标，表征路面在交通荷载、环境因素作用下保持平整、连续的性能	平整度指数IRI	沥青面层初始压实度、初始平整度指数、施工质量，上面层的抗水损能力和抗低温收缩能力，沥青表面层的水平抗剪切力	灌缝、坑洞挖补、罩面
安全性能	安全性能是指车辆行驶时路面能提供足够的摩擦力防止车辆发生安全事故的性能	车辙深度、抗滑能力	表面层集料抗磨性能、沥青含量、初始构造深度、温度和表面湿度	中修罩面

三种性能互相影响，舒适性能和安全性能是路面设计的最终目的，结构性能是保证其他两种性能的基础。

结构性能一旦不满足要求，路面的舒适性能和安全性能就会在短时间内急剧下降直至不能满足要求。结构性能决定了整个路面的使用性能，而且一旦被非正常破坏就得进行大修或整体翻修，养护代价也非常高，所以路面结构性能的设计是否满足要求决定了整条路的寿命和经济代价，应作为研究重点。

我国现行的沥青路面设计体系，通过控制沥青混合料层疲劳开裂损坏、无机结合料稳定层疲劳开裂损坏、沥青混合料层永久变形量、路基顶面竖向压应变，以及季节性冻土地区的路面低温开裂，使其达到设计寿命的要求。

1. 沥青混合料层疲劳开裂寿命（轴次）

$$N_{f1} = 6.32 \times 10^{15.96-0.29\beta} k_a k_b k_{T1}^{-1} \left(\frac{1}{\varepsilon_a}\right)^{3.97} \left(\frac{1}{E_a}\right)^{1.58} (VFA)^{2.72} \qquad (1.1)$$

$$N_{f1} > N_e$$

式中，N_{f1} 为沥青混合料层疲劳开裂寿命（轴次）；β 为目标可靠指标；k_a 为季节性冻土地区调整系数；k_b 为疲劳加载模式系数，$k_b = \left[\dfrac{1+0.3E_a^{0.43}(VFA)^{-0.85}e^{0.024h_a-5.41}}{1+e^{0.024h_a-5.41}}\right]^{3.33}$；$E_a$ 为沥青混合料在 20℃时的动态压缩模量（MPa）；VFA 为沥青混合料的沥青饱和度（%）；h_a 为沥青混合料层厚度（mm）；k_{T1} 为温度调整系数；ε_a 为沥青混合料层层底拉应变。

2. 无机结合料稳定层疲劳开裂寿命（轴次）

$$N_{f2} = k_a k_{T2}^{-1} 10^{a-b\frac{\sigma_1}{R_S}+k_c-0.57\beta} \qquad (1.2)$$

$$N_{f2} > N_e$$

式中，N_{f2} 为无机结合料稳定层的疲劳开裂寿命（轴次）；k_a 为季节性冻土地区调整系数；k_{T2} 为温度调整系数；R_S 为无机结合料稳定类材料的弯拉强度；a、b 为疲劳试验回归参数；k_c 为现场综合修正系数；σ_1 为无机结合料稳定层的层底拉应力；β 为目标可靠指标。

3. 沥青混合料层永久变形量

$$R_a = \sum_{i=1}^{n} R_{ai} \qquad (1.3)$$

$$R_{ai} = 2.31 \times 10^{-8} k_{Ri} T_{pef}^{2.93} p_i^{1.80} N_{e3}^{0.48} (h_i/h_0) R_{0i}$$

$$[R_a] > R_a$$

式中，R_a 为沥青混合料层永久变形；R_{ai} 为第 i 分层永久变形量；n 为分层数；T_{pef} 为沥青混合料层永久变形等效温度；N_{e3} 为设计使用年限内或通车至首次针对车辙维修的期限内，设计车道上当量设计轴载累计作用次数；h_i 为第 i 分层厚度；h_0 为车辙试验试件的厚度；R_{0i} 为第 i 分层沥青混合料在试验温度为 60℃、压强为 0.7MPa、加载次数为 2520 次时，车辙试验永久变形量；k_{Ri} 为综合修正系数；p_i 为沥青混合料层第 i 分层顶面竖向压应力。

4. 路基顶面竖向压应变

$$[\varepsilon_z] = 1.25 \times 10^{4-0.1\beta}(k_{T3}N_{e4})^{-0.21} \quad (1.4)$$

$$[\varepsilon_z] > \varepsilon_z$$

式中，$[\varepsilon_z]$ 为路基顶面允许的竖向压应变；β 为目标可靠指标；N_{e4} 为设计使用年限内设计车道上的当量设计轴载累计作用次数；k_{T3} 为温度调整系数。

5. 季节性冻土地区的路面低温开裂

$$CI = 1.95 \times 10^{-3}S_t \lg b - 0.075(T + 0.07h_a)\lg S_t + 0.15 \quad (1.5)$$

$$[CI] > CI$$

式中，CI 为沥青面层低温开裂指数；T 为路面低温设计温度；S_t 为在路面低温设计温度加 10℃的试验温度条件下，表面层沥青弯曲梁流变试验加载 180s 时的蠕变劲度；h_a 为沥青结合料类材料层厚度；b 为路基类型参数，砂 $b=5$，粉质黏土 $b=3$，黏土 $b=2$。

对于舒适性能和安全性能只是通过个别的材料指标进行保证，根据现有高速公路性能观测，这种设计体系存在以下问题，并不能达到理想的效果。

（1）结构设计实际上受弯沉指标控制，路面为多层复合结构，路表弯沉是总体性、综合性、表观性指标，具有非唯一性，无法包容各种损坏，难以协调各单项损坏指标，难以准确地描述结构层的破坏过程。

（2）不具有通用性，只适用于半刚性基层路面，不适合新的材料和结构层设计。

（3）材料性质指标和测试方法未反映其实际的力学状态（弯拉应力和应变）和特性（应力依赖性、温度依赖性和湿度依赖性）[2]。

半刚性基层沥青路面一直以来都是我国高等级公路的首选结构形式，以其承载能力强和初期造价低为优势，但是近年来不同形式的路面结构也开始被广泛关注，是为了能够消除半刚性基层沥青路面早期损坏严重、养护费用高的缺点。新的结构组合能否推广取决于三个方面：①能否消除目前路面结构的缺陷；②能否满足我国特定环境下道路的使用要求；③经济上是否有优势。通常第一个要求都能满足，因为这些结构形式出现的初衷就是为了解决半刚性基层沥青路面早期损坏严重的问题。第二个要求需要知道每种结构组合在交通、环境影响下性能的衰变规律，但是目前我国的设计规范中并没有性能预测模块，国内的研究也并不是很系统。第三个要求需要在已知性能衰变规律下，根据不同的养护方式和频率，再考虑到初建费用和道路使用费用后进行经济比较。

基于现状，本书对目前存在的各种路面结构组合进行归类，形成典型的代表性结构，并依托青州－临沭高速公路项目和济南绕城高速公路二环线东环段高速公路项目，修建了八种不同的结构形式，对每种路面结构的路用性能衰变规律进行研究，得出主要的性能预测模型和方法，并在此基础上分析费用预测模型，对八种结构组合进行经济性能的评价。

大量研究认为，进行路面的设计、施工、养护、维修等工作，充分考虑路面的长期性能才是有效且经济的[3][4]。道路性能的研究成果是公路部门能否科学决策的依据。现行道路设计和评价主要建立在力学分析基础上，通过建立道路结构的力学响应与道路性能的关系来合理设计道路结构组合及预测道路结构的服务寿命，其主要的设计参数为气候、交通条件和材料的物理力学特性。由于缺乏必要的道路自然环境、交通和荷载响应行为的检测设备、检测技术和检测方法，因此无法较客观、全面地掌握道路的自然环境、交通荷载及诸多因素共同作用下道路结构力学响应行为的复杂变化规律。在此条件下，气候、交通参数和荷载响应模型往往被人为地简化。这种简化的结果会导致道路设计预期与实际性能产生较大偏差，造成巨大的损失和浪费。因此，如果能通过对道路交通条件与道路结构荷载响应行为检测技术的研究和应用，准确掌握道路交通、道路结构温度、湿度场分布和实际结构响应分布，可以为道路设计人员提供最不利的和更加全面的交通、环境参数、准确的结构响应模型，更重要的是，可以为路面使用性能的预测和评价提供实际依据，为道路养护的科学决策提供数据支持。

1.2　国内外研究背景

1.2.1　路面结构性能检测与评价技术研究

由于道路工程在国民经济和人民生活中的重要性，世界各国对其性能的研究都非常重视。在 20 世纪 60 年代中期，人们就已经注意到了道路工程中存在的不确定性及其对路面结构使用性能的影响，并将可靠性理论用于路面的研究。

在路面结构性能评价方面，20 世纪 60 年代初期，美国 AASHO 道路试验提出了路面性能的评价模型，建立了路面服务性能指数——PSI 模型。1981 年，日本饭岛等在参考 AASHO PSI 模型的基础上开发了养护管理指数（Maintenance Control Index，MCI）模型。随后加拿大、英国和世界银行等都建立了相应的评价模型。20 世纪 80 年代初期，美国战略公路研究项目（Strategic Highway Research Program，SHRP）中将路面使用性能、养护经济效益、混凝土及混凝土桥梁的保护列为主要研究内容。英国运输部也自 20 世纪 80 年代开始陆续颁布了干线公路管理和养护说明（TRNIMS），经过多次补充、修订后形成了《干线公路养护手册》。20 世纪 80 年代末期，我国交通部公路科学研究所根据全国的沥青路面状况，在参照国外模型的基础上，确定了沥青路面使用性能评价方法，在河北省和浙江省等有关地区选取了代表性实验路段，组织专家进行了以行驶舒适性和路面使用状况为重点的专家评价和检测，建立了一般公路路面使用性能评价模型，这套模型在杭州市路面管理系统中得到了实际应用。1989 年，同济大学姚祖康提出了沥青路面性能评价模型。1990 年，姚祖康和孙立军利用美军工程研究实验室的 PCI 模型在我国的"七五"国家重点攻关项目中建立了评价北京市和广东省路面状况的模型。进入 20 世纪 90 年代后，随着先进设备的开发和利用，公路的检测和评价有了进一步的发展，我国新颁布的《公路水泥混凝土路面养护技术规范》和《公路沥青路面养护技术规范》中也提出和推荐了路面结构性能的评价模型[5]。

尽管如此，由于路面结构本身和使用环境的复杂性，在路面结构性能的评估、预测和决策领域仍有许多问题需要进一步研究和解决，如影响因素的多样性和不确定性问题、路面破损的复杂性和评价指标的多样性问题、路面检测技术中存在的若干问题等。本书将对上述问题进行系统和较深入的研究。

1.2.2　路面结构组合的研究

路面结构的组合是解决道路使用性能的最主要的方式之一，各国的路面结构组合形式也多种多样，都是根据自己国家的实际情况确定的。

为了提高路面使用寿命，减少路面早期损坏，节约道路建设和养护成本，综合国内外对于路面结构组合的研究，依托青临高速公路和济南绕城高速公路二环线东环段项目建设，拟定了八种不同的路面结构形式，结构代号分别为 S1～S8，具体组合形式见表 1.2 至表 1.9，并与主线结构进行对比[6]。每种结构力学响应和性能衰变规律、过程都不相同，为了能够预测各种结构性能的衰变程度和疲劳寿命，这里对每种结构及每一层次的力学特点和性能衰变特点进行逐一分析。

表 1.2　S1 材料和结构组合

（S1：主线结构层对比段）

结构层	厚度/cm
SMA-13	4
AC-20	6
AC-25	8
LSPM30	13
水泥稳定碎石基层	18
水泥稳定碎石底基层	16
水泥稳定砂加碎石	16
土基	

主线结构是山东省内目前常用的一种组合方式，在传统的半刚性基层沥青路面结构中加了一层 LSPM30 柔性基层，起到排水和抗反射裂缝的作用。实践证明，反射裂缝的出现确实推迟了，疲劳寿命得到了提高。

这种结构因为多加了 13cm 的沥青碎石层，结构整体厚度增加，半刚性基层的层底拉应力减小了，相应的疲劳寿命就会提高。面层的厚度没有减少，其抗弯拉能力没有减弱。整个结构的疲劳破坏历程应该有两种情况：

（1）水稳碎石层首先因干缩温缩开裂，柔性基层承受集中的剪应力和弯拉应力，LSPM 空隙率大、级配粗，在集中剪应力的作用下碎石发生移位，但是并不会产生裂缝。另外，由于其弹性模量与沥青面层相比较小，承受的弯拉应力也不大，所以短期内半刚性基层裂缝不会往上蔓延，但是随着荷载作用次数的增加和水损的作用，LSPM 层沥青逐渐剥落，退化成级配碎石，抗弯拉能力减为 0，竖向变形也增大，相应的沥青面层底部弯拉应力逐渐变大。沥青面层由于柔性基层的存在，底部承受弯拉应力，但是半刚性基层裂缝上端的集中剪应力不会传递上来，不会产生 I 型的开裂，随着荷载次数的增加和柔性基层性能的衰变，沥青面层底部的弯拉应力越来越大，就产生了疲劳开裂，继而贯通到表面。

（2）水稳碎石层未开裂，其底部承受较大的弯拉应力，随着 LSPM 层性能衰变和荷载的反复作用，水稳碎石基层逐渐达到疲劳开裂，继而裂缝贯通，其后的过程与第一种情况相似，只是 LSPM 层性能衰变了一定程度，面层弯拉应力或应变更大，疲劳开裂发展得更快一些。

通过有限元计算不同开裂状态下各层的控制指标数值，并利用疲劳方程进行寿命的计算，进一步明确疲劳控制区转移的规律和疲劳发生的先后顺序。

表 1.3　S2 材料和结构组合

（S2：粒料基层+半刚性基层结构）

结构层	厚度/cm
SMA-13	4
AC-20	6
ATB	10
ATB	10
级配碎石基层	15
水泥稳定碎石	18
水泥稳定碎石	18
土基	

此种结构在上一种结构的基础上，将 AC-25 用一层 ATB 代替，LSPM 层由一层 ATB 代替，增加了级配碎石基层，减少了水泥稳定砂加碎石底基层，形成了倒装结构，面层总厚度减少了 2cm。级配碎石的抗反射裂缝能力要强于沥青稳定碎石，但是回弹模量降低，分散竖向应力的能力减弱，并且永久性变形增大。由于级配碎石层的存在，沥青面层结构在相同的轴载作用下，变形增大，分散的竖向应力增大，相应的底部弯拉应力或应变会增大。水稳碎石层承担的竖向应力相应减少，层底弯拉应力也随之减小。

这一形式的路面结构疲劳破坏的规律应该有三种情况：①水稳碎石层首先

干缩温缩开裂，级配碎石层承受集中剪应力，在剪应力下碎石移位产生变形，不产生裂缝，其弯拉应力为 0，相应的沥青面层底部弯拉应力逐渐变大。沥青面层由于级配碎石层的存在，底部承受弯拉应力，但是半刚性基层裂缝上端的集中剪应力不会传递上来，产生不了 I 型的开裂，随着荷载次数的增加和级配碎石层永久变形的增大，沥青面层底部弯拉应力越来越大，就产生了疲劳开裂，继而贯通到表面；②水稳碎石层未干缩温缩开裂，如果沥青层厚度相对较小，则基层底部承受较大的弯拉应力，随荷载反复作用，先达到疲劳开裂，继而裂缝贯通，其后的过程与第一种情况相似，这种情况下，面层和级配碎石基层承受的剪应力很大，易产生过大的永久性变形；③水稳碎石层未干缩温缩开裂，但其厚度较小，则沥青面层底部承受较大的弯拉应变，先达到疲劳开裂，开裂贯通后分散竖向应力能力减弱，水稳碎石层的层底弯拉应力增大，达到疲劳开裂，结构整体达到疲劳寿命。

通过有限元计算不同开裂状态下各层的控制指标数值，并利用疲劳方程进行寿命的计算，进一步明确疲劳控制区转移的规律和疲劳发生的先后顺序。

表 1.4　S3 材料和结构组合

（S3：主线段变厚度结构-I）

结构层	厚度/cm
SMA-13	4
AC-20	6
AC-25	8
LSPM-25	9
水泥稳定碎石	18
水泥稳定碎石	18
水泥稳定碎石	18
土基	

这种结构在主线结构的基础上增加了 18cm 的水稳碎石层，相对于主线结构其力学响应发生了变化：面层层底拉应变减小，水稳碎石基层的层底拉应力也减小，水稳碎石和面层的疲劳寿命都有所增加，但是避免不了水稳碎石的干缩温缩导致的裂缝，裂缝先出现的层位对结构内应力应变分布的影响需要通过计算获得。

破坏此种结构最可能的方式就是面层层底拉裂，然后贯穿，或者面层温度收缩产生 TDC 裂缝。

表 1.5　S4 材料和结构组合

（S4：高模量沥青混合料结构）

结构层	厚度/cm
SMA-13	4
EME（0/10）	6
EME（0/14）	9
EME（0/14）	10
水泥稳定碎石底基层	18
水泥稳定砂加碎石	18
土基	

高模量沥青层的存在，是减小车辙量的有效措施，所以车辙不是此种结构的主要病害，破坏方式主要考虑水稳碎石基层开裂后导致的沥青层底拉应变变大。如果不超过永久性路面要求的应变，则此种结构的寿命就可以达到 40～50 年；如果厚度不足的话，也有可能导致路基变形过大从而产生破坏。

表 1.6　S5 材料和结构组合

（S5：连续配筋结构 1）

结构层	厚度/cm
连续配筋混凝土	35
AC-13	4
水泥稳定碎石	30
土基	

易发生冲断开裂和平整度的变化，表面的舒适性能相对比较差，其他病害在早期很少，微裂缝的存在并不影响路面的使用性能。不存在车辙、波浪、拥包和坑槽等病害。

表 1.7　S6 材料和结构组合

（S6：连续配筋结构 2（S7））

结构层	厚度/cm
SMA-13	4
AC-5	2
连续配筋混凝土	33
AC-13F	4
水泥稳定碎石	30
土基	

相对于 S5，此种结构增加了沥青混凝土表面层，提高了行车的舒适性，但是也会存在沥青面层易发的病害，如车辙、横裂等。由于刚性基层的存在和较薄的沥青面层，使车辙量比较小，横向开裂也只是在降温幅度比较大的冬季才有可能出现。

表 1.8　S7 材料和结构组合

（S7：主线变厚度结构-Ⅱ）

结构层	厚度/cm
SMA-13	4
AC-20	6
AC-25	8
LSPM-25	9
水泥稳定碎石	18
水泥稳定碎石	16
水泥稳定碎石	16
水泥稳定风化砂	40
级配碎石垫层	10
土基	

此种结构用于上坡路段以应对慢车速情况下的病害，基层结构比较厚。

表 1.9　S8 材料和结构组合

（S8：粒料基层结构）

结构层	厚度/cm
SMA-13	4
AC-20	6
ATB	10
ATB	10
级配碎石	20
未筛分碎石	36
土基	

这种结构跟美国 AASHTO 推荐的其中一种结构形式相同，面层厚度 30cm，下面为未处治粒料层，这种结构沥青层底拉应变比较大，易拉裂，另外，基层底的基层刚度偏小，扩散能力不足，路基顶部已发生竖向塑性变形。如果地下水或面层水渗入级配碎石层，模量大大降低，更易产生拉裂或导致路基失稳。

结合这八种典型路面的结构材料、环境和交通特征，本书对长期路用性能的预测方法进行了深入研究，该研究具有重要的现实意义，对今后沥青路面结构形式的选择有重要的指导意义。使用路面寿命周期费用分析方法指导我国的路面设计，其研究思路、设计观念及研究规模在国际上均属超前及领先水平，该方法不但可以实现路面结构方案的经济最大化，而且还为公路建设部门的科学决策和策略选择提供了更实际、更可靠的依据。

1.2.3　路面性能预测模型的研究

路面性能预测模型的研究方法主要有：确定性、概率型、神经网络型、灰色理论、专家系统、遗传算法。每种方法都有各自的适用范围。

1.2.3.1　确定性预测模型

这类模型就是利用已有的路面性能检测数进行公式回归；或者根据力学原理进行路面结构受力计算，用应力应变数值来推算路面的性能；又或者将两者结合起来，利用实际的检测数据对力学计算结果进行修正。这三种模式分别是经验回归法、力学法和力学-经验法。

1. 经验回归法

此种方法需要收集大量的路用性能指标检测数据，然后分析其演变趋势，确定合适的方程形式，代入实测数据进行方程参数标定，然后用此方程对未来的路用性能变化进行预测。一般来说，这类的方法建立在客观事实的基础上，只要方程的形式选择正确，则预测的可靠度比较高。其他国家，尤其美国在数据收集方面做得就很好，我国也在开展数据收集方面的工作。在此基础上，建立了很多如下的经验回归公式。

（1）AASHO 模型。20 世纪 50 年代末至 60 年代初，根据美国 AASHO 试验路的经验数据，以服务能力指数（Present Serviceability Index，PSI）为衡量指标，得到路面服务能力的基本方程，见式（1.6）[7]。

$$PSI = PSI_0-(PSI_0-PSI_t) (ESAL/ESAL_t)^\beta \tag{1.6}$$

（2）ALBERTA 省模型。基于 20 多年历史数据的回归分析，加拿大的亚伯达（Alberta）省提出了一种修正的确定性模型。模型以 RCI 为预测指标，路面类型不同，模型的形式也存在差异，见式（1.7）和式（1.8）。

碎砾石柔性基层：

$$RCI = -6.36915+6.87009\ln(RCI_p)-0.16242\ln(y^2+1)+0.18498y-0.08427y^n(RCI_p) \tag{1.7}$$

半刚性基层：

$$RCI = 4.9856+5.802\ln(RCI_p)-0.1846FDN \tag{1.8}$$

（3）SASKATCHEWAN 省模型。以世界银行的公路设计养护标准模型为基础，萨斯喀彻温省（Saskatchewan）公路交通部门采用一个经过修正的确定性模型[8]。模型采用国际平整度指数 IRI 作为预测指标，认为 IRI 是时间、交通载荷和损坏状况的函数，见式（1.9）和式（1.10）。

$$d_{IRI} = 134\times d_{NE4}\times emt\times(1+MSN)-5+m\times RI\times dt+0.057\times dRDM \tag{1.9}$$

$$d_{IRI} = 134\times d_{NE4}\times emt\times(1+MSN)-5+m\times RI+0.057\times dRDM \tag{1.10}$$

（4）IDAHO 州模型。美国爱达荷州（Idaho）交通局以 PSI 为预测指标，采用式（1.11）的形式建立模型。

$$PSI = PSI_0B-ESAL_c D \tag{1.11}$$

其中：

$$B = PSI_0/PSI_t$$

$$D = \ln((\ln(PSI_0)-\ln(PSI_t)))/\ln(ESAL_c/C)$$

$$C = ESAL_i \quad (PSI_i > PSI_t)$$

$$C = ESAL_c \times \ln(B)/\ln(PSI_0)-\ln(PSI_i) \quad (PSI_i < PSI_t)$$

（5）WASHINGTON 州模型。美国华盛顿州（Washington）的路面管理系统将平整度和路面损坏状况综合成一个评价指标 R，以 R 作为路面性能变量，综合三年的观测数据，对柔性路面的养护和改建对策提出了综合路面性能指标 R 的预估模型，见式（1.12）。

$$R = 99.85-0.21112y^{2.25} \quad （日常养护）$$
$$R = 100-1.41088y^{2.00} \quad （2.5cm\ 厚加铺层）$$
$$R = 100-0.13637y^{2.50} \quad （4.5cm\ 厚加铺层） \quad (1.12)$$
$$R = 100-0.01615y^{3.00} \quad （7.5cm\ 厚加铺层）$$

（6）ARIZONA 州模型。美国亚利桑那州（Arizona）通过对三个地区不同路龄的路面的性能变量及其影响变量进行分析后，得到了典型的概率型回归模型，见式（1.13）和式（1.14）。

$$\Delta R_n = 0.138R+2.65R_g^2-0.125 \quad (1.13)$$

罩面后的平整度为：

$$\Delta R_n = 65.29-0.78R_b-0.3055TH \quad (1.14)$$

（7）ONTARIO 省模型。加拿大安大略省（Ontario）的 PARS 管理系统在研究路面使用性能时考虑交通量和环境两个影响因素，通过两个因素造成的路面使用性能的衰变来判断使用性能的变化，见式（1.15）。

$$P = P_0-P_T-P_E$$
$$P_T = 2.44554+8.805\Psi^3$$
$$P_E = (P_0-5.15/(1+\beta W_s))(1-e^{-ay}) \quad (1.15)$$
$$\Psi = 100W_s^6 N$$

（8）芬兰模型。芬兰 Vesa Mannisto 等三人根据多年的观察研究，得到如下模型，见式（1.16）和式（1.17）。

沥青混凝土路面：

$$L_{IRI} = 2.3\times(1.3CLASS-0.24LTMITK+0.08LAGE-0.1LAMITK) \quad (1.16)$$

沥青砾石路面：

$$L_{TRAN} = -0.11-(0.319LAGE+0.316BCI)$$

$$L_{TRI} = 2.4\times(0.17LAGE-0.346LTMITK) \tag{1.17}$$

（9）MINNESOTA 州模型。明尼苏达州（Minnesota）运输部用 PSR 预测模型，该模型是简单的递归模型，见式（1.18）和式（1.19）。

现有路面：

$$PSR = PSR_p-J \tag{1.18}$$

新建路面：

$$PSR = PSR_0-J_y \tag{1.19}$$

（10）S 形模型。南卡罗来纳州公路和公共运输部用 S 形模型预测 PSI，见式（1.20）。

$$PSI = PSI-\mathrm{e}^{(a-bct)} \tag{1.20}$$

（11）北京模型。北京地区选用路况指数 PCI、行使质量指数 RQI 和结构性能作为路面使用性能变量，由于使用性能影响变量，因此选用路面使用年数，建立的预测模型见式（1.21）。

$$PCI = 100\mathrm{e}^{-ayb}$$

$$RQI = c\mathrm{e}^{-\mathrm{d}y}$$

$$L = e_1/m/PCI \tag{1.21}$$

（12）天津模型。天津地区建立的模型见式（1.22）。

原模型：

$$Y = a\times\mathrm{e}^{-b_0 n}$$

标准型：

$$Y = 100\mathrm{e}^{-bn} \tag{1.22}$$

（13）广东模型。广东地区建立的模型见式（1.23）。

$$RQI = 5.0\mathrm{e}^{-\mathrm{d}y} \tag{1.23}$$

上述模型均能比较好地拟合路面的衰变情况，客观地反映出路面使用性能随着使用年数的增加而衰减的规律。但是这些模型的建立是在一定的环境、交通荷载和特定的道路结构形式下，有一定的地域限制，移植性不好，通用性差，不便于以后的研究和发展。而且我国的高速公路发展历程短，前期又没有注意检测数据的积累，想要获得足够的检测数据比较困难。利用此种方法进行路面性能方程的建立目前来说比较困难。

同济大学孙立军教授在此基础上提出了适用于我国公路的路用性能预测方程，见式（1.24）。

$$PPI = PPI_0 \left[1 - \exp \left[-\left(\frac{\alpha}{y} \right)^{\beta} \right] \right] \qquad （1.24）$$

式中，PPI 为使用性能指数（PCI、RQI 或其综合）；PPI_0 为初始使用性能指数；y 为路龄；α、β 为模型参数。

该方程的参数具有明确的物理意义，能够涵盖所有的路用性能衰变形式，可以根据部分实测数据进行公式参数的标定，从而建立具体的某条路的性能衰变方程。该方程是经验法中比较客观准确的一种预测方程，但需要大量的现场数据作为支撑，才能得到准确的参数。

2. 力学法

力学法是在室内进行结构材料的力学性质试验，基于弹性层状体系理论，对结构的受力进行计算，用应力、应变和位移来表征路面的结构性能的发展变化规律。

力学法的优点在于不需要收集大量的实测路用性能数据，从理论的角度就能提前分析路用性能的变化规律，节省大量的人力物力，更重要的是不需要很长的时间。

力学法的缺点在于室内结构材料试验与现场的路用性能关系的相关性差，不是直接的对应关系；进行力学分析需要很多的假设条件，力学计算还模拟不了现场的实际环境，并且在很多情况下，假设条件是不准确的，这就导致力学的计算结果过于理想化，与实际出入太大；力学计算的精确度还有待理论的进一步完善和假设的进一步合理。

现有的力学法理论有弹性层状体系理论、粘弹塑性理论、断裂力学理论，比较适合路面结构分析的有限元分析软件有 ANSYS、ADINA、ABAQUS 等，具体内容不再赘述。

3. 力学-经验法

此方法就是利用力学理论和有限元软件，在结构材料室内试验的基础上对路面结构进行应力、应变和变形的计算和分析，再根据现场试验路段的实际应力、应变和变形的数据进行修正。利用修正后的公式来预测整个寿命周期内路面结构性能的变化趋势。

力学-经验法集合了力学和经验法的优点：投入的人力、物力和时间少，成本低，速度快；经过修正后的力学指标能够很好地反映路面结构性能的实际情况。所以，力学-经验法也是目前最科学、最合理和应用最广泛的一种方法。不但能够对路用性能进行预测，更主要的是为路面结构和材料的设计提供了依据[9]。

大部分国外的设计方法都是力学-经验法，我国也采用这一设计体系。但是我国上一版设计体系使用的十多年来，路面性能的变化并没有按照预期的进行，出现了很多的早期病害并浪费了大量的资金。这说明我国的力学-经验设计法存在很多缺陷，在材料试验、结构组合设计和设计控制指标上都存在很大的问题，导致设计出的路面结构与期望值相差甚远，虽然 2018 版的沥青路面从单一的疲劳设计指标演变为永久变形、疲劳、抗滑性能等多指标体系，但性能预测模型依然没有成为主要内容。本书的内容之一就是分析这些缺陷，通过提高力学计算精度，明确检测、试验方法，通过试验路调整修正参数，建立更科学、更合理的力学-经验法路面设计体系，并作为路面性能预测和经济分析的依据。

1.2.3.2　概率型预测模型

概率型模型主要是根据现有的路用性能状态，利用一定的理论去推断下一阶段处于某种状态的概率，这就是状态转移的概率，对于下一阶段的预测主要是基于前期数据的发展趋势[10]。在路用性能实测数据不足的情况下，可以采用这一模型，目前很多科研人员也在用这种模型进行路面性能衰变趋势的预测。这种预测不注重路面性能与路面结构和材料的关系分析，而只是从客观数据上去预测下一步可能发展的趋势，是一种纯数学理论的模式。预测的准确程度需要下一阶段的实测数据进行修正，并调整策略继续再下一阶段的预测，是一个不断调整的过程，所以对远期的预测准确度比较差。

常用的概率型模型主要有：残存曲线模型、贝叶斯概率模型、马尔可夫模型和半马尔可夫模型[11]。马尔可夫模型是应用最广泛、模型最完善的一种概率型预测方法，主要步骤有选择模型、定义路况状态、为不同的路面结构和养护措施计算状态转移概率矩阵，这一矩阵一经确立就不会变化，所需的实测数据较少。马尔可夫预测方法可以对路面力学状态转移进行概率预测，也可以对路面性能状态转移进行概率预测；既可以利用充足的数据进行转移概率矩阵的计算，也可以在检测数据不足的情况下，利用回归方法来计算状态转移概率矩阵。需要后期数据对预测结果进行修订。

1.2.3.3 神经网络模型

神经网络模型[12]能够提供一个高度复杂的非线性系统[13]，具有根据数据动态更新的功能[14]。相对于概率型的静态模型，它是一种动态的模型[15]。美国的Kansas公路局从铺面维护管理系统（PMS）中提取破损、纵向裂缝、块裂、等效轴裂和疲劳数据五年的历史资料，采用自组织、有监督的混合神经网络进行了 IRI 的预测。J.D.Lea 利用 BP 网络对南非十年的低等级公路数据进行分析、预测，效果很好。我国的胡霞光提出用小波神经网络来预测路面性能[16]。

除了以上的类型，还有其他一些模型也应用于路面使用性能的预测分析，包括专家系统、遗传算法和灰色理论等[17]。

根据对国内外性能预测模型研究现状的分析，结合青临高速不同结构组合的试验路段的具体情况，拟采用力学-经验法建立模型对各种路用性能进行预测。

第 2 章　层间连接状态研究

2.1　概述

2.1.1　研究目的和意义

我国的路面结构设计规范从 1958 年到 2006 年共经历六版，从结构控制指标到材料控制指标都发生了很大变化。对于层间连接状态的确定，1997 年版之前都是假定为完全连续，直到 2006 年版才对面层和基层之间的连接状态开始重视，认为沥青层和水稳基层之间的连接可以分为两个状态：完全连续和完全滑动。但是经过比较后认为：如果路面按滑动状态进行设计就显得过于保守，路面厚度太厚。原则上设计时应按层间的连续状态，利用专用程序进行厚度计算，要求设计应采取技术措施尽量保证各层的紧密结合，使其层间处于连续状态。若涉及需要考虑沥青层与半刚性基层之间可能出现移动时，可以根据具体情况选定层间结合系数或摩擦系数进行计算[18]。可是对于层间摩擦阻力的试验方法和标准并没有给出明确的答案，并且层间的摩擦并非传统意义上的形式。

路面结构的厚度设计取决于沥青层底和半刚性基层层底的弯拉应力应变，沥青路面结构的应力与应变分析表明，路面结构设计中层间的连接状态对设计结果有较大影响，尤其对拉应力（包括剪应力），滑动状态下的基层拉应力的设计比连续状态下提高 1~2 倍。设计中采用什么样的层间接触条件，取决于施工条件和材料特性。两种状态下路面结构的力学响应截然不同，计算的路面寿命也相差很大，有文献表明：在滑动状态下进行计算，比连续状态下路面弯沉增大了 32%~46%，结构应力分布形式发生了根本性的改变，最大控制应力增大两倍多，而且在重载情况下这种差距更大[19]。1995 年，Tschegg 等利用一个多层梁的承载力大小来类比路面，证明各层之间具有良好黏结的梁的挠度为各层间不良黏结梁的 1/9[20-21]。这是因为在完全连续的条件下，沥青层与水稳层之间存在较大的摩擦阻力，能抑制沥青层底拉应变，并减小水稳基层层底的最大拉应力，大大地提高了路面结构的寿命，使路面长时间维持较高的路用性能。所以为了保证层间界面的连续，各国都非常重视，从设计规范到施工规范都做了相应的要求。我国就在施工规范中做了严格的要求和规定，由从前的撒布乳化沥青、普通沥青到乳化改性沥青和改性沥青加预拌碎石，逐步提高了层间连接处理的标准。

层间接触的实际状态并非理想化的完全连续或完全滑动，在交通荷载和环境因素的影响下，层间沥青会逐渐地老化、变硬，并且随着层间的微小移动和水的浸泡慢慢地损耗掉，会经历完全连续衰变为完全滑动的过程，如果能准确地描述这种状态的演变过程，将进一步客观地明确路面结构在不同时期的力学响应，更加准确地计算路面结构的疲劳寿命，完善路面设计体系，使寿命的计算和路用性能的预测更贴近实际。

但是现阶段，在我国的路面设计体系中进行基层层底拉应力和弯沉等控制指标的计算时，都是假定层间完全连续。美国的 Shell、AI 和 AASHTO 设计方法，是假设滑动、连续和半滑动半连续状态，然后计算控制指标值，对于半滑动半连续状态只能通过主观地设定层间的摩擦系数，而实际是多大无法进行检测和验证，这样设计出的路面结构寿命与实际不符。在完全连续假设下会夸大路面结构的寿命，反之则低估路面结构的寿命。

大量研究结果表明，层间的摩擦阻力系数与传统意义的摩擦系数不一样，因为层间是通过沥青、碎石等复合体与水泥稳定碎石表面层之间产生的沥青的黏结力和碎石相对移动产生的抗剪切力，与传统的致密材料之间的摩擦意义不同，具体如图 2.1 和图 2.2 所示。所以在各种计算软件中，层间摩擦阻力系数取 0～1 是不对的，具体的数值是多少，需要通过剪切试验来确定。

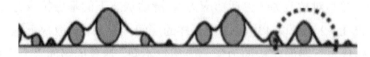

图 2.1　沥青和水稳基层接触细部示意图

为了能准确描述不同时间的层间连接状态，确定影响层间抗剪强度的影响因素，本章对沥青层和水泥稳定碎石层层间的连接状态进行了研究。利用 MTS 试验机，设计疲劳剪切夹具，能够进行有横向约束力的剪切疲劳试验，根据试验结果分析不同的层间处理方式对于抗剪强度的影响程度和界面的恶化过程，为路面结构和材料设计提供准确的依据。

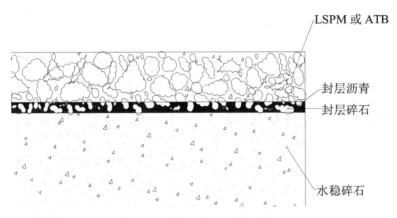

图 2.2　沥青和水稳基层接触示意图

2.1.2　层间连接状态的研究现状

对于层间连接状态的重要性，各国很早就开始重视。对于层间连接状态的研究，分为理论和试验两个大的方面。

在理论方面，一种趋势是在有限元仿真中更加精确地描述层间的接触，以期达到客观精确的目的；另一种趋势就是利用传统的摩擦原理，利用有限元或离散元对接触界面进行精确描述。A.Megalingam 在有限元分析中就利用多峰体模拟层间界面的粗糙程度，使得接触面的应力计算更趋近于实际。

在试验方面，欧洲走在了前列，2005 年以前欧洲是没有层间剪切试验的标准的，但是考虑到其重要性，在 2005 年的"路面性能与预测"的研究项目中开始了层间剪切试验方法的研究。瑞典和意大利都研制出了自己的剪切仪器 LPDS（图 2.3）和 ASTRA（图 2.4）[22-23]，为路面结构的设计和施工提供了重要的控制依据。2005年，由美国国家公路合作研究计划（NCHRP）发起了一项研究，其意图是推出层间黏结强度的评价方法和测试标准，研发试验仪器，以及推荐不同应用场合下黏层材料的选择方法。国际材料与结构试验研究协会（RILEM）也发起了一项全世界范围内的研究计划，目的是对不同的层间黏结强度的试验方法进行比较。还有一项研究计划是由美国华盛顿交通厅和华盛顿州立大学发起的，其目的是研究层间黏结强度的影响因素（包括黏层材料种类、喷洒率、界面粗糙程度、界面干净程度和乳化沥青养护时间等）及各影响因素对层间黏结强度的影响程度。

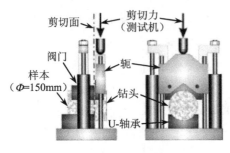

图 2.3　LPDS 装置

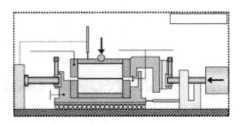

图 2.4　ASTRA 装置

F.A.Santagata 利用这两种仪器分别进行了试验，并对剪切试验曲线的参数最大剪应力 τ_{peak}、最大剪应力模量 E_{peak} 和位移受加载速度、大小等影响的结果进行了研究，对比了两种试验结果的异同[24]。在不施加横向约束力的条件下，剪应力随剪切位移的变化规律如图 2.5 所示。

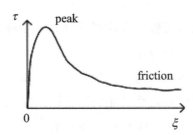

图 2.5　层间剪应力随位移的变化规律示意图

在国内，黄宝涛等采用分形理论和层间接触理论，对半刚性基层沥青路面层间接触状态进行了微观分析，根据级配分形维数的公式计算了沥青面层、半刚性基层层间接触临界值的大小，提出了依据级配计算路面结构层间接触状态值的方法[25]。唐承铁等对半刚性基层沥青路面层间处于完全连续、完全滑动状态条件下的拉应力、剪应力分布进行了分析，同时分析了考虑半滑动半连续状态中不同的滑动系数对沥青层和半刚性层的最大拉应力的影响，并根据我国现行沥青路面设计规范进行了完全连续、完全滑动、半滑动半连续状态下的半刚性基层沥青路面疲劳特性分析[26]。但是作者只是从控制指标的角度计算了整体结构的疲劳寿命，没有涉及层间接触状态的衰变规律，并且在模拟半滑动半连续状态时，只是用拟定的滑动系数来表征，没有涉及连接状态随时间变化的规律。

赵炜诚等在研究了混凝土和贫混凝土基层之间的作用后，采用弹簧模型和摩擦模型结合的接触模型模拟层间作用。借鉴法向刚度的确定方法，提出了切向刚度的计算方法，理论分析证明该种模型是可行的。分析结果表明：混凝土面层与贫混凝土基层之间为半结合状态，并非理想的结合式或分离式[27]。

崔鹏等设计了便携式的剪切仪，研究了超薄水泥砼面层与沥青层连接条件的变化规律[28]。此项仪器虽然便捷，但是制件过程繁琐，而且只能用于极限抗剪能力的试验。与此类似的，南雪峰等制作了复合型试件，采用层间剪应力试验仪配合加载设备对试件进行直接剪切试验，研究了影响超薄磨耗层层间抗剪强度的影响因素[29]。苏凯等自行设计了路面材料剪切仪，研究了沥青路面的层间抗剪切能力，分析了导致路面结构层层间滑移的主要原因，并提出了相应的解决措施[30]。哈尔滨工业大学徐伟采用 27°斜面剪切、直接剪切和直接拉伸试验。长安大学张占军采用固定正应力剪切、直接剪切和直接拉伸试验。东南大学高雪池采用 40°斜面剪切试验[31]。

陈亚章等采用 BISAR3.0 软件中的简化剪切弹性柔量 ALK 来描述层间的结合状态，并以水平荷载和竖向荷载的共同作用作为加载方式，得到相应的沥青路面力学响应[32]。结果表明：层间结合状态的退化对沥青层底弯拉应力、弯拉应变与剪应力影响较大，而对路表弯沉影响较小。

罗要飞等为了进一步了解层间接触条件对路面结构性能的影响，选取典型的半刚性基层沥青路面结构，采用 BISAR3.0 软件，借助剪切弹性柔量接触模型，分别对处于极端条件下的面层层间、基－面层层间接触的路面结构力学特性和疲劳寿命进行分析[33]。结果表明：层间接触条件的改变对路面结构内各力学指标值的影响并不相同，其中，对层底拉应力、应变及剪应力的影响显著大于对路表弯沉的影响；当上－中面层、中－下面层、基－面层层间接触条件由连续转变为滑动时，路面结构的疲劳寿命分别降低 52.300、71.500、83.000；层间接触条件的恶化是导致路面加速破坏的重要原因，保持良好的层间接触状态可以提高路面的服务寿命，减少路面的维修费用。

孙敬福等基于弹性层状体系，利用 Kenlayer 程序研究了标准轴载作用下半刚性沥青路面层间接触状态对路面结构使用寿命的影响[34]。结果表明：层间接触状态对路面结构层中应力的分布和路面使用寿命均有重要影响。

　　严二虎、沈金安建立四层半刚性基层沥青路面模型进行层间接触分析,将基—面层层间的接触情况定义为绝对连续与相对滑动,其他各层之间为完全连续状态,用模型表面上的两种大小荷载（100kN 和 300kN）进行计算[35]。经计算得出,基—面层层间接触条件的恶化,会使路面结构内部受到的拉应力呈明显增大的趋势,同时路表弯沉值也将增大。此外,在光滑接触状态下,沥青下面层层底将分布最大剪应力,很容易产生裂缝从而反射至表面。

　　在利用软件程序计算分析方面,柳浩、谭忆秋等使用了 BISAR3.0 软件,研究了基—面层层间接触状态的变化与机构内部应力和位移变化的关系[36]。结果表明:如果基—面层层间接触状态较差,将导致结构层层底分布的拉应力和接触面间分布的剪应力值发生大范围突变;并且在接近车辆轮胎作用在路面时,接触面形心部位处的应力受到层间接触状况因素多,造成的影响较大。

　　刘红坡在其研究工作中使用有限元程序,引入摩擦因数变量,用以表征各结构层界面相接触时对剪切应力传递的性能,建立实际的道路结构模型,模拟不同接触面状态下力学参数的分布[37]。他分别研究了道路结构在垂直荷载的单独作用下及水平荷载叠加垂直荷载的共同作用下,接触面连续状态和接触面摩擦接触状态对应力分布的影响。

　　艾长发及其团队使用 ABAQUS 软件,以量化影响为目的模拟道路在不同温度、垂直荷载和水平方向荷载影响下的力学性质,分析了对于不同层间接触状况下各力学指标随之发生改变的性质,揭示出沥青道路在发生接触面间连接状况变化的情况下,受环境温度变化而发生病害的机理[38]。

　　武汉工程大学曾同通过室内试验对试件施加竖向荷载,并以 Goodman 模型为基础,利用实验室 UTM 万能试验机和自行改造的试验夹具进行了层间直接剪切试验,并得出不同条件下混合料试件层间特性的基本变化规律[39]。

　　以上研究从不同的角度对影响层间连接能力的因素进行了分析,并自行设计了试验仪器,但是都是局限于静态试验和极限剪应力的测试,没有反映出连接状态的疲劳衰变特性。此后,长安大学刘细军等开发了一种可以在 MTS 上测试的简单直剪仪[40],如图 2.6 所示,该仪器的两个剪切套具的间距可调,并且利用 MTS 可以方便地以控制应变或控制应力的模式加载,荷载的大小和试验温度可调整。仪器通过剪切套具下支撑的偏移来实现剪切,操作简便,试验数据由软件自动采集和输出。但是该仪器是简单直剪仪,存在剪胀等问题,有待进一步改进。刘丽等在此基础上进行了剪切疲劳试验，并分析了不同的层间处理方式对于疲劳寿命的影响，但是由于使用的也是如图 2.6 所示的夹具，没有考虑到横向的约束力作用，所以结果应该偏小。

图 2.6　直剪夹具

而在试件的制作方面也是各式各样，通常是先进行水稳基层板的制作，然后进行层间处理，利用车辙仪进行面层的成型，再通过切割或钻芯获得试件。总体来说，这种成型方式比较复杂，所用设备较多，并且成型方式与现场施工存在一定的差异。为了简化成型方式并尽量地模拟现场施工过程，需要对试件的制作规程进行标准化，这也是保证试验结果具有可比性的重要措施。

由以上分析可知，各国学者都已经认识到了层间连接状态的重要性，并试图寻找一种方法或试验能准确地描述。本章就从试验角度出发，揭示层间连接状态在交通荷载和环境因素的综合影响下随时间的衰变过程和抗剪强度的变化，分析层间抗剪强度的形成机理和影响因素，为路面结构的收缩开裂、疲劳寿命和车辙的预测提供研究基础。

2.2　研究内容和技术路线

根据以上分析和本章对于路用性能预测的目的，设计剪切试验用夹具，并分析层间连接产生强度的机理，确定复合试件的制作规程并制件，进行剪切试验，分析层间连接强度的指标和变化规律。

2.2.1　主要的研究内容

（1）具有横向约束力的剪切疲劳试验夹具设计。分析层间剪切时实际的受力状况和疲劳剪切所需的条件；研究横向约束力（模拟车辆荷载的竖向力）的施加方式、部件形式和横向力控制及量测方式；研究反复剪切力的施加方式、部件形式和量测方式。基于以上分析结果，对试验夹具重新进行设计，使其不但能装备在 MTS 试验机上，同时能完成横向约束力的施加，真实模拟行车荷载作用下层间受剪切力的实际状况。

（2）复合试件制作规程的研究。对比分析国内外复合试件制作流程的优缺点；研究水稳碎石试件成型尺寸、方式和模具；研究沥青层试件成型尺寸、方法和模具；研究层间透层沥青、封层沥青和封层碎石的成型方式；研究沥青层试件和水稳碎石层试件合成采用的试验方法和设备；在简单易行的基础上对试件的制作进行标准化，为进一步地推广层间剪切试验打好基础。

（3）层间抗剪的机理分析及影响抗剪能力的因素研究。从细观上研究影响层间抗剪能力的主要因素；研究剪切过程中沥青、碎石对抗剪能力的贡献大小和顺序；根据以上结果，对试验方案进行针对性设计，按照制作规程成型复合试件；进行复合试件的直剪试验，收集和分析试验数据，确定层间抗剪力的实际组成及各因素的影响程度；针对这些因素提出相应的施工措施和控制标准。

在以上工作的基础上，对层间抗剪能力进行评价，从施工控制措施、路面结构设计和性能预测方面给出合理化的建议。

本章通过路面结构层间的实际受力状态，对剪切试验夹具进行重新设计，使其既能够施加、控制和量测横向约束力（表征荷载的竖向压应力），又能够反复施加、控制和量测剪切疲劳应力，达到真正模拟路面结构层间在竖向荷载下的受力状态的目的；基于细观的分析和试验验证，确定影响层间最大抗剪力、层间破坏位移的各个因素，并且将其量化，找出其中的规律；基于细观的分析和试验验证，确定影响层间抗剪疲劳次数的因素，并确定它们之间的规律，得出疲劳方程。

2.2.2　拟解决的关键科学问题

本章拟解决的关键科学问题为：

（1）剪切试验夹具的横向力和剪切力施加、控制和量测问题。剪切过程中，水稳碎石层和沥青层之间要产生相对位移，为了模拟实际受力情况，垂直于界面的横向约束力一直要存在且恒定，横向力的量测和控制也需要跟剪切力在时间上对应，以利于试验数据和影响因素的分析，如何在夹具部件设计中实现这一目的是本章需要解决的关键问题之一。

解决方案：对比国内外剪切试验夹具的特点，与机械厂专家和加工工人进行探讨，利用 MTS 试验机自带程序、接口，将其自带的测力元件设计到夹具中进行约束力的量测；在夹具中设计反力架，将约束力施加部件分为两部分，一部分为固定手动施力元件，另一部分为力传递元件，能随试件剪切移动而移动。两个部件之间靠挤压和摩擦连接，既能实现约束力的恒定施加，又能满足试件移动的要求，为剪切试验结果的精确性提供保障。

（2）复合试件的制作。复合试件的制作过程一定要跟现场施工顺序一致，才能保证剪切试验得出的规律与实际一致；另外，制作过程要易于实现和控制，这是保证剪切试验推广应用的基础。对比国内外复合试件的制作过程，既跟现场成型条件不一致，也不易于实现。所以，如何设计简易、快速、科学的制作规程是本章研究的另一个关键问题。

解决方案：充分利用现有的试验设备，水稳碎石试件的制作利用压力机，重新设计成型试模，按照无侧限试件的制作规程进行制作和养护；透层沥青、封层沥青和封层碎石的成型按照现场的施工条件进行；将制作好的试件放入旋转压实试模中，按照沥青混合料试件成型规程压实，形成复合试件。

（3）层间抗剪因素分析和规律的总结。层间连接受力是一个很复杂的过程，受外界环境、车载条件的影响比较大，表征抗剪能力指标的确定和影响因素的确定也比较困难，对于抗剪能力指标和影响因素之间规律的确定也是一个难点。为了确定主要的影响因素，从细观角度出发，将抗剪能力指标分解为次一级指标，对各因素进行简化处理，并将其分类；设计试验过程，将次一级指标随外界因素变化的规律进行单一化处理，然后将各个次级指标随影响因素变化的规律进行合并，得到层间抗剪力的变化规律。

2.2.3　研究方法和技术路线

本章研究采用以下方法：

（1）为实现真实模拟层间受力状态，设计反力架部件；设计横向约束力施加部件与力的量测部件和控制部件；设计剪切应力施加部件。使夹具能够在 MTS 试验机上装备并能准确控制量测剪切力和横向约束力。

（2）利用现有的试验设备进行复合试件成型研究，达到既简便又与现场施工一致的效果。

（3）从细观角度对抗剪力进行分解，确定各个指标的影响因素；设计相应的试验过程和影响因素，根据试验结果得出各次级指标的变化规律；将各指标进行合成，得到层间抗剪能力随影响因素的变化规律。

具体实施的技术路线如图 2.7 所示。

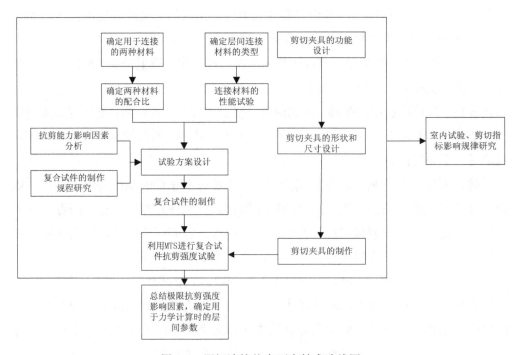

图 2.7　层间连接状态研究技术路线图

2.3　剪切试验夹具的设计和制作

目前，国内外的剪切试验夹具多种多样，以直剪试验为主，部分添加了垂直于剪切面的约束力，来模拟轮载产生的作用，但没有能同时用于直剪和疲劳试验并能施加轮载条件的夹具。本章是对路面结构的路用性能进行预测，而层间连接强度影响很大。在温缩开裂的预测中，层间的摩擦阻力是剪切试验主要的影响因素之一，疲劳预测中层底拉应力和拉应变也与层间摩擦阻力的大小有关系。此外，还要考虑温度对于剪切结果的影响。基于以上目的，对剪切试验夹具进行具体设计。

2.3.1 功能设计

根据试验的目的,剪切夹具需要实现以下五个功能:

(1)与 MTS 上部压头和下部传感器紧密连接,并且在垂直方向上能实现反复的双向移动。

(2)使复合试件一端固定,另一端能够沿垂直方向自由移动,并且在连接界面处能够提供垂直剪切应力。

(3)保证复合试件的相对移动在垂直方向上。

(4)能够施加垂直于剪切面的约束力,并且能够调整和精确测量。

(5)能利用 MTS 自带温度箱进行试验温度的控制。

2.3.2 形状和尺寸设计

根据上述的功能,与机械厂技术人员探讨后,经过反复地调整和改进,最终夹具的设计形状如图 2.8 所示,共分为 7 个部件。

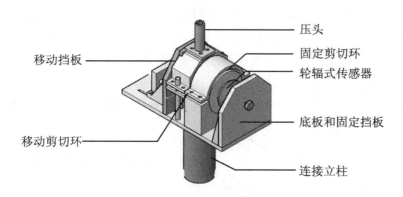

图 2.8 剪切仪组合图

(1)底板和固定挡板。底板通过立柱连接在 MTS 上,固定挡板提供横向约束力。

(2)移动挡板。施加横向约束力,并通过前后移动来调节力的大小。

(3)立柱。连接 MTS 和底板,为方便剪切仪放入温度箱而设置。

(4)压头。与 MTS 和移动剪切环连接,可以施加上下往复的竖向力。

(5)轮辐式传感器。测量横向约束力的大小。

（6）固定剪切环。固定于底板上，将试件的一半放置其上，与移动剪切环一起形成竖向剪切力。

（7）移动剪切环。上下自由移动，将竖向应力传递至试件，在复合试件结合处与固定剪切环共同作用形成剪切力。

各部件的分解示意如图 2.9 至图 2.15 所示。此装置既能实现直剪，又能进行反复的疲劳剪切，同时还能施加垂直于剪切面的约束力来模拟轮载作用，而且这些试验都可以通过 MTS 自带的控温装置实现温度条件的变化。竖向应力和位移通过 MTS 的下部轮辐式力传感器及位移传感器实现，垂直于剪切面的约束力可以通过另外一个轮辐式力传感器采集，并在 MTS 控制程序中设置专门的采集通道。

限制夹具尺寸的主要因素有三个：试件的大小、封层的厚度和温度箱的空间。复合试件的制作是利用无侧限试件的试模和旋转压实仪的试模来实现的，所以固定剪切环和移动剪切环的内径设计为 15cm，考虑到需要对试件夹紧，所以上卡环的尺寸略小于 15cm；封层的厚度决定了固定环和移动环之间垂直于剪切面的距离，由于封层用碎石的粒径一般是 3～5mm，所以，两环之间的间距定为封层厚度的一半，即 2mm；为了控制试验时的温度，需要将整个模型放入温度箱内，温度箱的空间有限，尺寸为 45cm×25cm×60cm，所以夹具的整体尺寸不能超限，并且还需留出一定的操作空间，另外，温度箱底部厚约 15cm，底板不能直接连接到下部传感器上，需要设计连接立柱。连接 MTS 时，还要在设计时考虑到其螺栓和螺母的尺寸。

底板是整个夹具的基础，上面设置了与立柱的连接孔、移动剪切环的导轨孔、移动挡板的滑槽。底板上焊接两个横向挡板作为反力架，能够提供垂直于剪切面的约束力，如图 2.9 所示。

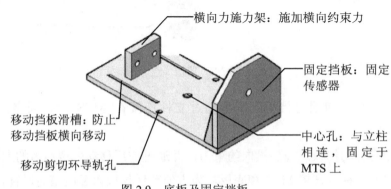

图 2.9　底板及固定挡板

移动挡板利用滑轨条嵌入底板，横向上可以滑动一段距离，左侧面与两个螺杆接触，通过旋紧螺杆使挡板前进或后退；右侧面与试件接触，压紧试件，并且有两个竖向导轨，保证移动剪切环的竖向移动不偏位，如图 2.10 所示。

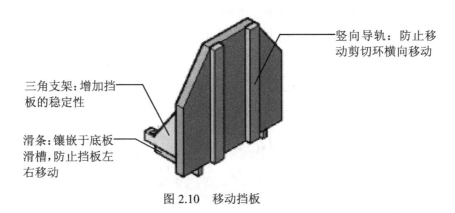

图 2.10　移动挡板

立柱用于连接夹具底板和 MTS 应力传感器，如图 2.11 所示。

图 2.11　立柱

压头与 MTS 施力杆和剪切夹具的移动剪切环连接，能够实现竖向的往复力，如图 2.12 所示。

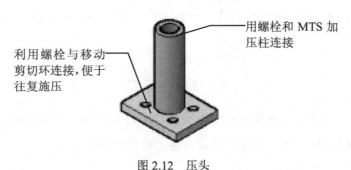

图 2.12　压头

垂直于剪切面的横向约束力传感器采用了 MTS 自带的小型号轮辐式传感器，为了受力均匀，左边配一圆盘，右边用螺栓与底板上的右侧固定挡板连接，并且可以通过调整螺栓的松紧来微调试件的位置。传感器在 MTS 自带程序中另开一个通道，实现竖向和横向力同时监控的目的，如图 2.13 所示。

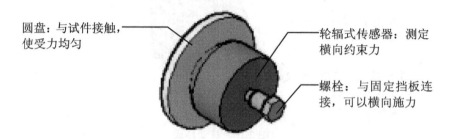

图 2.13　横向压力传感器

剪切环是夹具的主要组成构件，用于实现对连接层的剪切，包括移动剪切环和固定剪切环。为了方便试件的安装，每个环又分为上下两个部分，用螺杆连接。为了竖向的移动不发生偏移，移动环上设置了竖向导柱，焊接在底板上；左侧预留了导轨槽，与移动挡板上的导轨对应，如图 2.14 所示。固定环的下部焊接在底板上，上部通过螺栓与下部连接，如图 2.15 所示。

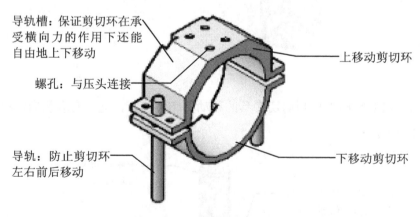

图 2.14　移动剪切环

经过应用，证明此夹具能够实现试验目的，并满足试验精度要求，与其他类型的剪切试验夹具相比，此夹具功能丰富，控制精确。

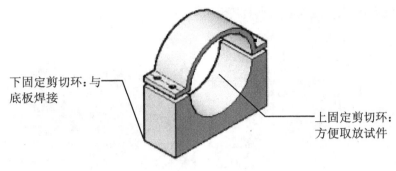

下固定剪切环：与
底板焊接

上固定剪切环：
方便取放试件

图 2.15　固定剪切环

2.4　复合试件的制作规程

剪切试验主要是考查半刚性基层和沥青层之间的连接强度及变化规律，需要制作与现场实际情况相符的复合试件，试件分为三个部分：半刚性基层、沥青层（主要是 A25 和 ATB 层）和中间的封层。试件的制作存在一定的困难：既要与实际施工过程一致，又需要多层连接在一块。目前的复合试件制作方法主要是利用加厚的车辙试模，在车辙成型机上制作，用取芯机钻取芯样，或者利用岩石切割机做成立方体，又或者直接在现场钻取芯样，然后进行剪切试验。这些方法存在很多不足：试模需要特别制作，尤其是立方体型试件需要的试模厚度更深，导致成型压力达不到要求，与施工现场不符；切割时边角处容易损伤，影响试验结果；需要的沥青混合料量大，试验室内拌合一次不能满足要求。

针对这些不足，在本章中设计了一种新的复合试件制作方法，利用现有的试验设备，过程简便，而且能够真实反映路面结构的性能。

所需仪器设备：水泥稳定碎石振动成型仪（或压力机）和试模、旋转压实仪和试模。只是水稳碎石试模的压头需要加厚，保证成型厚度在 6cm 左右。制作过程完全按照水稳碎石无侧限抗压试件和沥青混合料旋转压实试件的要求进行。此种方法简单易行，无需特殊的模具和设备，能够快速地批量制作。

为了使试验的结果具备可比性，现将试件尺寸和制作方法规程化，具体流程如下：

（1）制作试件的水稳碎石部分。根据无侧限抗压强度试件制作规程，采用静压法或振动法制作 6cm×15cm 圆柱形水泥稳定碎石试件，放至标养箱内养生 7 天，卡尺测量试件高度为 H，精确值为 0.1mm，保证试件的尺寸一致，成型后的试件如图 2.16 所示。

图 2.16　6cm×15cm 的水稳碎石试件

（2）喷洒透层油。根据现场实际控制量，计算试件表面所需的乳化沥青透层油的用量，进行均匀地喷洒或涂抹，完成后的试件如图 2.17 所示。

图 2.17　喷洒透层油后的效果

（3）制作封层。首先按照现场的实际用量计算试件的面积大小及所需的热基质沥青封层油的用量和预拌碎石；用毛刷涂抹热的封层沥青，效果如图 2.18 所示。立即撒布预拌碎石，用工具进行碾压，效果如图 2.19 所示。制作过程中需要注意沥青不要流到试件侧面，涂抹完后立刻撒布预拌碎石，粗细分布尽量均匀，并用力压入热沥青中。

（4）将水泥稳定碎石试件放入旋转压实仪的试模内，一同放入烘箱至 130℃备用。放入的时候将试模稍微倾斜，使其滑入模内，防止边角处颗粒脱落导致损坏。需要特别注意的是，水稳碎石试件一定要放在试模的下边，上面再放入沥青混合料进行压实，边角处压力过大会碾碎试件，如图 2.20 所示。

（5）将 ATB 或 LSPM 混合料按照最大理论密度、空隙率和压实度的要求，计算成型 6cm×15cm 试件时所用的量，称出，放入烘箱内加热至 170℃。

图 2.18　涂抹热沥青后的效果　　　　图 2.19　撒布预拌碎石后的效果

图 2.20　将水稳碎石试件放入旋转压实仪试模内

（6）按照旋转压实成型试件的方式，进行沥青混合料部分的碾压，压实过程中按照控制试件高度的方式进行。脱模后贴上标签，凉至室温备用，每组成型两个试件，成型后的复合试件效果如图 2.21 所示。

图 2.21　脱模后的复合试件

复合试件制作尺寸和制作过程的规范化有利于检测结果之间的对比和规律的分析。本制作规程过程简单，控制精确，建议推广实施。

2.5　层间界面抗剪机理及控制指标分析

2.5.1　层间抗剪强度的组成和影响因素

沥青层和水稳层的界面连接状态如图 2.2 所示，封层完成后，封层碎石嵌在基质沥青中，LSPM 或 ATB 完成后，其中的一部分小粒径集料也嵌在封层沥青中，与封层碎石形成整体。界面的抗剪能力组成非常复杂，大致可以分为沥青的抗拉力、封层碎石在沥青混合料中移位重新分布所需的力、封层碎石与水稳基层界面的摩擦力，两层的相对位移量不同，起主要抗剪作用的力也不同。

从机理上考虑，沥青的抗拉力受沥青种类、温度和用量的影响比较大；封层碎石的重分布实际是在封层沥青中的重新定位，所以所需力的大小取决于碎石的用量、规格，沥青的用量、种类和温度，沥青结构层的级配等因素；封层碎石与水稳碎石基层表面的摩擦力则与封层碎石的用量、规格和水稳基层的表面粗糙程度有关。以上分析可知，总的抗剪强度不但受单个因素的影响，还涉及因素之间的交互作用。为了简化力学模型，减少试验的工作量，需要对相关因素进行以下处理：

（1）在本章中考虑层间抗剪强度的有 ATB 与水稳碎石的层间、LSPM 与水稳碎石的层间和 LSPM 层与级配碎石的层间。各种材料的级配类型已经确定，试验过程中就不再变化，按照施工的设计进行级配即可。

（2）水稳碎石的表面粗糙程度与级配和施工中试件制作时的离析程度有关，随机性比较强，也没有相应的指标去表征，对其变化不作考虑。

（3）施工中统一采用 70 号基质沥青作为封层黏结材料，对于种类变化的影响不作考虑。

（4）封层碎石的规格统一为 3～5mm，对其变化不作考虑。

基于以上的分析和假设，将层间抗剪力简化为三个部分：沥青的极限抗拉力 σ_a、封层碎石重新定位时所提供的抗剪力 σ_s、破碎后沥青存在条件下的封层碎石与水稳碎石表面的摩擦力 σ_f。并在试验数据处理中将各个指标剥离开，研究其各自的变化规律。

2.5.2 层间界面剪切过程中的力学描述

两层之间由连续到滑动的过程也是综合性的，为了能找出各部分抗剪能力的大小，首先简化受力形式，将界面上不同时刻起作用的抗剪力进行分析。从理论上讲，剪切过程如下：

（1）在外部剪切力的作用下，沥青受力开始变形，在 LSPM 或 ATB 中集料的作用下，封层碎石在封层沥青和 LSPM（ATB）中移位重新分布，剪切力逐渐增大，界面状态如图 2.22 所示。

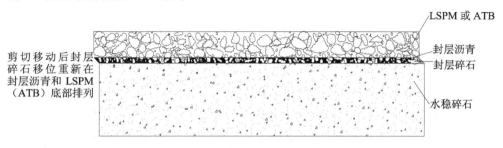

图 2.22　层间连接第一阶段位移示意图

（2）位移到一定程度后，封层碎石重新定位完毕，封层相对于水稳基层开始整体滑移，剪应力达到最大值。

（3）滑移后，封层碎石与水稳基层的摩擦力和沥青的抗拉力占据主要地位，并随着位移增大开始下降，下降到一个固定值。如果无横向约束力，此固定值即为沥青的抗拉力；如果有横向约束力，则为摩擦力和沥青抗拉力的和。

（4）剪切破坏后，如果不加横向约束力，则界面上只有沥青的抗拉强度；如果有横向约束力，则加上封层碎石与水稳碎石界面的摩擦力。在初始阶段中，无横向约束力的状况已经涉及，所以第二、第三阶段需要施加横向约束力，为计算界面的摩擦系数提供条件。第二阶段移位后层间连接状态如图 2.23 所示。

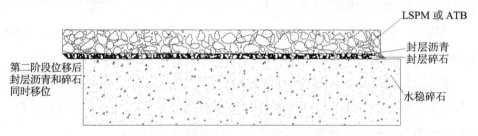

图 2.23　层间连接第二阶段位移示意图

2.5.3　层间界面剪切试验的过程设置

1. 试验过程划分

为了能够准确区分沥青的极限抗拉力、封层碎石重新就位所需的力和界面的摩擦力，在试验之初，不加横向约束，施加荷载力至峰值，此时的位移可以认为是界面破坏时的标准，计算公式见式（2.1）。

抗剪峰值＝封层碎石重新就位所需的力＋沥青的极限抗拉力

$$\tau_{\max} = \sigma_a + \sigma_s \tag{2.1}$$

经过峰值后，剪应力逐渐回落到一个平稳的固定值，如果无横向约束，此固定值即为沥青的极限抗拉力，计算公式见式（2.2）。

$$\tau_a = \sigma_a \tag{2.2}$$

经过这一阶段后，开始分为两个阶段施加不同大小的横向约束力，考虑到试件的横向变形，此时的横向约束力会随着竖向载荷的增大不断增大，此时剪应力的值见式（2.3）。

剪应力＝沥青的极限抗拉应力＋层间界面的动摩擦阻力

$$\tau_f = \sigma_a + \mu\sigma_c \tag{2.3}$$

控制这几个阶段的试验条件，就可以计算出沥青的抗拉强度、封层碎石重新定位的强度和界面的摩擦力，根据路面结构所处的不同阶段，可以得出层间接触界面的抗剪切应力值的大小，为准确地计算结构应力应变分布提供更准确的边界条件。

2. 确定试验条件

为了能准确地分析各因素对以上几个指标的影响程度，首先需要对试验条件进行确定，影响因素包括以下三个值：①温度，可取 5℃、20℃、35℃；②封层沥青的用量，可取 0.7kg/m²、0.9kg/m²、1.1kg/m²；③撒布碎石的用量，可取 4kg/m²、6kg/m²、8kg/m²。

如果全部进行试验，则需要 27 组试件，为了简化试验，采用正交设计法对试验条件的组合进行分类，这样只需要 9 组试验即可，并且通过正交试验结果，可以分析出每种因素对于结果的影响程度。分类结果见表 2.1。

表 2.1 三大因素水平正交试验设计

试验序号	温度/℃	沥青用量/(kg/m²)	碎石用量/(kg/m²)
1	5	0.7	4
2	5	0.9	6
3	5	1.1	8
4	20	0.9	8
5	20	1.1	4
6	20	0.7	6
7	35	1.1	6
8	35	0.7	8
9	35	0.9	4

2.6 试验流程和注意事项

（1）将试件水平放置在测定仪上，一端用螺杆固定，另一端利用滑移挡板固定，并调整整个试件呈水平状态，松紧螺杆至要求的水平压应力，调至读数为 0。

（2）将整个仪器放入温度控制箱（MTS 配套设备），调节至试验温度，待稳定后放置两个小时，如图 2.24 所示。

图 2.24 试件装配完毕后放入 MTS 试验机

（3）以 0.1mm/s 的速度加压，记录竖向压力值、横向压力值和竖向位移，位移至 1cm 时停止加压，确定最大破坏力 N_{max} 和相对位移 d_{max}。

（4）用扳手调整两个横向螺杆，施加第一级水平方向的压力至规定值，竖向继续加压至位移为 1.5cm 停止，记录力和位移。

（5）继续拧紧螺杆，施加第二级水平方向的压力值至规定值，竖向继续加压至 2cm 停止，记录力和位移。

2.7　试验数据处理及结果分析

2.7.1　剪应力的计算

试验得到的是力值，需要转换为剪应力，然后才能分析最大抗剪强度的影响因素及影响程度。转换过程分为两个部分：首先计算接触面积，然后结合竖向压力值计算剪应力。

试验过程中，第一阶段施加竖向力 F_a，横向不加约束，使其位移为 10mm；第二阶段施加较小的横向力 F_c，使其位移为 5mm；第三阶段施加较大的横向约束力，使其位移为 5mm。三个阶段量测的都是力，需要通过接触面积转换为应力值，而接触面积随着位移变化而变化，所以首先需要计算不同位移时刻的接触面积，如图 2.25 所示为计算接触面积的示意图。

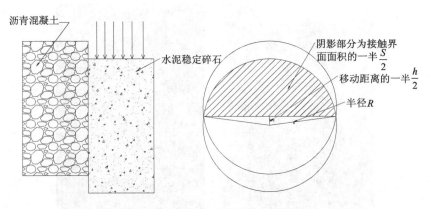

图 2.25　界面接触面积计算示意图

接触面积的计算公式为：

$$S = 2 \times (\frac{\text{arctg}(\frac{h}{2R})}{2\pi} \times \pi R^2 - \frac{hR}{2} \times \cos(\text{arctg}(\frac{h}{2R}))) \tag{2.4}$$

式中，S 为层间接触面积（m^2）；h 为层间相对位移（m）；R 为试件半径，值为 0.075m。

剪应力计算公式为：

$$\tau = \frac{F_a}{S} \tag{2.5}$$

利用式（2.4）和式（2.5），对试验记录数据进行整理，以 LSPM 和水稳碎石试件 4 号试验为例，试验记录和整理结果见表 2.2。

表 2.2　位移、剪应力和横向应力值

位移/mm	τ/MPa	σ_h/MPa	位移/mm	τ/MPa	σ_h/MPa	位移/mm	τ/MPa	σ_h/MPa
0.040	0.031	0.000	1.120	0.355	0.017	2.200	0.300	0.022
0.080	0.063	0.001	1.160	0.360	0.018	2.240	0.291	0.021
0.130	0.088	0.001	1.210	0.371	0.018	2.280	0.296	0.021
0.170	0.108	0.002	1.240	0.377	0.019	2.320	0.287	0.021
0.210	0.125	0.003	1.280	0.377	0.019	2.370	0.283	0.021
0.240	0.141	0.003	1.320	0.386	0.020	2.410	0.283	0.021
0.280	0.150	0.004	1.370	0.387	0.020	2.440	0.279	0.021
0.320	0.156	0.004	1.400	0.379	0.021	2.480	0.276	0.021
0.360	0.163	0.005	1.450	0.386	0.021	2.530	0.272	0.021
0.400	0.170	0.005	1.480	0.386	0.021	2.570	0.270	0.022
0.440	0.182	0.006	1.520	0.384	0.021	2.590	0.264	0.022
0.490	0.194	0.006	1.570	0.380	0.021	2.650	0.264	0.022
0.520	0.200	0.007	1.600	0.375	0.022	2.680	0.251	0.022
0.560	0.215	0.008	1.640	0.370	0.022	2.720	0.254	0.022
0.610	0.223	0.008	1.680	0.368	0.022	2.760	0.251	0.022
0.650	0.234	0.009	1.730	0.363	0.022	2.800	0.248	0.022

续表

位移/mm	τ/MPa	σ_h/MPa	位移/mm	τ/MPa	σ_h/MPa	位移/mm	τ/MPa	σ_h/MPa
0.680	0.238	0.010	1.770	0.354	0.022	2.840	0.245	0.022
0.730	0.251	0.011	1.800	0.345	0.022	2.880	0.240	0.022
0.770	0.265	0.011	1.840	0.337	0.022	2.920	0.236	0.022
0.810	0.280	0.012	1.890	0.337	0.022	2.960	0.237	0.022
0.850	0.291	0.013	1.920	0.331	0.022	3.000	0.232	0.022
0.880	0.299	0.014	1.970	0.330	0.022	3.040	0.229	0.022
0.920	0.314	0.014	2.000	0.323	0.022	3.080	0.225	0.022
0.960	0.319	0.015	2.040	0.318	0.022	3.130	0.222	0.022
1.000	0.331	0.016	2.080	0.312	0.022	3.160	0.220	0.022
1.040	0.337	0.016	2.120	0.309	0.022	3.210	0.214	0.022
1.090	0.344	0.017	2.160	0.304	0.022	3.250	0.210	0.022

2.7.2　抗剪强度各组成指标值的计算

以 LSPM 沥青层和水稳碎石复合试件的 4 号试验结果为例，在无垂直于剪切面约束力的情况下绘制剪应力随位移的变化曲线，如图 2.26 所示，其规律符合前面理论分析的结论。曲线在 1.5mm 处出现 0.39MPa 的峰值，随后下降，在 4.0mm 处趋于恒值。可以认为峰值时的位移即为层间连接破坏的指标，位移值的大小与封层的沥青用量、碎石用量、试验温度有关，具体标准要根据试验结果确定。这一试验阶段可以确定最大剪应力值 τ_{max}、峰值位移 S_p、沥青极限抗拉应力 τ_s 和碎石就位所需的应力 τ_s。

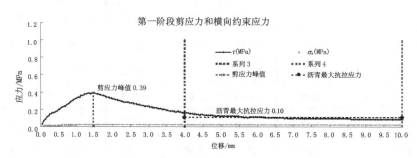

图 2.26　第一阶段剪应力随剪切位移的变化

　　在第二阶段施加一个恒定的横向约束力，继续进行剪切，由图 2.27 可以看出，在经历了初期的稳定后，剪切应力和横向应力都随着位移的增大而缓慢增长，这是因为在试验过程中，沥青混合料在横向存在剪胀现象，致使横向应力增大，进而导致竖向剪应力增大。这一阶段封层碎石相对于水稳碎石基层产生移位，出现了滑动摩擦，封层沥青在碎石移位的情况下也产生了拉伸，所以这一阶段的剪应力可以认为由封层碎石的动摩擦力和沥青的抗拉应力组成，而横向约束力的增加会导致动摩擦力的增大，就出现了如图 2.27 所示的规律。结合第一阶段得出的 τ_s 和这阶段的检测数值，按照式（2.3）计算出摩擦阻力系数 μ。

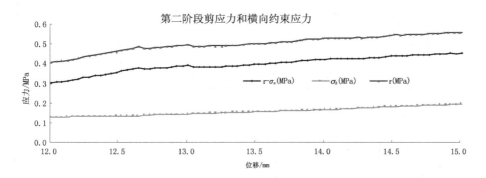

图 2.27　第二阶段剪应力随剪切位移的变化

　　第三阶段继续施加一个更大的横向约束力进行剪切，试验结果如图 2.28 所示，规律与第二阶段相同，计算出摩擦阻力系数 μ，与第二阶段的结果对比验证。两者取平均值作为最终结果。

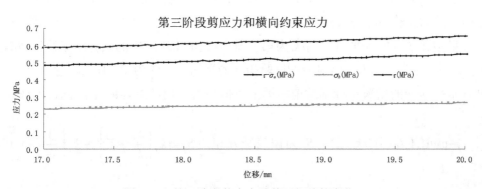

图 2.28　第三阶段剪应力随剪切位移的变化

每组试件的试验结果都按照上述顺序和方法进行处理并进行汇总，用于变化规律的分析。

2.7.3 抗剪指标结果和变化规律分析

本试验采用正交法进行设计，正交设计法的意义不只在于减少试验的数量，更重要的是在较少数量的试验中获得规律。根据正交设计法的原理，试验结果按照表 2.3 的要求进行处理。

表 2.3 L_4（2^3）正交试验计算

列号		1	2	3	试验指标 y_i
试验号	$n=1$	1	1	1	y_1
	$n=2$	1	2	2	y_2
	$n=3$	2	1	2	y_3
	$n=4$	2	2	1	y_4
I_j					
II_j					
k_j					
I_j/k_j					
II_j/k_j					
极差（D_j）					
偏差平方和（S_j）					
f_j					
V_j					
V_e					
F_j					

注：I_j 为第 j 列"1"水平所对应的试验指标的数值之和；II_j 为第 j 列"2"水平所对应的试验指标的数值之和；k_j 为第 j 列同一水平出现的次数，等于试验的次数 n 除以第 j 列的水平数；I_j/k_j 为第 j 列"1"水平所对应的试验指标的平均值；II_j/k_j 为第 j 列"2"水平所对应的试验指标的平均值；D_j 为第 j 列的极差，等于第 j 列各水平对应的试验指标平均值中的最大值与最小值的差，即 $D_j=\max\{\,\mathrm{I}_j/k_j,\mathrm{II}_j/$

$k_j,\ldots\}-\min\{\,\mathrm{I}_j/k_j,\mathrm{II}_j/k_j,\ldots\}$；$S_j$ 为偏差平方和，$S_j=k_j\left(\dfrac{\mathrm{I}_j}{k_j}-\overline{y}\right)^2+k_j\left(\dfrac{\mathrm{II}_j}{k_j}-\overline{y}\right)^2+$

$k_j \left(\dfrac{\text{III}_j}{k_j} - \overline{y} \right)^2 + \cdots$；$f_j$ 为自由度，f_j=第 j 列的水平数-1；V_j 为方差，$V_j = S_j / f_j$；V_e 为

误差列的方差，$V_e = S_e / f_e$，式中，e 为正交表的误差列；F_j 为方差之比，$F_j = V_j / V_e$。

将各因素的极差按序进行排列，最大的表示该因素对试验指标影响也最大。方差分析方法可以判定各列对试验指标的影响是否显著，在什么水平上显著，在数理统计上，这是一个很重要的问题。显著性检验强调试验在分析每列对指标的影响中所起的作用。如果某列对指标的影响不显著，那么，讨论试验指标随它的变化趋势是毫无意义的。因为在某列对指标的影响不显著时，即使从表 2.3 中的数据可以看出该列水平变化时，对应的试验指标的数值也在以某种"规律"发生变化，但那很可能是由于实验误差所致，将它作为客观规律是不可靠的。

按照以上方法，将试验指标分为最大剪应力值 $\tau_{\max}$、峰值位移 S_p、沥青极限抗拉应力 τ_s、碎石就位所需的应力 τ_s 和摩擦阻力系数 μ，影响因素为温度、沥青用量和碎石用量，计算极差 D_j 和 F_j，判定各影响因素对试验指标的影响程度大小和显著性。

1. 最大剪切应力 $\tau_{\max}$

最大抗剪强度的试验结果见表 2.4。按照正交设计法，LSPM 结构各参数计算值见表 2.5，ATB 结构各参数计算值见表 2.6。

表 2.4 最大剪切应力 $\tau_{\max}$

试验编号	温度/℃	沥青用量/(kg/m²)	碎石用量/(kg/m²)	误差列	LSPM	ATB
					$\tau_{\max}$/MPa	
1	5	0.7	4	1	0.56	1.50
2	5	0.9	6	2	0.60	1.31
3	5	1.1	8	3	0.59	1.28
4	20	0.9	8	1	0.39	0.41
5	20	1.1	4	2	0.39	0.64
6	20	0.7	6	3	0.31	0.34
7	35	1.1	6	1	0.21	0.16
8	35	0.7	8	2	0.16	0.15
9	35	0.9	4	3	0.31	0.18

表 2.5 LSPM 结构正交设计法各参数计算值

参数	计算值			
I_j	1.8	1.0	1.3	1.2
II_j	1.1	1.3	1.1	1.2
III_j	0.7	1.2	1.1	1.2
k_j	3	3	3	3
I_j/k_j	0.6	0.3	0.4	0.4
II_j/k_j	0.4	0.4	0.4	0.4
III_j/k_j	0.2	0.4	0.4	0.4
D_j	0.36	0.09	0.05	0.02
S_j	0.20	0.01	0.00	0.00
f_j	2	2	2	2
V_j	0.10	0.01	0.00	0.00
F_j	387.2	23.6	7.5	

表 2.6 ATB 结构正交设计法各参数计算值

参数	计算值			
I_j	4.1	2.0	2.3	2.1
II_j	1.4	1.9	1.8	2.1
III_j	0.5	2.1	1.8	1.8
k_j	3	3	3	3
I_j/k_j	1.4	0.7	0.8	0.7
II_j/k_j	0.5	0.6	0.6	0.7
III_j/k_j	0.2	0.7	0.6	0.6
D_j	1.20	0.06	0.17	0.10
S_j	2.34	0.01	0.05	0.02
f_j	2	2	2	2
V_j	1.17	0.00	0.03	0.01
F_j	131.5	0.3	3.0	

由表 2.5 可以看出，对于 LSPM 和水稳碎石结构的最大抗剪强度，按照极差的大小排列，温度的影响最大，沥青用量次之，碎石用量最小。从显著性分析，温度在 $\alpha=0.005$ 上影响显著，沥青用量在 $\alpha=0.05$ 上影响显著，碎石用量在 $\alpha=0.25$ 上影响显著。所以，在确定层间最大抗剪力时，三种因素都需要考虑。

由表 2.6 可以看出，对于 ATB 和水稳碎石结构的最大抗剪强度，按照极差的大小排列，温度的影响最大，沥青用量次之，碎石用量最小。从显著性分析，温度在 $\alpha=0.005$ 上影响显著，其他两个因素的影响都不显著。所以，此种结构的最大抗剪力可以按温度分类，5℃时的平均值为 1.36MPa，20℃时的平均值为 0.46MPa，35℃时的平均值为 0.16MPa。两种结构的试验条件一致，但是结果差别很大，应该是 ATB 和 LSPM 的配合比不同造成的。ATB 相对于 LSPM 来说，4.75mm以下的颗粒较多，油石比也大，封层油和封层碎石的多少对结果影响不明显。所以，封层的设计一定要考虑沥青层的配合比：粗级配的就适当地增加封层碎石的用量，同时增加封层沥青的用量；细级配的可以提高封层碎石的粒径，用量也可以适当地减少。

2. 剪应力峰值对应的位移

峰值位移结果见表 2.7。按照正交设计法，LSPM 结构各参数计算值见表 2.8，ATB 结构各参数计算值见表 2.9。

表 2.7 峰值位移结果

试验编号	温度/℃	沥青用量/(kg/m²)	碎石用量/(kg/m²)	误差列	LSPM	ATB
					S_p/mm	
1	5	0.7	4	1	2.48	1.88
2	5	0.9	6	2	1.18	2.68
3	5	1.1	8	3	3.00	3.20
4	20	0.9	8	1	1.48	1.92
5	20	1.1	4	2	1.68	2.16
6	20	0.7	6	3	2.32	1.39
7	35	1.1	6	1	1.48	1.08
8	35	0.7	8	2	1.08	2.16
9	35	0.9	4	3	1.40	1.24

表 2.8　LSPM 结构正交设计法各参数计算值

参数	计算值			
I_j	6.7	5.9	5.6	5.4
II_j	5.5	4.1	5.0	3.9
III_j	4.0	6.2	5.6	6.7
k_j	3	3	3	3
I_j/k_j	2.2	2.0	1.9	1.8
II_j/k_j	1.8	1.4	1.7	1.3
III_j/k_j	1.3	2.1	1.9	2.2
D_j	0.90	0.70	0.20	0.93
S_j	1.21	0.87	0.08	1.29
f_j	2	2	2	2
V_j	0.61	0.44	0.04	0.64
F_j	0.9	0.7	0.1	

表 2.9　ATB 结构正交设计法各参数计算值

参数	计算值			
I_j	7.8	5.4	5.3	4.9
II_j	5.5	5.8	5.1	7.0
III_j	4.5	6.4	7.3	5.8
k_j	3	3	3	3
I_j/k_j	2.6	1.8	1.8	1.6
II_j/k_j	1.8	1.9	1.7	2.3
III_j/k_j	1.5	2.1	2.4	1.9
D_j	1.09	0.33	0.71	0.71
S_j	1.89	0.17	0.95	0.76
f_j	2	2	2	2
V_j	0.94	0.08	0.48	0.38
F_j	2.5	0.2	1.3	

由表 2.7 可以看出，数据的规律性不强，峰值对应的位移值在 1～3mm。由表 2.8 和表 2.9 的结果可知，位移值的大小与三个因素的相关性在 α=0.25 上的影响都不显著，LSPM 结构可以用平均值 1.79mm 代表，ATB 结构可以用平均值 1.97mm 代表，两者相差不大。

层间剪切强度达到峰值时的相对位移比较大，而在车辆荷载作用下产生的相对位移则小很多，山东大学姚占勇等经过计算得出，在 0.7MPa 的标准轮压下，层间摩擦力能达到 0.053MPa，位移为 1.05×10^{-7}mm。长安大学刘丽也在论文中计算了各种层间条件下面层底部纵向的剪应力值：无水平应力时为 0.0788MPa，有水平应力时为 0.102MPa，总体来说，基层与下面层之间的剪应力值分布在 0.04～0.09MPa，连续时靠近 0.09MPa 比较多，不连续时靠近 0.04MPa 较多[41]。这就意味着层间的抗剪能力只在车辆的荷载作用下无法发挥最大，此时抗剪能力的大小可以用最大剪应力除以峰值位移所得的斜率值来衡量。

水稳碎石基层在温度下降时会产生收缩，层间的剪切力作为抑制基层变形的主要因素。此时的相对位移比较大，会超出最大剪应力峰值对应的位移。

3. 确定封层碎石重分布的最大应力值

碎石重分布是指封层碎石在面层沥青混合料中的重新就位及在封层沥青中的移动，所以影响阻力大小的因素包括两个部分：沥青混合料的级配和沥青的黏度。碎石重分布所需应力见表 2.10。按照正交设计法，LSPM 结构各参数计算值见表 2.11，ATB 结构各参数计算值见表 2.12。

表 2.10 碎石重分布所需应力

试验编号	温度/℃	沥青用量/(kg/m²)	碎石用量/(kg/m²)	误差列	LSPM	ATB
					τ_s/MPa	
1	5	0.7	4	1	0.40	1.23
2	5	0.9	6	2	0.47	1.21
3	5	1.1	8	3	0.43	0.81
4	20	0.9	8	1	0.28	0.34
5	20	1.1	4	2	0.28	0.50
6	20	0.7	6	3	0.24	0.28
7	35	1.1	6	1	0.12	0.09
8	35	0.7	8	2	0.12	0.03
9	35	0.9	4	3	0.24	0.10

由表 2.10 的结果可以看出，LSPM 层因为油石比小，沥青用量少，所以碎石重分布所需的力较小，并且随温度的变化不大。ATB 层油石比大且细集料多，所以在低温时，阻力比较大，高温时阻力降低的也快。阻力值可以按温度进行平均。

表 2.11　LSPM 结构正交设计法各参数计算值

参数	计算值			
I_j	1.3	0.8	0.9	0.8
II_j	0.8	1.0	0.8	0.9
III_j	0.5	0.8	0.8	0.9
k_j	3	3	3	3
I_j/k_j	0.4	0.3	0.3	0.3
II_j/k_j	0.3	0.3	0.3	0.3
III_j/k_j	0.2	0.3	0.3	0.3
D_j	0.27	0.08	0.03	0.04
S_j	0.11	0.01	0.00	0.00
f_j	2	2	2	2
V_j	0.06	0.00	0.00	0.00
F_j	53.5	4.3	0.6	

表 2.12　ATB 结构正交设计法各参数计算值

参数	计算值			
I_j	3.3	1.5	1.8	1.7
II_j	1.1	1.7	1.6	1.7
III_j	0.2	1.4	1.2	1.2
k_j	3	3	3	3
I_j/k_j	1.1	0.5	0.6	0.6
II_j/k_j	0.4	0.6	0.5	0.6
III_j/k_j	0.1	0.5	0.4	0.4
D_j	1.01	0.08	0.21	0.18

参数	计算值			
S_j	1.61	0.01	0.07	0.06
f_j	2	2	2	2
V_j	0.80	0.01	0.03	0.03
F_j	27.3	0.2	1.2	

由表 2.11 可以看出，温度对于阻力的影响在 $\alpha=0.25$ 上比较显著，其他两个因素不显著。对于 LSPM 结构来说，只有温度对阻力的变化有影响。表 2.12 的结果显示，ATB 结构同样存在这样的规律。

4. 层间接触摩擦系数

此处的接触摩擦阻力系数与传统意义上的摩擦有所不同，因为层间连接处基层表面粗糙，形成不了平整光洁的表面，封层碎石的移动需要克服与基层表面突出部分的阻力，所以计算出的摩擦阻力系数要大于 1。摩擦阻力系数见表 2.13。按照正交设计法，LSPM 结构各参数计算值见表 2.14，ATB 结构各参数计算值见表 2.15。

表 2.13 摩擦阻力系数

试验编号	温度/℃	沥青用量/ (kg/m^2)	碎石用量/ (kg/m^2)	误差列	LSPM	ATB
					μ	
1	5	0.7	4	1	2.47	2.98
2	5	0.9	6	2	3.78	3.03
3	5	1.1	8	3	2.31	1.87
4	20	0.9	8	1	2.53	2.90
5	20	1.1	4	2	2.63	2.71
6	20	0.7	6	3	2.83	3.07
7	35	1.1	6	1	2.75	2.81
8	35	0.7	8	2	3.38	2.74
9	35	0.9	4	3	2.77	2.77

表 2.14   LSPM 结构正交设计法各参数计算值

参数	计算值			
I_j	8.6	8.7	7.9	7.8
II_j	8.0	9.1	9.4	9.8
III_j	8.9	7.7	8.2	7.9
k_j	3	3	3	3
I_j/k_j	2.9	2.9	2.6	2.6
II_j/k_j	2.7	3.0	3.1	3.3
III_j/k_j	3.0	2.6	2.7	2.6
D_j	0.30	0.46	0.50	0.68
S_j	0.14	0.34	0.40	0.86
f_j	2	2	2	2
V_j	0.07	0.17	0.20	0.43
F_j	0.2	0.4	0.5	

表 2.15   ATB 结构正交设计法各参数计算值

参数	计算值			
I_j	7.9	8.8	8.5	8.7
II_j	8.7	8.7	8.9	8.5
III_j	8.3	7.4	7.5	7.7
k_j	3	3	3	3
I_j/k_j	2.6	2.9	2.8	2.9
II_j/k_j	2.9	2.9	3.0	2.8
III_j/k_j	2.8	2.5	2.5	2.6
D_j	0.27	0.47	0.47	0.32
S_j	0.11	0.41	0.34	0.17
f_j	2	2	2	2
V_j	0.05	0.20	0.17	0.09
F_j	0.6	2.4	2.0	

由表 2.13 可以看出，摩擦阻力系数对于各因素的变化反应不敏感，不存在规律性，在 2.3～3.1 浮动。

由表 2.14 和表 2.15 可以看出，摩擦阻力系数对于三个因素都不敏感，所以在应用时可以将摩擦阻力系数定为恒值。另外，此处的摩擦阻力系数是在封层碎石重分布后的值，对于车载作用下的应力应变分析不起作用，只在层间相对滑动较大的低温收缩中应用。

5. 沥青最大抗拉强度

沥青的最大抗拉强度是指封层沥青阻止封层碎石在其中移动的应力，由于沥青的黏度随着温度升高而降低，所以沥青的最大抗拉强度与温度有关，表 2.16 的数据大体也能体现这个规律。按照正交设计法，LSPM 结构各参数计算值见表 2.17，ATB 结构各参数计算值见表 2.18。

表 2.16　沥青最大抗拉强度

试验编号	温度/℃	沥青用量/ (kg/m²)	碎石用量/ (kg/m²)	误差列	LSPM	ATB
					σ_a/MPa	
1	5	0.7	4	1	0.17	0.27
2	5	0.9	6	2	0.13	0.10
3	5	1.1	8	3	0.16	0.47
4	20	0.9	8	1	0.10	0.06
5	20	1.1	4	2	0.11	0.14
6	20	0.7	6	3	0.06	0.06
7	35	1.1	6	1	0.09	0.06
8	35	0.7	8	2	0.04	0.12
9	35	0.9	4	3	0.07	0.08

表 2.17　LSPM 结构正交设计法各参数计算值

参数	计算值			
I_j	0.5	0.3	0.3	0.4
II_j	0.3	0.3	0.3	0.3

参数	计算值			
III_j	0.2	0.4	0.3	0.3
k_j	3	3	3	3
I_j/k_j	0.2	0.1	0.1	0.1
II_j/k_j	0.1	0.1	0.1	0.1
III_j/k_j	0.1	0.1	0.1	0.1
D_j	0.08	0.03	0.02	0.03
S_j	0.01	0.00	0.00	0.00
f_j	2	2	2	2
V_j	0.01	0.00	0.00	0.00
F_j	8.8	1.2	0.5	

表 2.18 ATB 结构正交设计法各参数计算值

参数	计算值			
I_j	0.8	0.4	0.5	0.4
II_j	0.3	0.2	0.2	0.4
III_j	0.3	0.7	0.7	0.6
k_j	3	3	3	3
I_j/k_j	0.3	0.1	0.2	0.1
II_j/k_j	0.1	0.1	0.1	0.1
III_j/k_j	0.1	0.2	0.2	0.2
D_j	0.19	0.15	0.14	0.08
S_j	0.07	0.03	0.03	0.01
f_j	2	2	2	2
V_j	0.04	0.02	0.02	0.01
F_j	6.2	2.7	2.6	

由表 2.17 和表 2.18 的显著性分析可以看出，温度对于沥青的最大抗拉强度值的影响在 $\alpha=0.25$ 比较显著，其他两个因素则影响不大，而且 LSPM 的变化会更大一些。

通过对五个指标试验结果的分析和对影响因素的显著性分析可知，峰值剪应力对应的位移、摩擦阻力系数对温度、沥青用量和封层碎石用量的敏感性不强，可以确定为定值；沥青最大抗拉应力、封层碎石重分布所需的应力受温度的影响比较大，而对其他两个因素则不敏感；LSPM 结构由于级配较粗和沥青用量较小的原因，最大抗剪强度值受温度的影响最大，沥青用量次之，封层碎石用量最小，但是在 $\alpha=0.25$ 上的相关性还是很显著；而 ATB 结构级配较细、沥青用量也大，所以对封层沥青用量和碎石用量的变化不敏感，而温度的变化对其最大抗剪强度的影响不可忽视。所以，层间抗剪能力的高低不但与所列的三个因素有关系，也跟沥青混合料的配合比密切相关，这一结论不但能从试验数据中得到体现，在剪切试件的破坏形式上也能得到证实，如图 2.29 和图 2.30 所示。图 2.29 中的试件剪切面完整，相对比较平滑，有封层碎石和沥青移动的痕迹；图 2.30 中的试件破坏面粗糙，封层沥青的变化较小，主要破坏是在封层碎石和 LSPM 层的结合处。所以，关于复合试件中沥青结构级配和沥青用量的影响不容忽视，有待深入的研究。

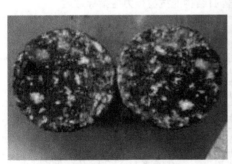

图 2.29　ATB 和水稳碎石结构剪切破坏的试件

层间抗剪强度试验和影响因素的分析，不只是为了评价层间连接状态的强弱，更重要的是为路面结构应力应变的准确计算和温度收缩开裂的预测提供参数和具体数值。如果单纯地对比层间连接的强弱，只需关注最大抗剪强度，也就是关注沥青最大抗拉强度和碎石重分布所需应力大小；如果用于力学计算，由于层间的相对位移比较小，只考虑剪应力峰值之前的变化规律，可以用最大抗剪强度与对应位移的比值来衡量层间连接的强度；如果用于温缩开裂的计算和预测，则需要考虑沥青最大抗拉强度和摩擦阻力系数。

图 2.30　LSPM 和水稳碎石结构剪切破坏的试件

基于以上分析，结合剪切试验的结果和规律，将各指标的具体数值进行整理，用于力学计算和温缩开裂的预测，结果见表 2.19 和表 2.20。

表 2.19　LSPM 和水稳碎石结构的抗剪能力各指标取值

温度/℃	沥青用量/(kg/m²)	碎石用量/(kg/m²)	τ_{max}/MPa	σ_a/MPa	S_p/mm	τ_s/MPa	μ
5	0.7	4	0.56				
5	0.9	6	0.60	0.15		0.43	
5	1.1	8	0.59				
20	0.9	8	0.39				
20	1.1	4	0.39	0.09	1.79	0.27	2.83
20	0.7	6	0.31				
35	1.1	6	0.21				
35	0.7	8	0.16	0.07		0.16	
35	0.9	4	0.31				

表 2.20   ATB 和水稳碎石结构的抗剪能力各指标取值

温度/℃	沥青用量/(kg/m²)	碎石用量/(kg/m²)	τ_{max}/MPa	σ_a/MPa	S_p/mm	τ_s/MPa	μ
5	0.7	4					
5	0.9	6	1.36	0.28		1.09	
5	1.1	8					
20	0.9	8					
20	1.1	4	0.46	0.09	1.97	0.37	2.76
20	0.7	6					
35	1.1	6					
35	0.7	8	0.16	0.08		0.08	
35	0.9	4					

2.8   小结

本章主要对沥青路面结构中面层和基层之间的层间连接机理和影响因素进行了研究，设计了可施加垂直于剪切面约束力的剪切试验夹具，规范了复合试件的制作方法和程序，并制作了大量的复合试件进行了剪切试验。对试验结果进行了分析，将影响因素定为三个，试验指标按照试验过程和施加的外界条件分为五个，得出了各因素对每个指标的影响规律，为路面结构的力学计算和温缩开裂的预测提供了控制参数和具体的数值。具体内容和结论如下：

（1）对层间连接的抗剪机理进行了分析。层间连接以封层为主，认为其力学行为不能用常规的摩擦模型来描述，必须设计合理的试验和指标进行评价。

（2）对比国内外的剪切试验夹具，分析其优缺点，在此基础上设计了能够施加垂直于剪切面约束力的试验夹具，该夹具能够装备于 MTS 试验机上，横向约束力可以通过螺杆的松紧进行调节，并且能够施加往复的剪切力，可以模拟层间连接状态的衰变过程。

（3）对比复合试件的制作方法，分析其优缺点，在此基础上规范了复合试件制作流程。该方法利用现有的试件成型设备，简单易行且精度易于控制，能够方便地批量制作试件，为层间剪切试验的顺利开展提供了保证。

（4）以沥青用量、封层碎石用量为影响因素，利用正交设计法规划试验，制作了大量的复合试件。调整不同的试验温度，控制不同的约束力条件，进行剪切试验。

（5）根据剪切试验的过程将层间的抗剪性能用最大抗剪强度、剪应力峰值对应的位移、封层碎石重分布所需的应力、沥青最大抗压强度和层间摩擦阻力系数作为标准，按照此标准对试验结果进行处理，分析了三个因素对五个指标的相关显著性和变化规律，结果为：峰值剪应力对应的位移和摩擦阻力系数对温度、沥青用量和封层碎石用量的敏感性不强，可以确定为定值；沥青最大抗拉应力、封层碎石重分布所需应力受温度的影响比较大，而对其他两个因素不敏感；LSPM结构由于级配较粗和沥青用量较小的原因，最大抗剪强度值受温度的影响最大，沥青用量次之，封层碎石用量最小，但是在 $\alpha=0.25$ 上相关性还是很显著；ATB结构级配较细、沥青用量也大，所以对封层沥青用量和碎石用量的变化不敏感，而温度的变化对其最大抗剪强度的影响不可忽视。

（6）通过数据分析和对破坏试件的观察，认为复合试件中沥青结构层的级配和沥青用量对层间的抗剪性能的影响也非常大，不可忽视，需要进一步的深入研究。

（7）根据使用目的的不同和各因素影响的显著性，对试验结果进行汇总，并列出用于力学计算和温缩开裂预测的相关参数与数值，为这两项研究的准确性提供了保证。

第 3 章　横向开裂预测研究

3.1　概述

3.1.1　研究目的和意义

路面结构横向开裂对路用性能影响不大，只会影响平整度和行驶质量，但是横向开裂的地方，雨水会下渗，造成基层、底基层或路基的承载能力急剧下降，导致此处弯沉值过大，裂缝附近产生疲劳开裂，继而产生第二条、第三条裂缝出现，最终形成龟裂，失去整体承载能力。另外，水的侵入也会致使裂缝附近沥青剥落，在行车荷载下形成动水作用，造成此处的松散和坑槽出现，在冬季则会产生冻胀，使裂缝进一步扩大。所以，控制横裂的形成和减小横裂的数量是保证路面行驶质量和路面结构承载力长期处于优良的重要措施，而产生横向开裂的可能性大小和开裂数量是衡量路面结构优劣的一项重要指标。通过对影响开裂的因素分析，可以提出相应的改进措施或选择材料、结构的标准，减少甚至避免横裂的产生。

横向裂缝的产生有两种情况：水稳基层开裂导致的反射裂缝和沥青面层的低温缩裂。水稳碎石对于含水量的多少很敏感，尤其在强度形成初期，即施工完毕后的 7～30 天，此时如果养护不及时，容易失水过大，发生干缩开裂。另外，由于材料本身固有的热胀冷缩性质，在温度变化频繁且幅度比较大的时候容易发生温缩开裂，开裂后在行车荷载作用下，裂缝沿着面层继续上延，最终到达路面表层，形成反射裂缝，称之为 Bottom-up 型裂缝。沥青混凝土表层在低温状态下，松弛能力下降，处于弹性状态，温度的骤降产生的应力来不及释放，会造成表面的即时开裂，而温度的反复升降会导致开裂后继续下延，形成贯通面层的裂缝，称之为 Top-down 型裂缝。在半刚性基层路面结构中两种形式的裂缝都存在，但是以前者为主；在柔性路面结构中以后者为主，在高寒大温差地区尤其严重。我国北部地区的高速公路结构需要特别关注这种病害的影响。

横向裂缝出现后，还会进一步地发展，演变过程如图 3.1 所示。第一阶段为单条开裂出现；此时如果灌缝不及时、养护不到位，随着雨水的侵入，在荷载多次作用下演变成第二阶段——平行式的多条开裂；局部承载力低的地方会出现龟裂，第三阶段就会出现水损害和坑槽。所以，横向裂缝出现时机和数量的预测不但包括单条裂缝的预测，还应该考虑平行式多条开裂的发展规律。目前的研究只局限于第一阶段的预测。

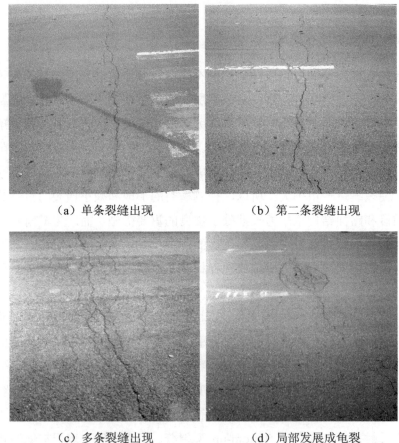

（a）单条裂缝出现　　　　　　　　（b）第二条裂缝出现

（c）多条裂缝出现　　　　　　　　（d）局部发展成龟裂

图 3.1　单条横向裂缝出现后逐渐发展为多条开裂或网裂

反射裂缝和路表温缩裂缝产生的机理不同，出现的时机和数量不同。横向开裂是因为收缩不自由产生了拉应力，并且超过了材料本身的抗拉强度值，半刚性基层施工完毕后的短时间内，强度未完全形成，快速大量的失水会导致干缩开裂，等后期强度稳定，干湿状况也稳定了，干缩开裂基本不会产生；半刚性基层温缩开裂的数量不多，是因为基层位置较深，温度变化幅度比较小。所以，对于半刚性基层路面结构来说，早期出现的横向开裂一般都是因为干缩产生，而且数量比较大，这也是为什么半刚性基层早期病害比较严重的原因之一。路表的温缩裂缝是由于温度的骤降及温度的反复造成，与气候的变化关系密切，再加上受基层的限制不能自由收缩，一旦碰到极寒或大温差骤降天气，裂缝就会集中出现，尤其是随着沥青的老化，松弛性能下降，后期出现的可能性更大。各种裂缝产生的时机可以用图 3.2 来表示。

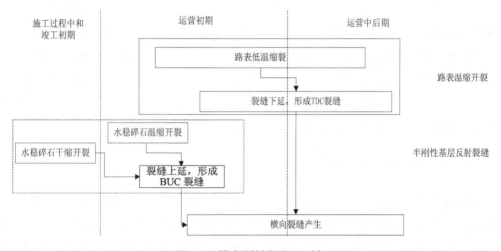

图 3.2　横向裂缝的出现时机

由以上分析可知，半刚性基层的路面结构在前期和后期出现横向开裂的几率比较大，柔性基层后期出现横向开裂的概率比较大。但是如果从材料和结构上进行相应的改善，横向开裂就能降低到一定的程度。

目前，我国高速公路以半刚性基层的沥青路面为主要结构形式，但是近年来却一直饱受诟病，因为路面病害出现过早且养护时往往采用"开膛破肚"的方式，不但影响车辆的通行，而且花费大量的资金，造成的社会影响很不好。究其原因，主要是半刚性基层过早的收缩开裂和对超重荷载的敏感性太强。在材料设计不当和施工质量控制不严的情况下，基层的收缩开裂往往在面层未铺筑前就已经大量出现了，已经成为了半刚性基层的顽疾，以致于现在很多人错误地把基层开裂作为一种必然现象。在气温较高的地区，基层收缩以干缩为主，在北方高寒大温差地区，路表低温缩裂出现的几率更大。

对于预防开裂的措施主要从结构和材料设计方面入手，材料方面的研究更多一些。从材料配合比方面，控制原材料质量，减少水稳碎石水泥用量，设计嵌挤式的级配；从施工方面，严格控制施工时的含水量，严格按照要求进行养生；从结构方面，面层和基层中间增设应力吸收层、基层预割缝、铺设土工格栅等。本章铺筑了八种路面结构试验段，其中采用级配碎石层和大粒径排水式柔性基层的目的就是消除或减缓横向开裂的出现。效果究竟如何，有待初期的评价和后期的观测。

本章的目标之一就是对横裂的开裂机理进行深入的研究，并对横裂的开裂时机及数量建立预测模型，指导沥青路面的结构和材料的设计。本研究意义重大，不但能够评价路面结构和材料性能的优劣，从减少横裂的角度建立结构和材料设计时的参考指标，同时为路面结构后期的养护策略及养护费用多少的分析提供相应的基础，从经济角度对路面结构方案进行比选，使所选定的路面结构不但性能优异，而且全寿命周期费用最少。

3.1.2　国内外研究现状

国内外对于横向开裂的研究很多，主要集中在环境、材料和结构三个方面。环境研究包括结构温度场的分布和变化、材料含水率的变化等；材料的研究包括极限抗拉强度、温缩系数、应力松弛特性和劲度模量的变化等；结构方面包括层间连接状态、抗反射裂缝的应力吸收层、级配碎石抗裂层、基层预割缝和铺设土工格栅等措施。为了能够建立科学的横裂预测模型，首先需要对机理、影响因素和现有预测模型进行详细的分析和对比。

3.1.2.1　横向开裂形成的机理

要揭示横向开裂的机理，必须要对力学模型进行科学的描述。目前，国内外对于横裂力学过程的认识基本达成一致。

横向开裂的前提就是累积收缩应力大于此时材料自身的极限抗拉应力。收缩是由于材料降温和失水造成的，如果结构层本身能够自由收缩，则应力会在收缩过程中消散，如果结构层受外在约束力的作用不能自由收缩，应力就会累积起来。最具代表性的沥青混合料开裂力学模型是由 Hills 和 Brien 在 1966 年建立的。他们的研究表明：随着温度逐渐降低，温度累积应力会逐渐增强，而混合料本身的抗拉强度在经历一个上升阶段后开始下降，二者交汇处的横坐标值即定义为开裂温度，如图3.3 所示。力学模型中，首先通过比较温度应力和沥青极限抗裂强度的变化规律，找出开裂的极限温度，然后通过确定此时的温度应力，结合沥青面层的收缩参数，得出此温度下路面的开裂间距。横向开裂预测主要解决的就是开裂温度和开裂间距的问题，所以需要对材料的极限抗拉强度、温度应力和层间的连接状态进行研究。层间连接状态的变化规律应用了第 2 章中的研究结论，在此不作赘述。

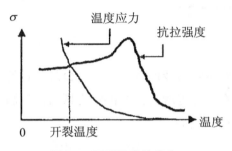

图 3.3　开裂温度的确定

沥青混合料抗拉强度的变化规律和劲度模量可以通过 TSRST 试验获得，所以剩下的关键问题就是如何确定温度应力的变化规律。Hills 和 Brien 建立了无限梁模型，确定本构关系见式（3.1）。

$$\sigma_T = \int_{T_0}^{T_f} S(T,t)\varepsilon_T \mathrm{d}T \qquad (3.1)$$

式中，σ_T 为温度应力；ε_T 为温度应变，$\varepsilon_T = \alpha(T) \cdot \Delta T$；$\alpha(T)$ 为沥青混合料的温缩系数，与温度有关；ΔT 为降温幅度；$S(T,t)$ 为沥青混合料的劲度模量。

Hills 模型的最大特点是确定了温度应力和沥青混合料的极限抗拉强度的获得方法。通过式（3.1）可以计算出不同起始温度、不同降温幅度下产生的温度应力，同时，两位学者根据室内的试验对预测的开裂温度进行了标定。随后，很多研究人员也对此模型进行了现场试验路的标定，最为详尽的是 Christison、Anderson 和 Murray 的验证，认为无限长梁可以得出合理结果，而无需将沥青混凝土看作是黏弹性材料。

但是 Hills 等并没有科学描述约束力的模型和大小，模型中约束力是施加在路面两端来限制其自由收缩的，所以只能用于开裂温度的计算和预测，不能确定开裂间距。实际的约束状态并不是这样，而是由基层对面层的摩擦阻力提供。2001年，David Harold Timm 对模型作进一步的改进，把两端约束换成了层间的摩擦阻力，并在无限梁模型的基础上建立了开裂间距的计算模型，如图 3.4 所示。

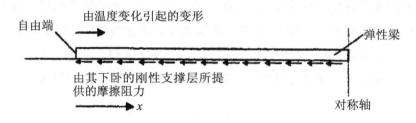

图 3.4 降温过程中各种力的分布

此模型中把层间摩擦阻力按照摩尔一库仑公式进行计算，假定无限梁不发生翘曲，温度产生的沥青面层内应力由摩擦阻力抵消，使沥青面层不产生位移，摩阻应力的计算按式（3.2）进行。

$$\sigma_f = \frac{x(C + \sigma_h \cdot \tan\varphi)}{h} \tag{3.2}$$

这部分摩擦阻力平衡了温度应力，见式（3.3）。

$$\sigma_T = E \cdot \alpha \cdot \Delta T \tag{3.3}$$

通过式（3.2）和式（3.3）就可以计算出开裂的距离 X_c，见式（3.4）。

$$X_c = \frac{E \cdot \alpha \cdot \Delta T}{\dfrac{c_a}{h} + \rho g h \tan\varphi} \tag{3.4}$$

基于 David 模型，长安大学的徐江萍利用变温热弹性物理方程对基层内最大温缩应力 $\sigma_{t\max}$ 计算公式进行推导，首先将基层与下承层之间的界面位移约束力简化为平均的摩擦力，并用水平剪应力表征：在下承层与基层沿水平接触面产生相对位移时，某点产生的水平剪应力与该点的水平位移成正比，即式（3.5）[42]。

$$\tau = -f_x\mu \tag{3.5}$$

式中，f_x 为水平抗变形阻力系数（MPa/mm），随下承层的变形模量增加而增加，随下承层的塑性变形增加而减小；μ 为层间相对位移。推导的温缩应力方程见式（3.6）。

$$\sigma_{t\max} = -\frac{E\alpha_t\Delta T}{1-\mu}\left(1 - \frac{1}{chAL/2}\right)H(t) \tag{3.6}$$

式中，$\sigma_{t\max}$ 为基层内最大温缩应力；α_t 为基层温缩系数（$\times 10^{-6}/℃$）；L 为基层计算长度；$A = \sqrt{\dfrac{f_x}{EH}}$；$E$ 为基层抗压弹性模量（MPa）；f_x 为水平抗变形阻力系数（MPa/mm）；H 为基层厚度；μ 为泊松比，取 0.25；$H(t)$ 为应力松弛系数，取 0.3～0.5。

温缩在铺筑了面层以后仍然存在，式（3.6）只考虑了单面受到约束时的受力平衡问题，对于基层的温缩开裂预测存在一定的误差，如果考虑到铺筑了上层结构，则需要适当地进行调整才能适用。并且式（3.6）中的水平抗变形阻力系数如何确定并未给出明确的方法。

但是，David 模型中存在两个不合理的地方：①面层在半滑动的情况下认为摩擦阻力不能沿着 X 轴累加，在滑动的情况下只考虑了滑动部分产生的动摩擦阻力，而没有考虑未滑动部分的静摩擦阻力，那么，计算的摩擦阻力就会偏小，预测的开裂距离就会偏大；②式（3.4）计算的距离不是开裂距离，而只是与温度应力平衡时面层滑动部分的距离，在面层极限抗拉强度小于计算的温度应力时，实际开裂间距要小于计算结果。

所以，有必要先对层间相对滑动时的力学过程进行科学的描述。

3.1.2.2 裂缝的贯通

裂缝出现后，在温度应力或车辆荷载的继续作用下，会继续深入发展直至上下贯通。贯通时间是这一过程中需要关注的指标，可以用断裂力学的基本理论来确定。

沥青面层开裂后，在温度应力的反复作用下，裂缝沿深度方向向下延伸，直至水稳碎石基层顶部；水稳碎石基层断裂以后，整体模量降低，在沥青层底产生的竖向剪切应力和弯拉应力增大，导致裂缝往上延展至路表。裂缝延展至贯通的时间可用广义的 Paris 公式计算，见式（3.7）、式（3.8）和式（3.9）。美国 AASHTO2002 设计体系就是采用 Paris 公式进行反射时间的预测。

$$\Delta C = A\Delta K^n \qquad (3.7)$$

$$n = 0.8 \times (1 + \frac{1}{m}) \qquad (3.8)$$

$$\lg A = \beta[4.389 - 2.51\lg(\beta_0 n f_t)] \qquad (3.9)$$

式中，ΔC 为一个降温循环裂缝的深度变化；ΔK 为一个降温循环应力强度因子的变化；A、n 为沥青混合料的裂缝参数；m 为蠕变柔度主曲线（对数）的斜率；f_t 为沥青混合料的抗拉强度（KPa）；β_0、β 为标定参数，$\beta_0 = 10000$，$\beta = 5$（一级水平）、1.5（二级水平）、3（三级水平）。

对于 Paris 公式和应用，我国很多研究人员也做了很多深入细致的研究工作：湖南大学曾孟澜等利用广义 Paris 公式对沥青面层开裂后的疲劳寿命进行了预测[43]。广义 Paris 公式见式（3.10）。

$$\frac{\mathrm{d}a}{\mathrm{d}N} = C(\Delta K_{eff})^P \tag{3.10}$$

式中，a 为随荷载作用次数变化的裂缝长度；C、P 为材料参数，可以通过试验得到；ΔK_{eff} 为裂缝有效强度因子变化值，可以用式（3.11）计算。

$$\Delta K_{eff} = (\Delta K_1^4 + \Delta K_2^4)^{\frac{1}{4}} \tag{3.11}$$

式中，下标 1、2 分别为张开型开裂和剪切型开裂。研究认为路面开裂先从沥青面层开始，随后扩展至表面。利用有限元进行裂缝开裂模拟，变换面层模量和厚度，计算出有效强度因子进而计算出疲劳寿命。作者认为裂缝开始到贯穿的疲劳寿命与面层厚度成指数关系，接近线形，厚度从 100mm 到 200mm，疲劳寿命由 8.93×10^6 增长到 18.73×10^6；与面层模量成负指数的幂函数形式，模量从 3000MPa 降到 1500MPa，疲劳寿命由 8.86×10^6 增长到 13.4×10^6。文中开裂形式认为主要是 TDC 型；计算结果偏大，裂缝出现后还能有 50%左右的疲劳寿命值得商榷；假设的条件过于理想化。

华中科技大学罗辉等也采用断裂力学和有限元工具，对沥青路面裂缝发展的疲劳寿命进行了预测[44]。作者对材料的疲劳开裂过程划分了三个阶段：微观缺陷发展为门槛值成为裂缝；裂缝在荷载作用下稳态发展；超过临界值开始失稳扩展，并且考虑了裂缝扩展方向对寿命的影响。

计算时采用符合强度的应力因子和扩展角，计算公式见式（3.12）和式（3.13）。

$$\alpha = \arccos(\frac{3K_2^2 + K_1(K_1^2 + 8K_2^2)^{\frac{1}{2}}}{K_1^2 + 9K_2^2}) \tag{3.12}$$

$$K^* = K_1 + 1.0435K_2 \tag{3.13}$$

根据计算结果，利用裂缝深度和扩展角，最小二乘拟合出应力扩展路径，见式（3.14）。

$$f(\alpha) = 5.45777a^{0.80078} - 0.000085a^2 - 34.4896 \qquad (3.14)$$

式中，α 为扩展角，a 为裂缝深度。

利用裂缝长度和复合应力强度因子最小二乘拟合两者的关系，见式（3.15）。

$$K^* = 0.07722 + 0.88407l - 8.00965l^2 + 31.35723l^3 \qquad (3.15)$$

式中，K^* 为复合强度因子；l 为裂缝长度。预计的疲劳寿命为 $6.57 \times 10^6 \sim 10.95 \times 10^6$ 当量轴次，比实际情况偏大。作者认为这是因为没有考虑到温度影响，以及原材料参数和假设的不准确。

青岛大学刘大维等利用有限元模拟动态荷载下路面结构的力学响应，施加阶跃载荷进行动态模拟，求解时采用 ANSYS 的 Full 法和瞬态求解器进行动力方程求解[45]。文章认为在动态荷载下，车速和车的轴载对于半刚性基层层底的拉应力影响比较大，高车速和低轴载都能降低基层层底的拉应力。文中的动态模拟方式值得采用。

西南交通大学毛成等利用沥青路面裂缝扩展路径模拟程序（APCPPS2D）模拟了裂缝扩展路径[46]。文中提到了裂缝失稳扩展的极限条件，见式（3.16）。

$$\cos\frac{\theta_0}{2}\left[K_\mathrm{I}\cos^2\frac{\theta_0}{2} - \frac{3}{2}K_\mathrm{II}\sin\theta_0\right] = K_{IC} \qquad (3.16)$$

式中，θ_0 为裂缝扩展角；K_I、K_II、K_{IC} 分别为 I 型、II 型开裂强度因子和 I 型裂缝断裂韧度。结果发现：裂缝随着交通荷载作用位置的不同而表现出明显不同的裂缝扩展路径，表面裂缝呈现偏离荷载的曲线扩展路径，而基层底面裂缝表现为偏向荷载的曲线扩展路径。当交通荷载作用于基层底面裂缝正上方时，基层底面裂缝的应力强度因子最大，起裂角最小，裂缝扩展路径几乎沿直线向上扩展；裂缝扩展路径随基层和面层弹性模量的不同而改变。但是作者计算采用的是弹性理论，对于沥青层和半刚性基层的模量取值随意性大，可以参考裂缝扩展的规律。

长沙交通大学郑健龙等对半刚性基层裂缝的应力强度因子进行了数值分析，分析中施加了对称荷载和偏荷载两种情况，认为 II 型剪切裂缝才是半刚性基层反射裂缝发展的主要形式，并增设应力吸收膜层抑制裂缝的发展[47]。得出这一结论的主要问题在于有限元分析假设条件：各层连续、处于弹性状态、对于裂缝的发展演变过程和开裂后的疲劳寿命未涉及。

赵磊等利用线弹性断裂力学理论和有限元法，通过改变面层和基层的厚度、模量和裂缝长度，研究每种因素对应力强度因子的影响规律[48]。得出结论：①基层模量低于面层模量时，应力强度因子最小，而且随着面层模量和厚度的增大，应力强度因子快速减小，随裂缝扩展而变小；②基层模量过大，将减小疲劳开裂寿命；③当前路面结构产生反射裂缝的原因有面层太薄、基层与面层刚度比过大。

作者利用线弹性断裂力学理论描述半刚性基层疲劳开裂的规律与实际存在不符，层间连接状态未说明，不过从分析结果看，基层和面层过大的刚度比应该是影响开裂的主要因素，因为刚度比表征的就是分散荷载的比例，基层承受的应力大就易于加速裂缝的发展。

对于开裂后裂缝的发展预测，现有的方法就是计算裂缝尖端处的应力强度因子，然后利用 Paris 公式计算裂缝扩展的贯通时间进行确定。基于这些研究过程和结论，本章的子课题已经对横向开裂的贯通时间进行了相应的研究，直接采用得出的结论进行开裂时间的预测。

姚占勇等采用有限元的方法，研究了半刚性基层开裂后路面结构的力学响应。研究认为，路表弯沉不能准确反映半刚性路面结构的破坏状态，基层横向开裂后，沥青面层的破坏主要受控于剪应力：基层底部裂缝两侧的纵向拉应力、剪应力迅速增加，将使横缝底部两侧形成严重的破坏，这为水损坏后基层形成横缝处板底脱空进而引起面层沿横缝两侧的开裂、沉陷留下严重隐患。基层中各层的纵向开裂，不仅使得裂缝向上层进一步扩展，导致路面结构的总体纵向开裂，而且为横向的疲劳开裂创造了条件。当基层板块大于 1m×1m 的临界尺寸时，结构仍属于半刚性路面；当基层板块的尺寸小于此值时，路面结构的应力应变趋向于柔性路面[49]。

3.1.2.3　影响因素分析

路表低温缩裂，是由于降温导致的温度收缩应力大于此温度下沥青面层的极限抗拉强度造成的。沥青砼的抗裂性能随着温度的变化而变化，在北方季节性冰冻地区经常出现。在寒冷地区，气温下降幅度大，温度收缩应力也较大，当此应力大于等于沥青混合料的抗拉强度时，沥青面层就会出现开裂，以释放收缩应力。在中等温度情况下，路面温度在晚上下降较多，所产生的温度收缩应力较大，但是没有超过沥青混合料的极限抗拉强度，不会立刻产生收缩开裂，但在此温度应力的反复作用下，会产生疲劳开裂，这种情况多发生在日温差变化较大的地区。

低温开裂大都是垂直于行车方向的横向裂缝,横向裂缝的间距为 1~100m[50],裂缝初现时间距较大, 随着使用年数的增加, 裂缝增多, 间距不断减小, 这是因为使用时间越长, 经受的不利的环境因素越多, 沥青的老化越严重。横向裂缝可能横贯路面或一个车道, 也可能仅出现在部分路面宽度。在横向间距小于路面宽度时, 有可能出现纵向裂缝和行车块状裂缝。此外, 沿着沥青层的纵向摊铺接缝, 也可能出现纵向温度裂缝。

根据以上原理,可以将影响沥青面层产生低温收缩开裂的因素大致分为三大类型:

(1)材料因素。包括沥青性质、集料类型和级配、沥青含量和空隙率等。

(2)环境因素。包括最低温度和降温速率等。

(3)路面结构因素。包括路面宽度和厚度、路基类型、路面龄期、沥青层与基层的摩擦阻力和施工裂隙等。

李自林等利用 ANSYS 有限元软件, 分析了各参数对含裂缝路面结构的应力场及裂缝尖端应力强度因子的影响, 得出裂缝间断应力集中是导致裂缝向上扩展的根本原因[51]。降低基层材料的弹性模量能抑制或延缓基层裂缝的扩展, 同时外界环境和路面结构对裂缝的扩展也有较大的影响, 应根据当地的气候条件合理地设计沥青面层和基层的厚度, 以保证路面结构具有预期设计的抗裂性。

同济大学姚祖康在某西部项目中对影响因素进一步总结, 并对影响程度进行了定性分析, 具体见表 3.1。

表 3.1　影响低温开裂的因素和影响程度分析

	影响因素	影响程度	说明
沥青	沥青性质	很高	主要考虑沥青的蠕变劲度和感温性;选用合适的沥青
	沥青含量	低	在最佳含量的合理范围内变动沥青用量时影响很小
沥青混合料	集料类型	低	高抗磨、低冻融损失和低吸附性的集料有利于抗低温开裂
	集料级配	低	空隙率大的密级配或间断级配可以降低温度收缩系数
	劲度随温度变化	很高	主要为所用结合料的函数
	温度收缩系数	中等到高	采用花岗岩集料的温缩系数要比石灰岩集料大一倍
	抗拉强度	低	集料和沥青性质对抗拉强度影响很小

影响因素		影响程度	说明
气候	最低温度	很高	大多数低温裂缝起始于温度下降到低于临界开裂温度并保持一段时间
	温度下降速率	很高	下降速率越快,低温开裂越多
路面结构	沥青层厚度	中等到高	增加厚度可以降低开裂密度
	路基土类型	中等到低	黏性土路基的开裂密度低于砂性土路基
	基层约束	中等	增加基层的摩擦阻力约束可以降低开裂温度
	路面龄期	高	龄期越长,低温周期次数和极端低温的概率越大,沥青劲度增长越多
施工	路碾的碾压裂隙	未知	产生初始裂缝

由表 3.1 可知,影响低温开裂的因素众多,有的指标之间还存在相互作用。其中,对于基层约束也就是层间连接状态的影响,国内还有不同的意见,认为增加摩擦阻力会提高开裂温度。经过分析认为,为了减小预测工作量,将各种因素进行归类并剔除影响程度小的,最终以沥青混合料松弛模量、收缩系数、最低温度、降温速率、沥青层厚度、基层约束条件作为主要考虑指标。

水稳碎石基层的温缩开裂机理与沥青材料类似,只是水稳碎石材料的弹性模量不随温度变化,而且不具备明显的应力松弛能力,所以半刚性基层的累积收缩应力在整个下半年的降温阶段都是存在的。其收缩应力的大小除了受材料温缩系数的影响外,就是与修建时温度和年最低温度之差的关系最大了。由图 3.5 的温度分布可以看出,七月中旬至一月是降温季节,假定为最不利状态,如果半刚性基层的施工在七月份,则下半年处于降温阶段,结构层收缩,而上半年处于升温阶段,结构层膨胀。在层间连接条件上,基层和底基层之间认为完全连续,基层和面层之间以摩擦阻力为主。

水稳碎石基层的干缩开裂是由于失水造成的,与温度的关系不大。根据相关的研究结果,干缩是指半刚性基层材料内部含水量变化(水分蒸发)而引起的体积收缩现象。干缩的基本原理是由于水分蒸发而发生的毛细管张力作用吸附水及分子间力作用的矿物晶体或胶凝体的层间水作用和碳化作用引起的宏观体积的收缩[52]。施工后的养护阶段是干缩发生的高峰期,这一时段强度在上升阶段,如果养护不当造成失水过大、过快,就会出现干缩裂缝。

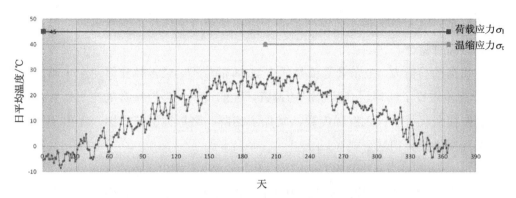

图 3.5　沂水地区 2011 年日平均气温分布

水稳碎石材料不同于沥青混合料，干缩系数比较大，在 $50×10^{-6}$～$110×10^{-6}$；温缩系数比较小，在 $7×10^{-6}$～$10×10^{-6}$。

3.1.2.4　预测模型的研究

在温缩开裂预测的研究中，代表性的模型有两种：经验统计模型和力学-经验模型。经验统计模型就是利用材料的各种指标和环境条件的变化，与观测到的裂缝数量之间进行回归，得出公式进行预测。力学-经验模型是通过力学的计算得出温度应力，与极限抗拉强度进行比较，确定开裂时机，通过现场的观测结果回归公式，并对裂缝率进行预测。近年来，随着对缩裂机理的进一步认识，出现了力学方法，并成为收缩预测的未来趋势。

1. 经验统计模型

Fromm 和 Phang 通过对加拿大安大略省的 33 个路段横向开裂数据的回归，提出了开裂指数的指标，描述开裂的严重程度，用式（3.17）表示。

$$I = N_m + N_f + 0.5N_h \tag{3.17}$$

式中，I 为开裂指数；N_m 为 150 米长度内复合裂缝数量；N_f 为 150 米长度内单条贯通裂缝数量；N_h 为 150 米长度内单条半贯通裂缝数量。

这一指标后来被很多研究者采用并改进。1987 年，Hass 在 26 个机场道路横裂调查数据的基础上，回归了式（3.18）所示的横向间距预测模型。

$$s = 218 + 1.28h_a + 2.52T_{\min} + 30PVN - 60\alpha_T \tag{3.18}$$

式中，s 为横向裂缝间距（m）；h_a 为沥青路面厚度（cm）；$T_{\min}$ 为当地最低温度（℃）；PVN 为针入度黏度数；α_T 为温度收缩系数（10^{-3}/℃）。

此模型涵盖了大部分的横裂影响因素，是经验法中比较有代表性的模型。后期的很多研究人员都是在此模型基础上进一步地改变参数，调整系数，以期与实测数据高度吻合。

我国的冯德成、王东升等就是结合 Hass 的模型，对吉林和黑龙江 4 条公路的 14 个路段进行了沥青层开裂状况的调查，他们调整了裂缝指数的定义，并且用沥青劲度模量代替了针入度黏度数，增加了路龄、路基类型等指标，提出了相应的低温开裂量经验预估公式（3.19）[53]。

$$I = 0.075[(T - 0.7ha + 0.5a)\lg S + 0.026S \times \lg J] \qquad (3.19)$$

式中，I 为裂缝指数，定义为 100m 路段区间内双车道全副横向裂缝数加上半幅横向裂缝数的一半，裂缝宽小于车道宽度一半的不计；h 为层厚（cm）；a 为路龄（年）；S 为加载时间 20000s，测试温度为 T 的沥青劲度模量；J 为路基类型，砂 $J=5$，亚黏土 $J=3$，黏土 $J=2$；T 为低温设计温度（℃）。

AASHTO2002 的经验模型则不同于上者，分析认为：影响路表低温缩裂的最重要的因素是混合料的刚度，为了能够减少预测的温度裂缝，需要降低混合料的刚度并重新进行分析。通常可以先取较低 PG 等级的胶结料。另一个影响因素是沥青层厚度，路面越厚，裂缝深度越大。其建立的开裂数量模型如式（3.20）和式（3.21）所示，并作出了以下三点假设：

（1）路面温度开裂的数量有最大值，均匀地分布于路面中，即裂缝间存在最小间距使得裂缝无法再发展。

（2）只有裂缝纵向贯穿沥青混凝土层才记为一条裂缝。

（3）由于材料的不同，同一时间地点的路面的裂缝并不一样，裂缝的分布根据前文的力学模型确定。分布的变异性被视为标定过程的参数，而且对于所有路段都是一致的。裂缝数量模型的计算如式（3.20）和式（3.21）所示。

$$AC = \beta_1 \times P(\log C > \log D) \qquad (3.20)$$

$$或\ AC = \beta_1 \times N(\frac{\log C/D}{\sigma}) \qquad (3.21)$$

式中，AC 为温度开裂观察到的数量；β_1 为现场标定的回归系数；$P()$ 为成立的概率；$N()$ 为标准正态分布；σ 为裂缝深度的对数的标准差；C 为裂缝深度；D 为表面层厚度。

经过标定后确定的各参数：$k=8000$；$\beta_1 =332.7$；$\sigma =0.148$；$R^2 = 0.476$。

此预测模型完全由经验统计回归法建立，用于预测温缩裂缝数量，对于开裂的时间预测只局限在裂缝从出现到贯穿的过程。

2. 力学-经验模型

力学-经验模型就是利用 Hills 建立的弹性梁模型进行温度应力的计算，并且与沥青极限抗拉强度进行对比，确定开裂时的温度。美国的 SHRP 研究计划将这一模型进行了整合，并加入了裂缝扩展时间的模块和现场的开裂数量预测模块，形成了 TCMODEL 预估模型。美国的 AASHTO2002 设计指南和 MEPDG 设计方法都采用了此模型对低温开裂进行预测。TCMODEL 模型进行开裂预估的基本流程为：

（1）以间接拉伸试验得到的沥青混合料时间和温度—依赖性性状为基础，计算沥青面层低温收缩应力随时间和沿深度的变化，计算模型采用基于两端固定的一维杆件本构方程。

（2）应用应力强度因子模型估算竖向裂缝尖端处的应力，并应用 Paris 定律分析裂缝的扩展深度。

（3）按照路段内沥青面层温缩裂缝的深度成对数正态分布的假设，估计沥青面层的低温开裂数量。

这三个模块内在的联系其实不大，基本上都是各自独立的，尤其第一个计算模型的机理与实际不符，所以在温度应力的计算与开裂间距之间没有一个确定的关系，导致了开裂数量的预估只能建立在经验统计的基础上。所有的经验法都存在一个缺点：可移植性不强，TCMODEL 模型也不例外。

3. 力学法

从前面开裂机理的分析可知，如果利用层间的摩擦阻力代替 Hills 弹性梁中的两端固定约束，就可以根据层间连接的状态和环境因素的变化，确定开裂的间距和裂缝开始出现的时间，然后再利用 Paris 定律预测裂缝扩展贯通所需的时间，不需要经验统计就可以把所有关注的指标预测出来，当然，为了预测的准确性，还需要利用现场的数据对预测模型进行标定。力学法从开裂机理上揭示了横向开裂的变化规律，而且可以用有限元软件进行计算，非常方便，将是预测横向开裂的未来发展方向。

3.1.3　主要的研究内容和技术路线

为了能够准确地进行开裂时间和开裂数量的预测，将横向开裂分为路表的温缩裂缝和水稳碎石基层的温缩裂缝、干缩裂缝三种类型，三部分内容拟从以下四个方面进行深入的研究。

1. 横向开裂的影响因素分析和确定

横向开裂影响因素及影响程度的分析，包括温度场、层间抗剪力、材料的弹性模量、松弛模量、收缩系数等，确定用于典型路面收缩应力计算的影响因素范围和应力变化规律。

2. 横裂变化规律及预测模型的研究

根据路面结构的不同组合和环境条件的变化，对路表面、水稳基层分别建立有限元的计算模型，进行温度应力和开裂间距的计算。

3. 裂缝开展规律分析

对裂缝沿厚度方向的开展规律进行分析：利用本章其他部分的研究成果，对温度荷载作用下半刚性基层沥青路面温度裂缝扩展进行计算分析，预估路面结构温度裂缝贯通过程的时间。

4. 典型路面结构横向开裂预测

根据八种路面结构特点和所处区域特点，确定计算参数，进行开裂时间和数量的预测。

根据以上思路和研究内容，本章按如图 3.6 所示的技术路线进行。

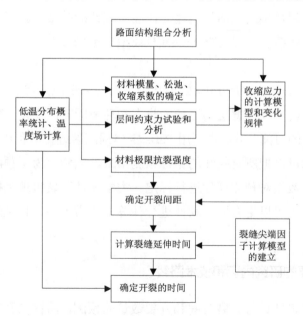

图 3.6　横向开裂预测技术路线图

3.2 环境及材料参数的确定

为了计算温度应力、摩擦力和位移值，预测横裂出现时间和横裂间距，以力学模型为基础，利用 ABAQUS 有限元软件对路面结构建立简单的模型，分析这几个指标随不同的降温幅度、不同的层间连接状态、不同的结构层厚度、不同的温缩系数而变化的规律，得到横裂出现时机与数量的预测模型。

在建模计算之前，首先需要确定降温幅度、连接状态、结构层厚度、温缩系数和材料极限抗拉强度的取值范围。

3.2.1 降温幅度的变化

由于计算时基于弹性梁的力学模型，在计算路表面的温度应力时，0℃以下不考虑应力松弛，所以起始温度和降温速率对于温度应力的分布就无关紧要了。从温度指标考虑，只关注降温幅度即可。所以，计算时温度从 0℃开始，然后分别取 1℃、5℃、10℃、15℃、25℃、45℃六个降温幅度值。

待确定开裂预测模型后，再根据路面结构实际的温度场变化，确定实际的降温幅度值，代入模型后就能求出实际的开裂数量和开裂时机。

3.2.2 层间摩擦阻力的分析

层间摩擦阻力的存在是约束面层移动的前提。根据第 2 章的分析结果可知，在低温下，如果是 LSPM+水稳碎石结构，则最大抗剪强度取 5℃时的 0.58MPa，摩擦阻力系数取 2.83；如果是 ATB+水稳碎石结构，则最大抗剪强度取 5℃时的 1.36MPa，摩擦阻力系数取 2.76。

在有限元软件中，层间摩擦阻力只能通过设置不同的摩擦系数来表征，体现不出最大抗剪应力的存在。如何模拟真实情况成为了一个很大的问题。所以，先不考虑实际状况，拟定摩擦系数为 0.2、0.4、0.6、0.8、1.0 五个变化值，根据计算结果找出温度应力随摩擦系数的变化规律后，再将实际的摩擦阻力系数代入求解。对于最大抗剪强度，属于额外的约束力，在计算结果中体现不出来，可以从求得的温度应力中减掉，然后预测开裂间距。

3.2.3 沥青混凝土和水稳碎石收缩系数的变化规律

收缩系数是材料的固有性质，温度收缩系数越大，同等的温度和降温幅值产生的温度应力越大。长沙理工大学田小革等通过研究发现，沥青混凝土的温缩系数也会随着温度和降温速度的变化而变化，具体情况如图 3.7 所示，在−5℃附近达到最大值，浮动范围在 $20 \sim 40 \times 10^{-6}$[54]。

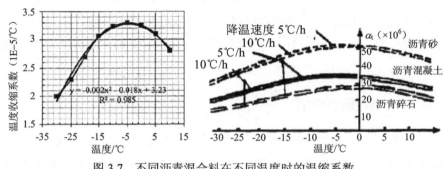

图 3.7 不同沥青混合料在不同温度时的温缩系数

水泥稳定碎石材料的干缩、温缩系数一般比较稳定，但是会随着水泥掺量的不同而变化，具体取值见表 3.2。

表 3.2 水稳碎石的干缩、温缩系数参考值

收缩类型 \ 水泥含量	4%	5%	6%
干缩系数 α_d（10^{-6}/%）	52.0	70.4	111.4
温缩系数 α_t（10^{-6}/℃）	7.4	7.7	9.7

为了寻找收缩系数对于温度应力的影响规律，先不考虑实际的情况，将收缩系数拟定为 1×10^{-5}、2×10^{-5}、3×10^{-5}、4×10^{-5}、5×10^{-5}，待确立预测模型后，将实际系数代入即求解得到实际的温度应力。

3.3　有限元模型的建立和计算指标的确定

3.3.1 路表面温缩开裂的计算模型

利用 ABAQUS 有限元软件对路表面层的温缩开裂进行模拟，如图 3.8 所示。具体的计算要求和过程如下：

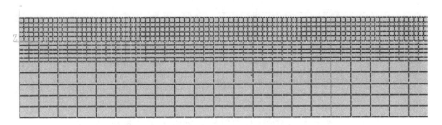

图 3.8　路表温缩开裂有限元计算模型

（1）尺寸：取 1m 厚的基层，面层厚度取 18cm、24cm、30cm、36cm 和 42cm，长度取 300m。

（2）材料参数：为了方便计算，面层弹性模量取定值 1400MPa，基层弹性模量取 1200MPa；泊松比取 0.25；切向摩擦系数根据变化取值，0～1 按 0.2 的间隔取值；法向定义为硬接触，不考虑穿透问题。

（3）层间连接：按面－面接触考虑，基层为主面，面层为从面。

（4）约束：底面全约束；右侧水平约束；左侧基层水平约束，面层在施加重力荷载步时进行水平向约束，进行温度应力荷载步时不约束，形成自由伸缩面。

（5）荷载：在初始荷载步中添加重力（重力是摩擦力产生的前提），重力的施加分为五个子步骤，防止收敛问题出现；设置五个荷载步，分别赋予不同的温度值，可以计算出不同的初始温度和降温幅度对于温度应力的影响。

（6）单元类型：采用 CPS8R 二次缩减积分的单元。

（7）网格划分：面层按尺寸划分得要尽可能细致，基层按数量划分。

（8）数据输出：以表面为输出路径，以温度应力和位移、层间剪切应力为指标进行数据的输出。

3.3.2　半刚性基层的有限元模型

利用 ABAQUS 有限元软件对半刚性基层的温缩开裂进行模拟，如图 3.9 所示。具体的计算要求和过程如下：

（1）尺寸：取实际厚度基层，设置 1m 厚的路基和底基层；面层按实际厚度进行确定，长度取 500m；计算干缩变形时，不设置面层。

（2）材料参数：为了方便计算，面层弹性模量取定值 1400MPa，基层弹性模量取 1200MPa；泊松比取 0.25；切向摩擦系数根据变化取值，0～1 按 0.2 的间隔取值；法向定义为硬接触，不考虑穿透问题。

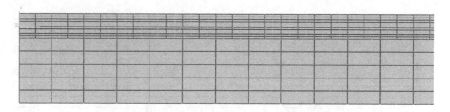

图 3.9　半刚性基层温缩开裂有限元计算模型

（3）接触：基层和底基层及面层之间设置两对接触面；层间连接按面—面接触考虑，基层为主面，面层为从面。

（4）约束：底面全约束；右侧水平约束；面层左右侧水平约束，表面自由不约束；基层左侧不约束，形成自由伸缩面，右侧水平约束。

（5）荷载：在初始荷载步中添加重力（重力是摩擦力产生的前提），重力的施加分为五个子步骤，防止收敛问题出现；面层厚度的变化可以利用施加的竖向均布应力来调节；设置五个荷载步，分别赋予不同的温度值，可以计算出不同的初始温度和降温幅度对于温度应力的影响。

（6）单元类型：采用 CPS8R 二次缩减积分的单元。

（7）网格划分：面层按尺寸划分得要尽可能细致，基层按个数划分。

（8）数据输出：以基层表面为输出路径，以温度应力和位移、层间剪切应力为指标进行数据的输出。

3.3.3　计算指标的确定

为了预测开裂和开裂间距，需要确定的指标有结构层温度应力、层间连接处摩擦应力和滑移面上的相对位移。

3.4　横裂预测模型的建立

3.4.1　路面结构横向开裂机理分析

根据国内外研究现状分析，目前对于横裂机理都作了一些假设，导致与实际状况不符，所以会影响到预测的精准度。要预测横向开裂时机和开裂数量，必须先重新考虑开裂的机理，再深入地分析，以此为准确预测横裂的基础。根据实际情况，路面结构的横向开裂机理根据不同的阶段和不同的层位可以按以下过程进行描述。

1. 面层不产生滑动

温度下降，面层有收缩趋势，但是在层间摩擦阻力的约束下不能变形，就开始产生了收缩应力，此时的收缩应力等于单位面积上的摩擦阻力，如图 3.10 所示。

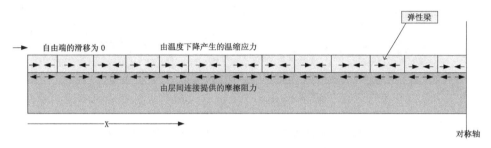

图 3.10 初始降温时面层的温度应力和摩擦阻力

2. 面层部分滑动，不产生开裂

随着降温幅度的加大，收缩应力也开始加大。当收缩应力大于摩擦阻力时，基层已经阻止不了面层变形，自由端首先开始滑动，此时面层在水平长度上分为三个部分：滑动部分、半滑动部分和不滑动部分，如图 3.11 所示。产生滑动的部分，释放了温度应力，但是摩擦阻力还在，这部分摩擦阻力沿长度方向累积，相当于在自由端添加了一个横向拉力，抵抗不滑动部分单位面积上温度应力与摩擦阻力的差值。理论上讲，只要滑动的部分足够长，就可以提供无限大的摩擦阻力，滑动部分面层中的温度应力因为产生了收缩而消失，所以滑动部分是不会产生开裂的，只在没滑动部分的面层中才有可能产生开裂，这个原理与弹性力学中的"圣维南效应"类似。不过，开裂与否还要取决于计算的温度应力与动摩擦阻力差值相对于极限抗拉强度的大小，如果前者小，则不会产生开裂。

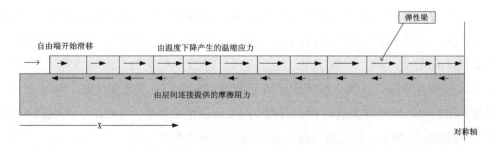

图 3.11 继续降温时面层的温度应力和摩擦阻力

3. 面层部分滑动，产生开裂

降温幅度进一步加大，温度应力与动摩擦阻力的差值大于沥青混合料的极限抗拉强度，产生开裂，如图 3.12 所示。

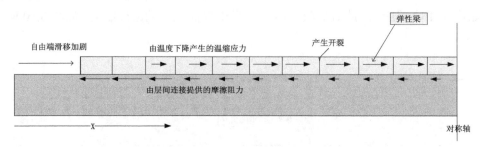

图 3.12　降温幅度较大时面层的温度应力和摩擦阻力

4. 水泥稳定碎石基层的温缩开裂

基层的温缩开裂与路表的机理一样，但是需要调整预测模型。在修改模型时，需要考虑基层受到上下两层的摩擦阻力约束这一条件，再加上水稳碎石的温缩系数比较大，所以预测的开裂间距也会大大减小，并且基层在温缩时会发生轻微翘曲，导致端部的受力形式复杂化。

5. 水泥稳定碎石基层的干缩开裂

干缩的过程可以认为与温缩类似，其预测模型可以在温缩开裂预测模型的基础上进行调整，将收缩系数进行转换，湿度的变化幅度等同于温度的变化幅度。由于水稳碎石的收缩系数随温度的变化不大，可以假定为恒值。通过温缩—干缩系数和温度—湿度之间的转化，基层的干缩开裂同样可以用这个模型进行分析。

3.4.2　路表面的低温缩裂变化规律分析

为了寻找各种因素对于计算指标的影响，需要对参数进行不同的组合，为了避免混淆，对不同参数组合的表征方法作统一规定。以下利用四个数字表示四个参数的不同取值，第一个数字表示面层厚度，第二个数字表示温缩系数，第三个数字表示摩擦系数，第四个数字表示降温幅度，当某一个参数变化时，用 X 表示。例如，42-1-0.2-X 的含义为：面层厚度为 42cm，温缩系数为 1×10^{-5}，摩擦系数为 0.2，降温幅度变化。下文出现此类标示时不再作出解释。

由前面的机理描述可知,路表低温缩裂主要涉及温度应力和沥青混合料极限抗拉强度之间的大小。如果只是预测开裂温度,只需利用两端约束的 Hills 模型即可,不涉及层间的连接状态;如果要预测开裂间距,需要用到改进的 David 模型,那么对于层间摩擦阻力的变化规律就需要进行深入的分析。本章选用改进的 David 模型,利用层间的摩擦阻力来施加约束。根据计算结果,对以下几个指标的变化进行总结。

3.4.2.1 温度应力的变化规律

在改进的 David 模型中,首先假设沥青混合料抗拉强度无限大,不会发生开裂。温度应力从自由端的 0 开始,沿长度方向逐渐地累积增大,离自由端一定距离时变成恒定的值,这个恒定值就是此降温幅度、温缩系数和弹性模量下的最大温缩应力,值的大小与层间连接状态和上下层的性质无关。所以在预测开裂温度时,只需要考虑降温幅度、温缩系数和弹性模量三个指标。

图 3.13 为 42-5-0.8-25 时水平应力(温度应力)的计算结果分布。可以看出,随着温度的下降,自由端开始移动,而温度应力沿着长度方向逐渐增大,最后变为恒值。在不考虑温度梯度的情况下,面层内的温度应力在厚度方向上基本一样。

图 3.13　变形放大 100 倍时的水平向应力分布

将不同降温幅度下温度应力沿长度方向的变化绘制成图 3.14,可以看出,温度应力开始是按照固定斜率的直线进行累积,在一定距离处变成曲线,此曲线部分就是半滑动区域,最后恒定;如果降温幅度很小,可能就没有固定斜率的直线部分,只有曲线和恒定值的部分了。斜率的大小和曲线的形状及距离都是一样的。

斜率的大小取决于层间摩擦阻力，即面层厚度和摩擦阻力系数。而斜率的大小又决定了距自由端距离的长短（滑动距离）。由图 3.15 可以看出，摩擦阻力系数变化时，最大温度应力不变，但是斜率和曲线的形状都发生了变化，如果面层的厚度变化成某一值，也会出现同样的结果。关于滑动距离的变化规律，会在下面一部分中作详细的分析。

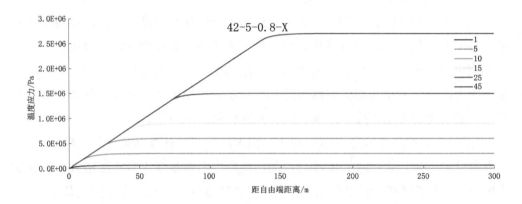

图 3.14　42-5-0.8-X 时不同降温幅度下路表面沿水平方向的温度应力

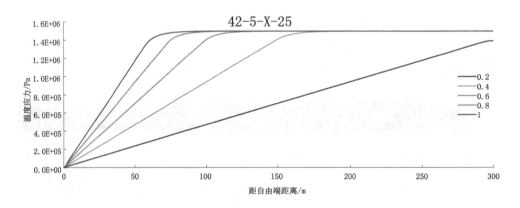

图 3.15　42-5-X-25 时不同摩擦系数下路表面沿水平方向的温度应力

如果只考虑确定最大的温度应力，用式（3.1）计算即可，主要涉及温缩系数、劲度模量和降温幅度。用沥青混合料的最大抗拉强度值替换温度应力，即可得到开裂时的降温幅值，如果已知开始降温时的温度，就可以预测出开裂时的温度。

3.4.2.2　摩擦力的变化规律分析

温度应力的确定除了式（3.1）之外，还可以计算摩擦阻力沿长度方向的累积值，最终的恒定值即为最大温度应力，见式（3.22）。图 3.16 为不同的降温幅度下摩擦应力沿水平方向的分布规律。可以看出，摩阻力在水平长度方向上分为三个部分：开始为恒值，等于动摩阻力，说明这一段长度内面层是滑动的；随着水平距离的增长，按指数的曲线形式下降，这一段长度内面层处于具有滑动趋势但没有滑动距离的状态，可以称为半滑动状态；最后降为 0，这一段长度内面层无滑动趋势，也不存在摩擦力，称为无滑动状态。在摩阻力累积至最大温度应力长度范围内，面层是不会发生开裂的，所以摩阻应力由恒值变为 0 的距离就可以认为是温缩开裂的间距。曲线部分的长度在 50 米左右的范围，如果不考虑这一部分的影响，则预测出的收缩间距会偏小。

$$\sigma_T \cdot h = \sigma_{ff} \cdot L_{ff} + \int_0^{50} \sigma_{hf}(\mu, h, x)\mathrm{d}x \qquad (3.22)$$

式中，σ_T 为温度应力（Pa）；h 为面层厚度（cm）；σ_{ff} 为滑动摩阻力（Pa）；L_{ff} 为面层滑动距离（m）；$\sigma_{hf}(\mu, h, x)$ 为曲线部分摩阻力（Pa），即半滑动状态的摩擦阻力，随距离的增大而减小，呈指数形式。

所以，如果要想精确地预测温缩开裂间距，在需要考虑温度应力等于沥青混合料极限抗拉强度的条件下，温缩开裂间距等于面层滑动状态的距离加上半滑动状态的距离。面层滑动的距离 L_f 与最大摩阻应力和温度应力有关，如图 3.16 和图 3.17 所示。而半滑动状态的距离基本不变，在 50m 左右，沥青混合料的极限抗拉强度越大或动摩阻力越小，开裂间距越大。还有一种特殊状态：不存在完全滑动，只有半滑动，只在温度应力比较小或摩阻力比较大时发生，此时的开裂间距由半滑动时的应力公式决定。

经过对 42-5-1-X 状态的计算结果分析，半滑动部分摩阻力曲线的形式一样，都符合式（3.23）的形式，如图 3.18 所示。降温幅度变化时，决定曲线形状的系数 b 不发生变化，系数 a 的值与半滑动时的开始距离 L_{hf} 和动摩阻力值有关。

$$\sigma_f = a \cdot \mathrm{e}^{-b(l - X_0)} \qquad (3.23)$$

如果将所有的曲线移至坐标零点，即式（3.23）中的 $(l - X_0)$ 变为 1，则公式的系数 b 不随温度应力的变化而变化，系数 a 变为动摩阻力值，随着摩阻力系数和面层厚度变化而变化，如图 3.19 所示。

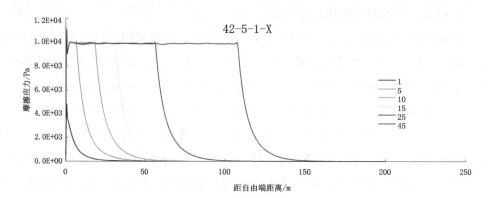

图 3.16 42-5-1-X 时不同降温幅度下沿水平方向的摩擦应力分布

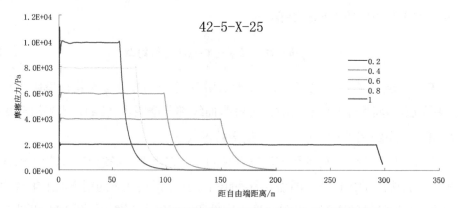

图 3.17 42-5-X-25 时不同摩阻系数下沿水平方向的摩擦应力分布

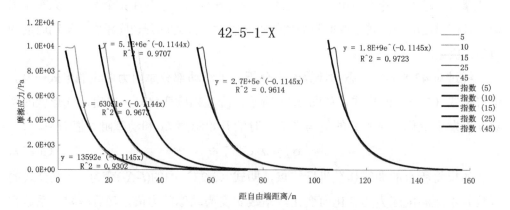

图 3.18 42-5-1-X 时不同降温幅度下半滑动状态摩阻力回归曲线

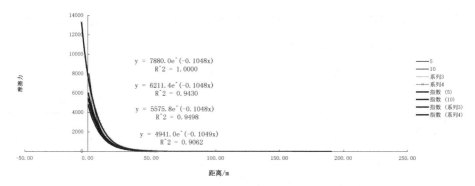

图 3.19　42-5-1 时不同降温幅度下移至坐标零点后半滑动状态摩阻力回归曲线

对所有组合的半滑动状态的摩阻力曲线进行回归，将回归系数 b 进行汇总，得到表 3.3 的数据。

表 3.3　回归参数 b 随面层厚度和摩阻系数的变化

摩阻系数　＼　厚度/cm	42	36	30	24	18
0.2	0.0718	0.0727	0.073	0.0746	0.0757
0.4	0.0923	0.0941	0.0965	0.099	0.1017
0.6	0.1035	0.1063	0.1096	0.1136	0.1179
0.8	0.1103	0.1139	0.1166	0.1228	0.1286
1	0.1145	0.119	0.1238	0.1293	0.1361

再将系数 b 进行回归，如图 3.20 所示，随着摩阻力系数的变化，不同面层厚度时 b 的变化呈现式（3.24）的对数形式。

$$b = c\ln(\mu) + d \qquad (3.24)$$

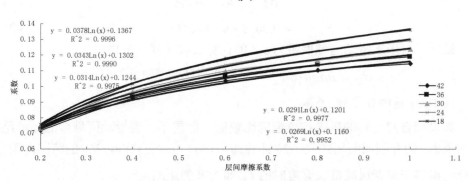

图 3.20　系数 b 随着不同摩阻力系数的变化规律

当面层厚度不同时，将式（3.24）中的系数 c、d 进行汇总，具体数值见表 3.4，并且绘制成图 3.21，发现其随着厚度的增大呈现线性变化。

表 3.4　系数 c、d 值随面层厚度的变化

厚度（cm）	c	d
42	0.0269	−0.1311
36	0.0291	−0.1471
30	0.0314	−0.1647
24	0.0343	−0.1851
18	0.0378	−0.2115

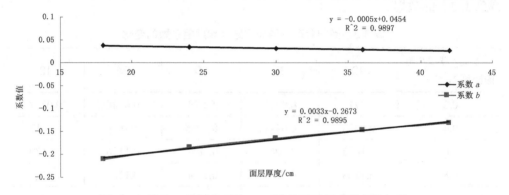

图 3.21　计算 b 的回归系数 c、d 随着面层厚度的变化规律

进一步地对 c、d 进行回归，得到随面层厚度 h 的变化规律，见式（3.25）和式（3.26）。

$$c = 0.005 \times h + 0.0454 \tag{3.25}$$

$$d = 0.0033 \times h - 0.2873 \tag{3.26}$$

最终，对于半滑动区域摩阻力 σ_{hf} 的计算公式见式（3.27）。

$$\sigma_{hf} = \mu \rho g h \cdot e^{-(0.005h\ln(\mu)+0.0454\ln(\mu)+0.0033h-0.2873)\cdot l} \tag{3.27}$$

式中，l 是由 0 米到 50 米。

如果沥青混合料的极限抗拉强度比较低，面层不需要滑动区域就能提供足够的约束力，则开裂间距用式（3.22）计算即可，$\sigma_{hf}(\mu, h, x)$ 在 $0 \sim L_{hf}$ 的范围内积分，积分结果等于沥青极限抗拉强度时的 L_{hf} 即为开裂距离。

3.4.2.3　滑动距离的变化

通常情况下，只依赖半滑动区域累积的应力不足以平衡温度应力，所以此时面层就会产生滑动，滑动部分的温度应力会得到释放，而富余的动摩阻力累积直至与温度应力相等时的长度就是开裂长度。如果动摩阻力越小或温度应力越大，则滑动区域的长度就越长。接下来就对计算结果进行分析，并对其中的规律进行总结，得出滑动长度的计算公式。图 3.22 是某一算例中变形放大 300 倍时面层与基层接触面上的水平位移云图。

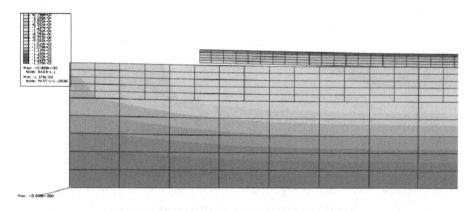

图 3.22　变形放大 300 倍时自由端的位移云图

由图 3.22 可以看出，随着温度的降低，自由端收缩逐渐增大，面层表面位移要略大于底面的位移，并且沿水平方向逐渐减少，这和底面受直接约束有关。面层端头很短的部分竖向略有翘曲，是由温度应力在竖向分布上的差异导致。图 3.23 为不同的降温幅度下面层底部各点的位移，降温幅度越大，收缩移动距离越长。

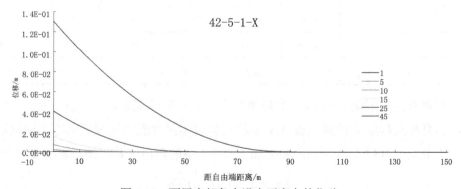

图 3.23　面层底部各点沿水平方向的位移

图 3.24 是水平位移、摩阻力和摩擦状态之间的关系，蓝线为摩阻力，红线为水平位移，黄绿线为摩擦状态。可以看出，摩阻力开始下降时，层间变为半滑动状态，而此时底面各点还有位移，直至摩阻力为 0 时，水平位移也为 0。所以，滑动距离是按照摩阻力恒定部分的长度取值的。将 42-5-X-X 的滑动距离值进行整理，见表 3.5，绘制成图 3.25。

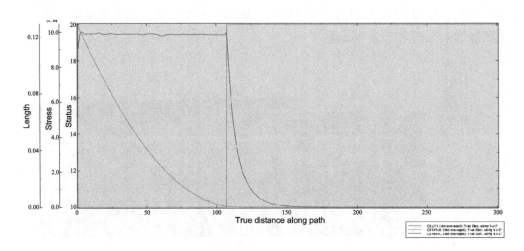

图 3.24 某组合情况下面层底部各点沿水平方向的位移、摩阻力和摩擦状态

表 3.5 42-5-X-X 时的滑动距离值

摩阻系数 \ 降温幅度/℃	1	5	10	15	25	45
0.2	−0.72	50.75	116.75	177.75	292.75	＞300
0.4	−4.31	21.75	53.75	85.75	149.25	276.75
0.6	−6.49	13.25	33.25	54.25	97.75	182.75
0.8	−8.04	8.75	23.25	40.25	71.25	135.75
1	−9.30	6.75	18.75	30.25	46.75	107.65

可以看出，滑动距离 L_{ff} 与摩擦系数之间呈对数的关系，符合式（3.28）的形式，而且相关程度非常高。表 3.5 中的负值表示温度应力比较低时不出现滑动阶段，半滑动部分也不足 50m，50m 加上表 3.5 中的负值就是半滑动部分的长度。

$$L_{ff} = a \cdot \ln(\mu \cdot \frac{42}{h}) + b \tag{3.28}$$

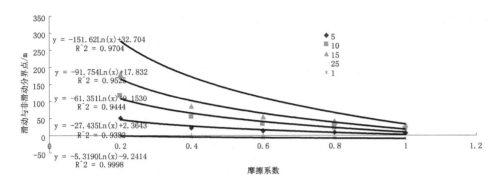

图 3.25　42-5-X-X 时各降温幅度下滑动段长度 L_{ff} 与摩阻系数的关系

实际上，真正影响 L_{ff} 的是摩阻力，而摩阻力等于 $\mu\rho gh$，摩阻力系数只是其中一个变化因素，所以如果 μ 不变，按某种比例调整面层厚度 h 会产生相同的变化。因此，可以将 h 的变化转变为 μ 的变化，从而得到滑动长度值。所以，只考虑厚度为 42cm 时滑动长度与降温幅度和摩阻系数之间的规律即可。

将不同降温幅度下 L_{ff} 的公式系数 a、b 进行汇总，见表 3.6。

表 3.6　系数 a、b 随降温幅度的变化

降温幅度（℃）	a	b
25	−151.62	32.704
15	−91.75	17.832
10	−61.35	9.153
5	−27.44	2.3643
1	−5.32	−9.2414

系数 a 决定曲线的下降速度，a 值越大，随着摩阻系数的增加，滑动距离 L_{ff} 下降越急剧。而 a 值随降温幅度的增大呈线性增长，两者呈式（3.29）的形式，而且相关度非常高，如图 3.26 所示。

$$a = c \cdot \Delta T + d \tag{3.29}$$

系数 b 的值是摩阻系数 μ 为 1 时的滑动距离，随降温幅度呈对数形式变化，如图 3.27 所示。符合式（3.30）的形式：

$$b = e \cdot \ln(\Delta T) - f \tag{3.30}$$

变换温缩系数，得到不同的 c、d、e 和 f 值，具体结果见表 3.7，将其绘制成图 3.28，发现随着温缩系数的改变均呈线性变化。分别回归式（3.31）、式（3.32）、

式（3.33）、式（3.34），得到 c、d、e 和 f 与温缩系数之间的关系。实际上，温缩系数的变化代表的是温度应力的变化，而温度应力还涉及降温幅度和弹性模量，所以温缩系数不变，降温幅度和弹性模量变化时，同样符合前面总结的规律。

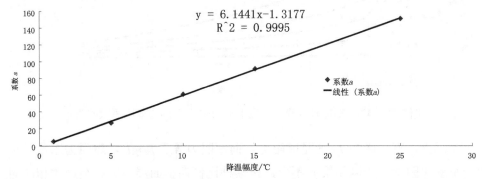

$$y = 6.1441x - 1.3177$$
$$R^2 = 0.9995$$

图 3.26　系数 a 随降温幅度的变化规律

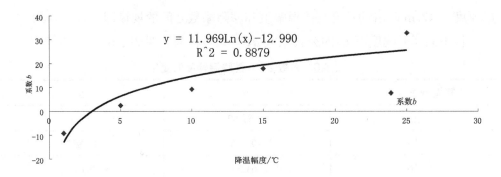

$$y = 11.969 \text{Ln}(x) - 12.990$$
$$R^2 = 0.8879$$

图 3.27　系数 b 随降温幅度的变化规律

表 3.7　系数 c、d、e 和 f 随温缩系数的变化

温缩系数 \ 回归系数	a		b	
	c	d	e	f
5	6.144	−1.318	12.900	−12.990
4	4.831	−1.063	11.228	−14.323
3	3.666	−0.587	9.491	−15.292
2	2.320	−0.416	8.549	−18.051
1	0.997	1.380	8.639	−24.176

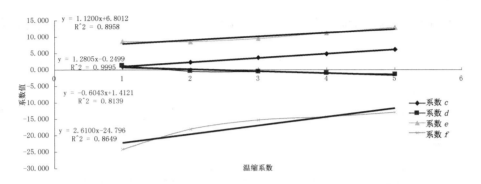

图 3.28　系数 c、d、e 和 f 随温缩系数的变化规律

$$c = 1.2805 \times \alpha - 0.2499 \qquad (3.31)$$

$$d = -0.6043 \times \alpha + 1.4121 \qquad (3.32)$$

$$e = 1.1200 \times \alpha + 6.8012 \qquad (3.33)$$

$$f = 2.61 \times \alpha - 24.796 \qquad (3.34)$$

经过汇总，得到自由滑动距离 L_{ff} 的公式见式（3.35）。

$$L_{ff} = (1.2805\alpha \cdot \Delta T - 0.2499\Delta T - 0.6043\alpha + 1.4121) \cdot \ln(\mu \cdot \frac{42}{h})$$
$$+ 1.12\alpha \cdot \ln(\Delta T) + 6.8012\ln(\Delta T) + 2.61\alpha - 24.796 \qquad (3.35)$$

3.4.3　水稳碎石基层温缩开裂的预测

与沥青面层相比，水稳碎石层在使用阶段温度的变化幅度比较小，从全年的时间段考虑，上半年处于升温阶段，不会产生温缩开裂，下半年处于降温阶段，降温的幅度还要考虑施工的季节，如果在最低温度下施工，则水稳基层不会产生温缩开裂，如果在其他季节施工，将最低温度与施工温度的差值作为降温幅度。与沥青混合料不同，水稳碎石材料的温缩系数和极限抗拉强度随温度的变化并不显著，可以认为是恒值。

从结构层位考虑，水稳碎石基层处于面层和底基层之间，收缩时变形会受到上下两层提供的摩阻力的抑制，再加上收缩系数比沥青面层大，所以相同的降温幅度会导致较大的温缩应力和较短的开裂间距。

对于水稳碎石层的温缩开裂，可以参考沥青面层的规律，只是将摩阻力的来源分为上下两个部分分别进行计算。

3.4.3.1　温度应力的变化规律

经过计算，得到水稳碎石基层的温度应力值，随着降温幅度的增加，温度应力呈增大趋势，与沥青面层相比，开裂间距更小，并且半滑动区域更长一些，如图 3.29 所示。

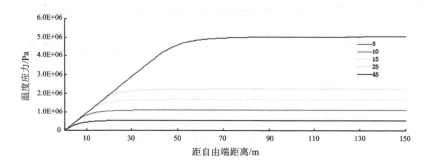

图 3.29　温度应力的分布

由于水稳碎石的温缩系数比较恒定，不受温度的影响，所以最大温度应力可以按照式（3.22）计算得到。

3.4.3.2　位移的变化规律

由于受到上下两层的约束，所以在一定距离内产生的摩阻力会更大，这样导致了水稳碎石基层收缩位移变小，更易产生短距离开裂，如图 3.30 所示。

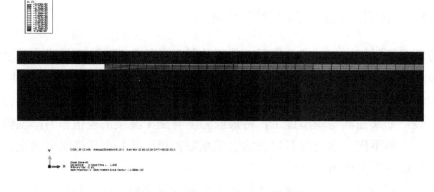

图 3.30　水稳碎石基层的温缩位移

3.4.3.3　摩阻力的分布规律

水稳碎石基层温缩时的摩阻力由两部分构成：基层与面层间的摩擦；基层与下基层间的摩擦。两个摩阻力的大小取决于层间摩阻系数和层厚，通常情况下，基层下的摩阻力要比基层上的摩阻力大，并且大两倍左右。从摩阻力的分布形式上看也存在不同：基层下摩阻力的分布形式与面层类似；基层下的摩阻力在中间部位存在负值，这是由于收缩时产生的翘曲导致的，由于上下层间摩阻系数相差比较大，所以与正摩阻力相比，小了将近一个数量级，如图 3.31 和图 3.32 所示。为简化计算模型，不考虑负摩阻力，水稳碎石基层温缩时上下两部分的摩擦阻力如图 3.33 所示。

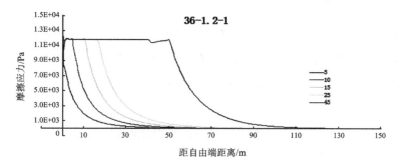

图 3.31   沿基层下表面的摩擦力分布

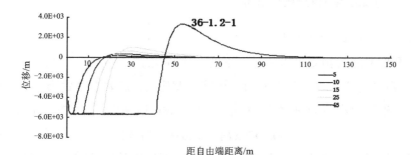

图 3.32   沿基层上表面的摩擦力分布

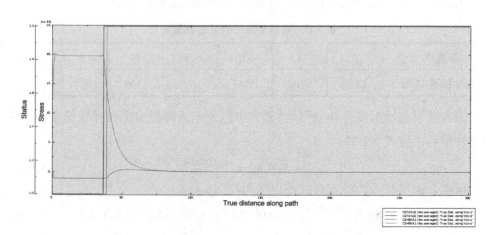

图 3.33   水稳碎石基层温缩时上下两部分的摩擦阻力

3.4.3.4 水平相对位移

水平相对位移同样可以分为滑动部分和半滑动部分，可以用式（3.27）和式（3.35）进行计算。

3.4.4 水稳碎石基层干缩开裂的预测

水稳碎石基层的干缩开裂多发生在施工初期，此时面层尚未铺筑，所以可以使用与面层单层摩擦相同的开裂预测模型，只是摩阻系数和厚度发生了变化，干缩系数代替了温缩系数，失水率代替了降温幅度。

3.5 横向开裂预测模型

3.5.1 沥青面层温缩开裂的预测

3.5.1.1 开裂温度的预测

对于开裂温度的预测可以通过以下四个步骤实现：

（1）确定温度应力。用式（3.1）计算温度应力，起始温度定为 0，不考虑应力的松弛。根据田小革的研究结果[54]，温缩系数可以按照式（3.36）确定。

$$\alpha_t = -0.002(\Delta T)^2 + 0.018\Delta T + 3.23 \qquad (3.36)$$

关于弹性模量，郑健龙做了 20000s 时不同温度下的试验[55]，结果见表 3.8，在图 3.34 中绘制曲线并进行回归，可知模量与温度呈指数关系。

表 3.8 随温度变化的弹性模量值

温度/℃	−20	−15	−10	−5	0	5	10
弹性模量/MPa	6470	5709	2045	1607	1309	822	253

因为假设起始温度为 0，所以关系式可以表示为降温幅度和弹性模量的关系，经过转换后，见式（3.37）。

$$E = 984.39 \cdot e^{(-0.0976\Delta T)} \qquad (3.37)$$

所以，温度应力的计算公式可以变为式（3.38）。

$$\sigma_T = 984.39 e^{(0.0976\Delta T)} \cdot (-0.002(\Delta T)^2 + 0.018\Delta T + 3.23) \cdot \Delta T \qquad (3.38)$$

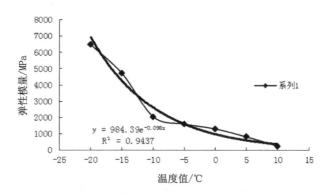

图 3.34　温度与弹性模量的关系

式（3.38）成立的前提有两个假设：起始温度为 0；降温幅度为正值。所以，此处的降温幅度值也就相当于降温末值的负值。

（2）确定极限抗拉强度。确定不同温度下沥青混合料的极限抗拉强度，作为开裂控制强度。根据长沙理工大学吴文彪对 AC-13 混合料进行了低温拉伸试验的结果，得出了不同温度下的极限抗拉强度 σ_{max}，见表 3.9[56]。

表 3.9　不同温度下 AC-13 沥青混合料的极限抗拉强度 σ_{max} （MPa）

老化时间/h ＼ 温度/℃	15	5	0	-5	-10	-15	-20	-25	-30	-40
0	0.75	0.90	1.42	1.89	2.66	3.02	2.91	2.71	2.56	2.32
4	0.81	1.03	1.52	2.25	2.69	3.19	3.04	2.86	2.64	2.35
8	0.86	1.07	1.66	2.27	2.95	3.34	3.22	3.01	2.89	2.51
12	0.85	1.10	1.68	2.60	3.12	3.39	3.16	2.94	2.85	2.55
24	0.82	1.02	1.67	2.55	2.94	3.29	3.09	2.88	2.68	2.55

将试验结果绘制成图 3.35，可以看出，σ_{max} 随着温度的下降逐渐上升，到 -15℃ 时达到最大，然后开始逐渐下降，在 0℃ 以下可以用三次多项式进行描述。

以老化 24h 的数值为基准，得到 σ_{max} 与温度的关系见式（3.39），式（3.39）的适用范围定为 -30℃～0℃，所以此时的温度值也可以认为是从 0 开始的降温幅度值。

$$\sigma_{max} = -0.0002(\Delta T)^3 - 0.0125(\Delta T)^2 - 0.2573\Delta T + 1.6548 \qquad （3.39）$$

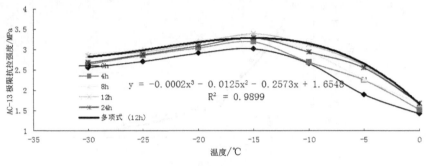

图 3.35　$\sigma_{\max}$ 随温度的变化规律

（3）确定横裂的出现时机。将 $\sigma_{\max}$ 等于 σ_T 就可以计算出开裂时的温差，也就是开裂温度 T_c，进而确定面层横裂出现的时机。

（4）确定裂缝的贯通时间。根据本章其他部分的研究成果，利用断裂力学原理，按照得到的温缩开裂贯通时间的计算公式，见式（3.40），计算面层产生开裂直至贯通的时间，再加上（3）中横裂出现的时间，即为 Top-down 型裂缝出现的时间。

$$N = \frac{(20600h_{p2} + 6450h_{p3})^{1.46}}{h_b^{0.28}} \times (-7 + 1.2VMA)^{0.837} \times (1.46 - 0.04\Delta T) \qquad （3.40）$$

3.5.1.2　开裂间距的预测

开裂间距 L_c 是滑动部分距离 L_{ff} 与半滑动部分距离 L_{hf} 之和，而滑动部分距离 L_{ff} 可以通过式（3.35）算出，半滑动距离为 50 米。

但是，前面的计算模型中层间连接采用的是库伦摩擦模型，而实际的情况是，封层由于沥青胶结料的存在，即使不滑动也会有一个初始黏结力，详细的分析见第 2 章。所以，在计算摩阻力时必须加上沥青的黏结力，也就是第 2 章中的 σ_a 值。

根据前面对于降温过程中路面结构的力学描述，在预测开裂间距时需要按下面的流程进行：

（1）确定面层厚度 h、摩阻力系数 μ、沥青最大抗拉强度 σ_a 和降温幅度（即最低温度）ΔT。

（2）根据第 2 章的研究结果，确定层间连接中沥青的最大抗拉强度 σ_a，计算 $\sigma_{\max}$ 与 σ_a 的差值。如果差值为负，则面层不产生移动，以龟裂的形式开裂。但是一般情况下不会出现这种情况，因为 σ_a 值在 0.5MPa 以下，$\sigma_{\max}$ 一般在 2.5MPa 以上。

（3）根据式（3.27）计算半滑动部分累积的摩阻应力值 σ_{hf}。如果大于（2）中 $\sigma_{\max}$ 与 σ_a 的差值，则面层无需完全滑动就能提供足够的约束力。此时滑动距离 L_{hf} 为 0，开裂间距 L_c 等于半滑动区域长度 L_{hf}，可以由式（3.41）计算获得。

$$\sigma_{\max} - \sigma_a = \mu pg \cdot \int_0^{L_{hf}} \mathrm{e}^{-(0.005h \cdot \ln(\mu) + 0.0454n(\mu) + 0.0033h - 0.2873)x} \cdot \mathrm{d}x \qquad (3.41)$$

（4）如果 σ_{hf} 小于 $\sigma_{\max}$ 与 σ_a 的差值，则半滑动区域长度 L_{hf} 等于 50 米，而滑动部分的长度 L_{ff} 可以用式（3.42）计算。

$$L_{ff} = \frac{\sigma_{\max} - \sigma_a - \int_0^{50} \sigma_{hf} \cdot \mathrm{d}x}{\mu pg} \qquad (3.42)$$

（5）确定 L_c。将 L_{ff} 与 L_{hf} 相加即为开裂最小间距 L_c。如果两个自由端间距小于 2 倍的 L_c，则中间不会产生开裂；如果大于 2 倍的 L_c，很可能在它们中间温度应力恒定值的任意位置产生裂缝。假设温度裂缝的产生是随机的，那么温度裂缝的开裂间距将会服从正态随机分布，1.5 倍的 L_c 则可以作为其平均温缩间距，这在概率统计上具有一定的含义。

3.5.2 水稳碎石基层温缩开裂的预测

3.5.2.1 开裂温度的预测

对于开裂温度的预测可以通过以下四个步骤实现：

（1）确定温缩应力。对于二维的模型，收缩应力可以按照式（3.43）确定[57]。

$$\sigma_d = \frac{E\varepsilon}{(1 - \mu_c)} \qquad (3.43)$$

式中，σ_d 为干缩应力（MPa）；E 为弹性模量（MPa）；ε 为干缩应变，等于 $\alpha_d \times \Delta w$ 或 $\alpha_t \times \Delta T$；μ_c 为水稳碎石泊松比，取 0.25。

但是水稳碎石的拉伸弹性模量与压缩弹性模量并不一致，根据 Balbo 的研究结果，两者之比在 28 天时约为 0.96，56 天时约为 1.084，长期约为 1.03[58]。所以，利用抗压弹性模量去计算干缩应力和温缩应力会有偏差。

（2）确定水稳基层的极限抗拉强度。根据交通运输部科技项目"沥青路面设计指标与参数的研究"获得的成果，水稳基层劈裂强度 σ_{sp} 与龄期的关系见式（3.44）。

$$\sigma_{sp} = a \cdot d^b \qquad (3.44)$$

式中，d 为龄期（天）；a、b 为回归系数。

经过计算，得到不同龄期的水稳碎石劈裂强度值，见表 3.10。经过与其他研究人员的结论进行对比，认为计算值与实际比较相符，可以作为预测温缩和干缩开裂的极限值[59-61]。

表 3.10　不同龄期的劈裂强度值

龄期/天	a	b	劈裂强度/MPa
1	0.1268	0.3577	0.13
2	0.1268	0.3577	0.16
3	0.1268	0.3577	0.19
4	0.1268	0.3577	0.21
5	0.1268	0.3577	0.23
6	0.1268	0.3577	0.24
7	0.1268	0.3577	0.25
14	0.1268	0.3577	0.33
28	0.1268	0.3577	0.42
90	0.1268	0.3577	0.63

（3）确定开裂时机。将 $\sigma_{\max}$ 等于 σ_T 就可以计算出开裂时的温差，也就是开裂温度 T_c，进而得到开裂的时间。

（4）确定裂缝的贯通时间。温缩开裂后裂缝的贯通是 Top-down 型，由上而下，在温度荷载的作用下实现；而基层裂缝的贯通是 Bottom-up 型，经过荷载作用反射至路面，所以，基层反射裂缝贯通时间的计算需要用到式（3.45）。

$$N = 500000000 \times \frac{12h_{p2} + h_{p3}}{3} \times (load \times (-7 + 1.2VMA))^{-0.049} \times \varepsilon_p^{-1.238} \qquad (3.45)$$

3.5.2.2　开裂间距的预测

由于水稳基层的施工期比较短，所以施工期间不会发生温缩开裂，而是会发生在运营过程中。所以，与面层温缩开裂预测模型类似，只是摩阻力来自于上下两个界面，开裂间距要短很多。

基层上界面摩阻力的计算与面层开裂模型一致，同样考虑初始黏结力 σ_a 的值，而下界面摩阻力只考虑摩阻系数和层厚即可。

预测流程如下：

（1）确定面层厚度 h_a 和基层厚度 h_b、摩阻力系数 μ_a 和 μ_b、水稳基层极限抗拉强度 σ_{sp} 和累积降温幅值（即最低温度）ΔT。

（2）根据第 2 章的研究结果，确定层间连接中沥青的最大抗拉强度 σ_a，计算 σ_{sp} 与 σ_a 的差值。如果差值为负，则面层不产生移动，以龟裂的形式开裂。

（3）根据式（3.27）计算半滑动部分累积的摩阻应力值 σ_{hf}，包括上下界面两部分。如果大于（2）中 $\sigma_{\max}$ 与 σ_a 的差值，则面层无需完全滑动就能提供足够的约束力。此时滑动距离 L_{ff} 为 0，开裂间距 L_c 等于半滑动区域长度 L_{hf}，可以由式（3.41）计算获得。

（4）如果 σ_{hf} 小于 $\sigma_{\max}$ 与 σ_a 的差值，则半滑动区域长度 L_{hf} 等于 50 米，而滑动部分的长度 L_{hf} 可以用式（3.42）计算。

（5）确定 L_c。将 L_{ff} 与 L_{hf} 相加即为开裂最小间距 L_c。如果两个自由端间距小于 2 倍的 L_c，则中间不会产生开裂；如果大于 2 倍的 L_c，很可能在它们中间温度应力恒定值的任意位置产生裂缝。假设温度裂缝的产生是随机的，那么温度裂缝的开裂间距将会服从正态随机分布，1.5 倍的 L_c 则可以作为其平均温缩间距。

3.5.3 水稳碎石基层干缩开裂的预测

3.5.3.1 开裂时机的预测

与干缩开裂预测步骤相同，只是将温缩系数改为干缩系数，降温幅度改为失水率即可，温度应力的计算按式（3.43）进行。

3.5.3.2 开裂间距的预测

与温缩开裂预测模型一致。

3.6 青临高速典型路面结构收缩开裂的预测

利用本章得到的结论，对青临高速铺筑的典型路面结构进行横向开裂的预测，预测结果可以作为 IRI 和养护费用预测的基础。

其中，结构 S5 为连续配筋混凝土路面，不产生横向开裂；结构 S2、S8 为增加了级配碎石抗裂层的路面结构，S6 为刚性基层路面结构，都不产生基层反射裂缝。

3.6.1 面层温缩开裂的预测

按照面层温缩开裂流程，首先判定开裂温度，结合第 6 章温度预测结果，计算温缩系数、温度应力和沥青混合料极限抗拉强度值，结果见表 3.11。由表 3.11 可知，在沂水地区的温度分布范围内，沥青混合料极限抗拉强度远大于温度应力，不会产生沥青面层的温缩开裂。

表 3.11　温度应力和沥青混合料极限抗拉强度

月份/月	12	1	2
温差/℃	18.3	19.7	13
最低温度/℃	−1.4	−3.9	−1
α_t /(10^{-6}/℃)	3.20	3.13	3.21
σ_t /MPa	0.066	0.089	0.045
σ_{max} /MPa	1.955	2.393	1.874

3.6.2 基层温缩开裂的预测

水稳碎石基层的温缩开裂分为施工期间和运营期间两个部分。在运营阶段，按照温缩预测模型的流程，首先累积温差，此指标跟水稳碎石施工季节有关，在最高温季节施工时，累积的温差最大；然后确定温缩系数和极限抗拉强度，这两个指标不随温度发生变化，极限劈裂强度按养生的 90 天取值；最后计算温度应力，计算结果见表 3.12。比较极限抗拉强度与温度应力可知，在运营期间，水稳碎石基层不会发生温缩开裂。

表 3.12　温度应力和水稳碎石极限抗拉强度

月份/月	3	4	5	6	7	8	9	10	11	12	1	2
平均累积温差/℃	9	17	24	29	30	29	25	19	10	3	0	4
α_t /(10^{-6}/℃)	7.60	7.60	7.60	7.60	7.60	7.60	7.60	7.60	7.60	7.60	7.60	7.60
σ_t /MPa	0.13	0.24	0.34	0.41	0.43	0.41	0.35	0.27	0.14	0.04	0.00	0.06
σ_{max} /MPa	0.63	0.63	0.63	0.63	0.63	0.63	0.63	0.63	0.63	0.63	0.63	0.63

但是，在施工期间却是水稳基层产生温缩开裂的高风险期，这是因为水稳碎石强度的上升需要一定的过程，尤其是在前 7 天内，抗裂能力差，如果温差超过 17℃，就会产生收缩开裂。表 3.13 中的数据即为不同龄期内基层不产生开裂时允许的温差。

表 3.13 养生过程中允许的温差

基层龄期/天	1	2	3	4	5	6	7	14	28	90
极限劈裂强度/MPa	0.13	0.16	0.19	0.21	0.23	0.24	0.25	0.33	0.42	0.63
允许温差/℃	9	11	13	14	16	17	17	23	30	45

表 3.14 中的数据为沂水地区每月日最大温差和平均温差，可以看出，在 3～6 月和 10～11 月的日温差较大，最高达到了 15.8℃，而此时间段正是水稳基层施工的最佳季节。所以，基层施工完毕后，7 天内必须注意覆盖保温，防止温缩开裂的产生。

表 3.14 沂水地区每月最大温差和平均温差

月份/月	1	2	3	4	5	6	7	8	9	10	11	12
最大温差/℃	11.1	13.0	14.6	15.8	15.0	13.2	9.1	8.4	11.6	13.9	12.3	11.7
平均温差/℃	9.4	9.1	11.4	12.3	11.5	10.5	7.4	7.4	8.9	10.5	9.7	8.8

3.6.3 基层干缩开裂的预测

与水稳基层温缩开裂类似，干缩开裂易发期也集中在 7 天龄期内，在正常运营的过程中，由于基层位置较深，含水量变化不大，不易产生干缩开裂。表 3.15 中的数据为不同失水率产生的温度应力。与极限抗拉强度相比，当运营期基层失水率超过 6% 时，即会发生干缩开裂。

表 3.15 干缩应力和水稳碎石极限抗拉强度

失水率/%	1	2	3	4	5	6
α_d/(10^{-6}/℃)	60.00	60.00	60.00	60.00	60.00	60.00
σ_d/MPa	0.112	0.224	0.336	0.448	0.560	0.672
σ_{max}/MPa	0.630	0.630	0.630	0.630	0.630	0.630

在 7 天养护龄期内，由于极限抗拉强度值比较低，更易产生干缩开裂。根据表 3.16 中的数据，养生期间如果失水率超过 2%，产生干缩开裂的概率会大大增加。所以，在养生期间一定要洒水覆盖，不能忽干忽湿。这一试验再一次验证了养生过程规范的重要性。

表 3.16 养生过程中的允许失水率

基层龄期/天	1	2	3	4	5	6	7	14	28	90
极限劈裂强度/MPa	0.13	0.16	0.19	0.21	0.23	0.24	0.25	0.33	0.42	0.63
允许失水率/%	1.1	1.4	1.7	1.8	2	2.1	2.2	2.9	3.7	5.6

所以，大部分基层的开裂都源于施工养生期，如果养生措施到位，路面结构是不会发生干缩开裂的。

3.7 小结

路面结构横向开裂是一种常见的病害，而且出现较早，在雨水和冰冻的作用下会大大降低道路的使用寿命。本章从横向开裂的机理出发，总结了横向开裂出现的时机和开裂间距的规律，形成了横向开裂预测模型，对设计、施工有很好的指导作用。主要结论如下：

（1）综合国内外研究现状，对现有路面结构的横向开裂预测模型进行汇总，并分析了力学-经验模型存在的缺陷，对影响横向开裂的因素进行了总结。

（2）对路面结构各层的收缩机理进行了更加科学的描述，将收缩过程分为三个阶段：不滑动阶段、半滑动阶段和完全滑动阶段，并分析了每个阶段存在的前提。

（3）确定了路面结构开裂的极限条件：温度应力大于结构层极限抗拉强度。

（4）确定了层间摩阻力的构成，并提出了完全滑动区域、半滑动区域和不滑动区域的摩阻力计算公式。

（5）确定开裂间距的预测模型，认为半滑动距离为 50 米，并提出了完全滑动距离的计算公式。

（6）建立了面层温缩开裂预测模型、水泥稳定碎石基层温缩和干缩开裂预测模型，细化了预测流程及所需环境和材料的相关参数。

（7）利用所建立的模型，结合前几章的研究结果，对青临高速典型结构进行了横向开裂预测，认为在现有的环境条件下，运营期间不会发生横向开裂，施工养生期间才是横裂产生的主要阶段，并进一步地细化了养生要求。

第4章 疲劳寿命综合分析与预估

4.1 概述

4.1.1 研究目的和意义

经过三十多年以来高速公路的实际建造经验，我国的高速公路里程数取得了长足的进步，其中大量的高速公路都选择了基层结构为半刚性基层的沥青路面结构。但是半刚性基层沥青路面的早期破坏问题十分严重，引起路面早期破坏和耐久性差的原因主要有技术和质量问题。沥青路面在使用期间，经受车轮荷载的反复作用，长期处于拉、压应力或拉、压应变交替变化的状态，内部损伤逐渐累积致使路面结构强度逐渐下降，当荷载重复作用超过一定次数时，路面内产生的应力就会超过强度下降后的结构抗力，路面出现裂缝，并沿深度方向扩展，直至产生疲劳断裂破坏。在实际情况中，部分高速公路实际使用寿命远远低于使用年限，有的在1~4年内即出现裂缝、坑槽、车辙发展至网裂的情况。半刚性基层沥青路面之所以发生早期破坏，原因之一是针对半刚性基层路面疲劳特性和疲劳损伤发展规律缺乏合理全面的研究。对于这种情况，有必要针对这些问题采用新的方法系统地考量基层结构为半刚性基层的沥青路面疲劳损伤发展阶段和损伤演化规律，为半刚性基层沥青路面的施工、设计、养护等提供科学依据，并根据研究结果，指导我国的长寿沥青路面结构设计。

4.1.2 国内外研究现状

沥青混凝土作为路面结构层的面层，在世界各地均得到了广泛应用。由于道路工程投资巨大，使用寿命长短问题备受关注，通常高速公路和一级公路设计使用年限为15~20年。而据有关资料统计，目前国内沥青混凝土路面使用寿命较长的为8~12年，普遍使用寿命为5~8年，基本都达不到设计使用年限的要求。沥青混凝土路面使用寿命的缩短，主要是因为其结构中较早地出现了病害或损坏。

沥青混凝土路面的主要破坏形式分为疲劳开裂和永久变形两种。但由于半刚性基层路面结构始终处于温度应力和交通荷载的循环作用下,其破坏形式主要表现为疲劳破坏特征,因此基于疲劳断裂力学理论与方法研究路面裂缝的形式及疲劳扩展规律已经成为主要研究方向。在我国半刚性基层路面占已建高速公路的四分之三,因此开展沥青混凝土路面疲劳寿命研究,对路面结构的可靠度分析和安全性评估将具有重要意义。

目前,在沥青混凝土疲劳寿命研究方面应用最为广泛的方法是 1963 年由 Paris 和 Erdogan 在实验基础上提出的疲劳裂缝扩展公式[62],即著名的 Paris 公式,不少学者基于该公式开展了大量的研究。Abdulshafi 综合了裂缝起裂、扩展和最终破坏三种模型,利用带缺口的不同初始裂缝长度的马歇尔试件进行裂缝扩展和积分实验,并分析了各结构参数与沥青路面疲劳寿命的影响规律[63]。Tigdemir 等分析了超声波法预测沥青路面疲劳寿命的可行性[64],超声波法最早应用于地震特性分析,通过反复加载间接拉伸实验设备就可以测得疲劳寿命。该方法不仅节约时间,而且不需要进行破坏性实验,还可以节省实验经费。Abo-Qudais 等基于累积应变斜率的变化预测热拌沥青混合料的疲劳寿命,拟合了累积应变斜率与疲劳寿命之间的关系,并分析了骨料、温度和荷载对热拌沥青混合料疲劳性能的影响[65]。Perez 利用路面加速实验模拟反射裂缝的发展过程,并将实验数据与有限元数值分析结果进行了比较,同时进行了疲劳寿命预测[66]。Doh 等建立了沥青路面疲劳寿命的数值预测模型[67],该模型的独特之处在于它以横向应变率代替传统的疲劳裂缝扩展速率,并在旧混凝土路面与加铺沥青面层之间的夹层加铺聚合纤维材料来延缓反射裂缝的产生及扩展。基于该模型可以估计沥青混合料的相对性能,并能选择夹层材料的最佳组合方式。

在国内,张婧娜等以累积损伤为基础理论,通过六种沥青混合料的劈裂疲劳实验,建立了相应的能量方程,分析了疲劳损伤机理及疲劳破坏过程中能量的累积规律[68]。赵磊等利用线弹性断裂力学理论和有限元法计算了裂缝尖端 SIF,并且利用 Paris 公式预估了沥青路面的疲劳寿命[48]。韦金城等通过实测沥青面层层底最大拉应变与路面结构不同深度路面温度的相关性分析,确定了沥青路面疲劳损伤的设计温度,提出了以沥青层中间温度作为沥青路面疲劳开裂分析的设计温度和实验条件[69]。长安大学的邱阳阳在分析国内外研究成果的基础上，提出了基于局部应变的沥青路面疲劳寿命预估方法，通过室内沥青混合料直接拉伸实验和循环拉伸实验分析其疲劳特性，确定不同应变比下混合料的疲劳寿命；根据室内混合料疲劳实验数据，采用弹塑性有限元方法，建立二维 Drucker-prager 弹塑性本构模型，分析温度、轴载、面层厚度和模量、基层厚度和模量、防裂层厚度和模量等因素对刚性基层接缝处沥青混凝土路面应变的影响规律；基于断裂力学理论，结合应变-疲劳方程和 Miner 线性疲劳累积损伤理论，提出沥青路面疲劳寿命预估方法，并与实际路面算例进行对比验证其可靠性[70]。西南交通大学的艾长发基于断裂力学及有限元数值模拟方法，分别研究了移动荷载作用下不同双裂缝间距、不同反射裂缝深度对面层 Top-down（纵向）、基层反射（横向）裂缝应力强度因子的影响，探讨了其开裂扩展特性，评估了不同移动荷载状态下面层 Top-down 裂缝的断裂疲劳寿命。

国外报道的文献主要集中在实验获得的疲劳参数或直接测试的疲劳寿命，而国内研究人员更倾向于利用结构分析软件，通过数值模拟，应用断裂力学理论结合疲劳寿命预测公式，预测沥青混凝土路面疲劳寿命。

国内外对路面结构疲劳的分析，主要分为四大类：以加铺后路面使用性能衰减程度为依据的疲劳寿命分析方法；以疲劳方程为基础的分析方法；力学理论的分析方法；模拟加铺层结构的疲劳断裂试验分析方法[71]。

1. 基于性能衰减的罩面寿命分析方法

加拿大利用长期路面性能数据评估了在沥青混凝土路面上铺筑沥青混凝土罩面层的寿命。对于大多数路段而言，数据采集的目的是获得自新建和改建后初始的寿命周期内的一个完整的路面服务能力数据记录，以及罩面后的寿命周期内的数据，除了长期的路面服务能力数据外，影响罩面寿命的其他数据，如交通数据、罩面厚度、初始路面的寿命期和维修之前的路面状况等都要收集。初始的和罩面后路面的预估寿命不是实际寿命，而是服务能力指数（路况评级 PCR）达到 55 分（百分制）时的路面使用年限。建立的预测模型见式（4.1）。

$$AFT_{55} = 1.32 BEF_{55}^{0.33} H^{0.47} ESAL^{-0.097} 1.14^{PATCH} \tag{4.1}$$

式中，AFT_{55} 为相应于罩面 $PCR = 55$ 时罩面寿命周期的长度；BEF_{55} 为相应

于罩面 $PCR=55$ 时初始路面结构寿命周期的长度；H 为罩面厚度；$PATCH$ 为在初始寿命周期中说明补丁存在的一个虚构变量，对于没有补丁或补丁较少的情况，$PATCH=0$，其他情况为 1；$ESAL$ 为每日等效单轴轴载数。

$ESAL$ 按式（4.2）进行计算：

$$ESAL = (AADT_{83} \cdot TRUCK \cdot TRUCKF \cdot LDF) / 200 \tag{4.2}$$

式中，$AADT_{83}$ 为 1983 年平均日交通量；$TRUCK$ 为卡车（载重车）所占百分率；$TRUCKF$ 为卡车系数；LDF 为车道系数。

在寿命预测模型中，罩面厚度是用来说明罩面强度的唯一变量，可以采用式（4.3）来预测满足罩面寿命预期所需的厚度。

$$H = [AFT_{55} / (1.32 BEF_{55}^{0.33} ESAL^{-0.097} 1.14^{PATCH})]^{2.13} \tag{4.3}$$

2. 以疲劳方程为基础的疲劳分析方法

AI、Shell 和 AASHTO 沥青路面设计方法中都涉及了普通沥青混合料的疲劳方程，这些方程考虑了级配类型、空隙率等体积参数造成的疲劳性能差异，是目前较为成熟、应用最为广泛的疲劳方程。

Shell 公司在对几种典型沥青混合料进行应变控制实验的基础上，根据常应变准则下大量的沥青混合料室内疲劳试验，于 1978 年提出的疲劳模型见式（4.4），并绘制为诺模图以供研究者使用。

$$\varepsilon_r = (0.856 \times V_{bit} + 1.08) \times S_{mix}^{-0.36} \times N^{-0.2} \tag{4.4}$$

式中，N 为标准荷载作用的累计次数；V_{bit} 为沥青混合料中的沥青含量，为体积百分比（%）；S_{mix} 为年加权平均气温时沥青混合料的劲度模量。

AI 设计方法以式（4.5）作为沥青层的疲劳破坏准则：

$$N_f = 0.0796 \times 10^M \cdot |E^*|^{-0.854} \varepsilon_t^{-3.291} \tag{4.5}$$

式中，N_f 为路面开裂时荷载作用的次数；ε_t 为沥青层底拉应变；E^* 为沥青混合料的动态模量；M 为与沥青含量、空隙率有关的参数。

M 的值按式（4.6）进行计算：

$$M = 4.84 \left(\frac{v_b}{v_b + v_a} - 0.69 \right) \tag{4.6}$$

式中，v_b 为沥青含量的体积百分率；v_a 为沥青混合料的空隙率。

AASHTO 2002 指南疲劳方程见式（4.7）和式（4.8）：

$$N_f = 6.25 \times 10^{-5} \times \beta_{f1} \times 10^M \left(\frac{1}{\varepsilon_t}\right)^{3.291\beta_{f2}} \left(\frac{1}{E}\right)^{0.854\beta_{f3}} \quad (4.7)$$

$$N_f = 7.36 \times 10^{-6} \times k_1' \times 10^M \left(\frac{1}{\varepsilon_t}\right)^{3.9492} \left(\frac{1}{E}\right)^{1.281} \quad (4.8)$$

式中，ε_t 为沥青层底拉应变；E 为材料模量；M 为与沥青含量、空隙率有关的参数；k_1' 为与开裂模式有关的系数。

对于自下而上的疲劳裂缝和自上而下的表面开裂，分别采用式（4.9）和式（4.10）计算 k_1'。

$$k_1' = \cfrac{1}{0.000398 + \cfrac{0.003602}{1 + e^{(11.02 - 3.49 \cdot h_{ac})}}} \quad (4.9)$$

$$k_1' = \cfrac{1}{0.0001 + \cfrac{29.844}{1 + e^{(30.544 - 5.7357 \cdot h_{ac})}}} \quad (4.10)$$

3. 基于断裂的沥青路面疲劳寿命分析

基于结构内部存在裂缝之类缺陷的断裂力学理论与方法在沥青路面工程中的应用，大约始于 20 世纪 60 年代末至 70 年代初。至今为止，依次经历了线弹性断裂力学、疲劳断裂力学与黏弹性断裂力学等应用发展阶段。

（1）线弹性断裂力学。1980 年，Monismith 等用热弹性力学，对交通荷载与温度荷载作用下的开裂基层与加铺层的应力分布特征进行了研究，并就橡胶沥青夹层对于裂缝尖顶端附近应力集中的消散作用进行了分析[72-74]。

（2）疲劳断裂力学。目前，关于沥青路面结构开裂的研究领域主要集中在应用疲劳断裂力学理论与方法，其核心为疲劳断裂模型的建立和模型参数的取值。

自俄亥俄州立大学和德克萨斯 A&M 大学运用疲劳断裂预测沥青混合料的疲劳寿命，并发现沥青混凝土加铺层中裂缝的发展符合 Paris 和 Erdogan 提出的疲劳断裂经验准则后，人们普遍采用基于应力强度因子的经验性 Paris 公式描述沥青路面疲劳裂缝扩展过程，并以此计算疲劳裂缝扩展寿命，见式（4.11）。

$$da / dN = A(\Delta K)^n \quad (4.11)$$

式中，da/dN 为裂缝的扩展速率；a 为裂缝长度；N 为作用次数；A、n 为裂缝扩展的材料参数；ΔK 为应力强度因子的增幅。

（3）黏弹性断裂力学。由于沥青材料属于一种黏弹性材料，沥青路面的开裂主要为温度型开裂，因此大量的黏弹性力学研究工作主要围绕沥青路面温度型开裂开展。但基于断裂力学的黏弹性力学方面的应用研究是近些年才发展起来的，研究工作主要集中在沥青材料的黏弹性及低温抗裂指标的试验研究及沥青路面温度应力的计算方面，应用黏弹性断裂力学理论与方法进行理论分析方面的工作尚不多。

（4）基于损伤的沥青路面疲劳寿命分析。与疲劳断裂不同，疲劳损伤通常很难像材料内部裂缝扩展那样通过精确计算加以描述，损伤力学更加关注在重复荷载作用下物体缺陷的发展及其宏观力学性能的衰减，因此，连续介质损伤力学的概念与方法比断裂力学更适合描述材料内部的应力、应变等在疲劳过程中的变化。由此，随着损伤力学的发展，人们试图从材料损伤累积的角度研究沥青路面裂缝的起裂、扩展、断裂的过程。

被广泛采用的疲劳损伤模型是 Miner 线性疲劳损伤模型，其损伤演化方程见式（4.12）：

$$D = \frac{N}{N_F} \tag{4.12}$$

式中，N_F 为疲劳寿命；N 为荷载循环作用次数。

非线性疲劳损伤模型的一般表达式见式（4.13）：

$$\frac{\mathrm{d}D}{\mathrm{d}N} = f(\sigma, D, T) \tag{4.13}$$

式中，σ 为应力；D 为损伤变量；T 为温度；N 为疲劳荷载重复作用的次数。

我国的道路工作者应用上述方法，对路面结构疲劳寿命进行了大量科研工作，得到了很多的科研成果。

"七五"期间，长沙交通学院利用线弹性断裂力学的理论与方法，结合光弹模型试验对半刚性基层沥青路面在交通荷载和温度荷载作用下裂缝的扩展规律和阻裂机理进行了较为系统的研究，也取得了一系列的研究成果[75-80]。

1993 年，许永明通过考察混合料类型、温度、间歇时间等对疲劳性能的影响，采用 MTS 试验，应力加载模式，施加半正矢波，设置不同的加载间歇时间和试验温度，得出了疲劳寿命预估模型[81]。

1995 年，孙立军等在研究沥青路面结构力学行为的基础上，对沥青路面罩面后的结构行为进行了研究，建立了相应的结构行为方程，其本质为罩面后的沥青路面使用性能的衰减模型[82]，见式（4.14）：

$$PCI = PCI_0 \left\{ 1 - \exp\left[-\left(\frac{\alpha}{y}\right)^{\beta} \right] \right\} \tag{4.14}$$

式中，PCI 为路面状况指数，没有任何损坏的路面 PCI 为 100，由扣除与损坏有关的分数值得到；PCI_0 为初始路面状况指数；Y 为路龄；α 为寿命因子，是交通荷载、结构强度、路面结构厚度、类型、材料等因素的函数；β 为形状因子，是交通荷载、结构强度、路面结构厚度、类型、材料等因素的函数。

1997 年，中南大学周志刚等采用常用的疲劳损伤演化模型和经典损伤理论，对直接拉伸、悬臂梁弯曲、梁式试件三点弯曲和 APA 往返轮载弯曲等多种疲劳试验开展疲劳损伤分板，针对每类试验均建立了相应的疲劳损伤模型和疲劳损伤计算方法。并根据疲劳损伤耦合理论，开发了一套可以模拟计算分析构件或结构疲劳损伤开裂、裂缝扩展全过程的损伤力学有限元程序[83]。

2006 年，同济大学谢军采用了均匀试验设计方法设计室内疲劳试验，考虑不同类型的沥青混合料及不同的温度、荷载、频率等条件，并采用疲劳统计学分析方法对试验结果进行处理，在参考国内外疲劳模型的基础上，得出重载条件下的沥青混合料疲劳模型[84]。

2008 年，长安大学王保良以强度理论为主线，以数值计算、有限单元法为平台，针对沥青路面的特点和高等级公路现有的交通特征，以工程实践中常用道路结构简化模型为对象，以受力分析为切入点，采用理论研究与试验研究相结合的方法，在线弹性范畴内进行沥青路面在车辆荷载作用下的疲劳行为研究，提出了基于应力（变）幅度的沥青路面在车辆荷载作用下的疲劳寿命估算方法[85]。

2008 年，长沙理工大学吕松涛通过对沥青混合料疲劳破坏过程的理论分析，建立了基于强度衰减的沥青混合料非线性疲劳损伤方程，解释了沥青混合料疲劳试验结果离散性的主要原因[86]。他采用损伤力学与黏弹性力学的相关理论，建立了基于 Burgers 模型且考虑疲劳过程中老化程度对疲劳损伤影响的沥青混合料黏弹性疲劳损伤模型。

2008 年，东南大学孙志林基于 Chaboche 疲劳损伤演化模型，推导出矩形截面梁疲劳损伤与疲劳寿命计算解析公式，并运用该公式和 Fortran 语言，编制了两种考虑材料损伤的材料子程序：一种为基于线性模型的 Miner 模型，另一种为基于非线性模型的 Chaboche 模型[87]。对两种模型进行验证，并将两种子程序分别植入 ABAQUS 软件，分析了考虑损伤模型的路面结构在温度荷载作用下的疲劳损伤特性。

2009 年，东南大学张勇采用了 ADINA 有限元软件模拟了加铺层内的裂缝扩展，分析了旧路面裂缝对沥青加铺层疲劳开裂的影响，并用多项式拟合了应力强度因子随裂缝扩展深度的函数，基于 Paris 公式对长寿命路面加铺层的寿命进行了预估[88]。

2010 年，重庆交通大学高智杰采用直接成型的沥青混凝土进行劈裂疲劳试验，得到了疲劳应变方程，对路面处于基层非线性承载力模型和基层线性承载力模型时的疲劳寿命进行了对比分析，并根据分析对比结果确定了基层非线性承载力和基层线性承载力模型对路面疲劳寿命的影响[89]。

4.2 半刚性基层沥青路面疲劳机理

沥青路面疲劳的外在表现是沥青层出现裂缝或网裂，而半刚性基层沥青路面的基层在车辆荷载作用下一般是比较稳定的，因此，半刚性基层沥青路面疲劳实际上就是沥青层的疲劳。美国战略性公路研究计划（Strategic Highway Research Program，SHRP）将沥青混合料试件的开裂过程分为两个阶段：裂缝初始化阶段和裂缝扩展阶段。图 4.1 是沥青混合料试件两个阶段的寿命曲线图，根据荷载循环中能量耗散的变化情况，可以确定沥青试件的裂缝初始化和裂缝扩展两个阶段的寿命，图 4.1 中的能量比是指 N_1 个循环的能耗与 N_2 个循环总能耗的比值[90]。

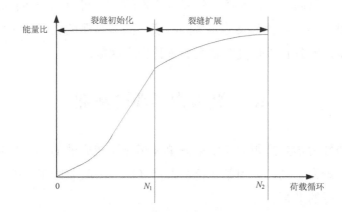

图 4.1 沥青混合料疲劳寿命曲线

相应地，SHRP 将沥青路面的疲劳寿命也分为两个部分：裂缝初始化寿命和裂缝疲劳扩展寿命。

1. 疲劳裂缝初始化

疲劳裂缝初始化是微观上的概念，在断裂力学上叫作疲劳裂缝萌生。疲劳裂缝萌生与观察的长度标尺紧密相关。例如，材料科学家很可能认为裂缝沿驻留滑移带的形核是疲劳失效的初始阶段，而机械工程师则可能根据裂缝检测技术的分辨率来确定疲劳裂缝形核的门槛值。不同的萌生观点对应着不同的破坏机制，这些机制分别说明微观裂缝是在晶界、孪晶界、微观结构或成分的不均匀区，以及微观或宏观的应力集中部位形核[91-92]。

2. 疲劳裂缝扩展

疲劳裂缝扩展是宏观上的概念，即疲劳裂缝在肉眼可见的范围内增长。传统的疲劳强度理论承认了由于荷载的循环作用而在材料内部造成的疲劳累积，但相关的分析是针对连续完整、无缺陷的结构体系进行的，并没有考虑材料与结构内部存在的缺陷对路面结构造成的不利影响，这使得用传统疲劳力学理论与方法对沥青路面结构进行的计算和分析结果与实际情况存在偏差。

按照后来发展的疲劳断裂力学的观点，结构的破坏正是由于其内部存在的缺陷引起应力集中与内部损伤，这种应力集中与损伤累积又造成了内部缺陷的发展，当其发展至超过材料与结构抵抗破坏的容限值时，就导致了结构的破坏[93-94]。

大量的路面调查资料也表明，沥青路面在投入交通运营之前都是有初始裂缝存在的，即沥青路面从一开始就是带裂缝工作的[95]。可以认为沥青路面只有疲劳裂缝扩展阶段，不存在疲劳裂缝萌生的阶段，沥青路面的疲劳寿命可以表示为裂缝从初始长度扩展到临界长度时轴载的累计作用次数。

4.3　断裂力学理论基础

线弹性断裂力学是断裂力学中最简单和相对比较成熟的一个分支。它以弹性力学的基本理论为基础，采用某些特征参量（如应力强度因子、能量释放率）作为判断裂缝扩展的准则。

4.3.1　疲劳裂缝开裂模式

按照裂缝在荷载作用下扩展形式的不同，可以分成三种基本类型，如图 4.2 所示[96-98]。

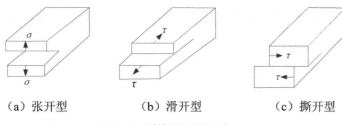

（a）张开型　　　　　　（b）滑开型　　　　　　（c）撕开型

图 4.2　裂缝扩展的形式

1. 张开型裂缝（Ⅰ型）

正应力 σ 和裂缝面垂直，在正应力的作用下，裂缝因左右两个平面张开而扩展，而且裂缝扩展的方向和 σ 作用方向垂直。这种裂缝扩展模式称为张开型裂缝，也称为Ⅰ型裂缝。

2. 滑开型裂缝（Ⅱ型）

剪应力 τ 和裂缝表面平行，作用方向与裂缝方向垂直。在剪应力作用下，裂缝因上下两个平面相对滑移而扩展。这种裂缝扩展模式称为滑开型裂缝，也称为Ⅱ型裂缝。

3. 撕开型裂缝（Ⅲ型）

剪应力 τ 和裂缝表面平行，作用方向与裂缝方向平行。在剪应力作用下，裂缝因上下两个平面撕裂而扩展。这种裂缝扩展模式称为撕开型裂缝，也称为 Ⅲ型裂缝。在实际路面结构中，这种裂缝形式较少出现。

如果在构件或材料内部的裂缝同时受到正应力和剪应力的作用，则可能同时存在Ⅰ型和Ⅱ型或Ⅰ型和Ⅲ型裂缝，这种组合的裂缝形式称为复合型裂缝。

4.3.2　应力强度因子 K

应力强度因子 K 表示在外荷载作用下断裂弹性构件裂缝尖端的力学性状，如图 4.3 所示，它把影响裂缝尖端性状的各种因素综合为裂尖的应力应变场强度，以数值表示裂缝尖端趋向开裂的严重程度。

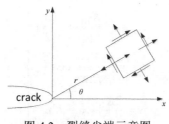

图 4.3　裂缝尖端示意图

　　由弹性问题的解析函数方法得知，线弹性断裂力学中Ⅰ型、Ⅱ型、Ⅲ型裂缝尖端奇异场分别如式（4.15）、式（4.16）、式（4.17）所示。

Ⅰ型裂缝：

$$\left.\begin{aligned}
\sigma_x &= \frac{K_{\mathrm{I}}}{\sqrt{2\pi r}}\cos\frac{\theta}{2}\left(1-\sin\frac{\theta}{2}\sin\frac{3\theta}{2}\right) \\
\sigma_y &= \frac{K_{\mathrm{I}}}{\sqrt{2\pi r}}\cos\frac{\theta}{2}\left(1+\sin\frac{\theta}{2}\sin\frac{3\theta}{2}\right) \\
\tau_{xy} &= \frac{K_{\mathrm{I}}}{\sqrt{2\pi r}}\sin\frac{\theta}{2}\cos\frac{\theta}{2}\cos\frac{3\theta}{2} \\
u &= \frac{K_{\mathrm{I}}}{4G}\sqrt{\frac{r}{2\pi}}\left[(2x-1)\cos\frac{\theta}{2}-\cos\frac{3\theta}{2}\right] \\
v &= \frac{K_{\mathrm{I}}}{4G}\sqrt{\frac{r}{2\pi}}\left[(2x+1)\sin\frac{\theta}{2}-\sin\frac{3\theta}{2}\right]
\end{aligned}\right\} \tag{4.15}$$

Ⅱ型裂缝：

$$\left.\begin{aligned}
\sigma_x &= -\frac{K_{\mathrm{II}}}{\sqrt{2\pi r}}\cos\frac{\theta}{2}\left(2+\cos\frac{\theta}{2}\cos\frac{3\theta}{2}\right) \\
\sigma_y &= \frac{K_{\mathrm{II}}}{\sqrt{2\pi r}}\sin\frac{\theta}{2}\cos\frac{\theta}{2}\cos\frac{3\theta}{2} \\
\tau_{xy} &= \frac{K_{\mathrm{II}}}{\sqrt{2\pi r}}\cos\frac{\theta}{2}\left(1-\sin\frac{\theta}{2}\sin\frac{3\theta}{2}\right) \\
u &= \frac{K_{\mathrm{II}}}{4G}\sqrt{\frac{r}{2\pi}}\left[(2x+3)\sin\frac{\theta}{2}+\sin\frac{3\theta}{2}\right] \\
v &= \frac{K_{\mathrm{II}}}{4G}\sqrt{\frac{r}{2\pi}}\left[(2x-3)\cos\frac{\theta}{2}+\cos\frac{3\theta}{2}\right]
\end{aligned}\right\} \tag{4.16}$$

Ⅲ型裂缝：

$$\left.\begin{aligned}
\tau_{xz} &= -\frac{K_{\mathrm{III}}}{\sqrt{2\pi r}}\sin\frac{\theta}{2} \\
\tau_{yz} &= -\frac{K_{\mathrm{III}}}{\sqrt{2\pi r}}\cos\frac{\theta}{2} \\
w &= \frac{2K_{\mathrm{III}}}{G}\sqrt{\frac{r}{2\pi}}\sin\frac{\theta}{2}
\end{aligned}\right\} \tag{4.17}$$

式中，G 为裂缝弹性体的剪切模量；r、θ 为以裂缝尖端为坐标原点的极坐标；K_I、K_{II}、K_{III} 为 I 型、II 型、III 型裂缝的应力强度因子。

I 型、II 型和 III 型应力强度因子控制的裂缝尖端的应力场和位移场可以统一记为式（4.18）和式（4.19）。

$$\sigma_{ij} = \frac{K}{\sqrt{2\pi r}} f_{ij}(\theta) \tag{4.18}$$

$$u_i = K\sqrt{\frac{r}{\pi}} g_i(\theta) \tag{4.19}$$

从式（4.18）和式（4.19）可见，只要有裂缝存在，并且外荷载不等于 0（即使很小很小），则裂缝尖端处的应力总是趋向无限大的。因为应力与 $\sqrt{r}$ 成反比，在裂缝尖端处 $r \rightarrow 0$，应力为无限大，即应力在裂缝尖端出现奇异点，应力场具有 $\frac{1}{\sqrt{r}}$ 奇异性。

实验表明，当 K_I、K_{II} 或 K_{III} 达到临界值 K_{IC}、K_{IIC} 或 K_{IIIC} 时，裂缝就发生失稳扩展，K_{IC}、K_{IIC} 和 K_{IIIC} 称为断裂韧度，它们表征材料对裂缝扩展的抗力，是从断裂力学引出的衡量材料韧性的新指标，其大小取决于材料的性能。裂缝发生断裂扩展的临界条件可以写为：$K_I = K_{IC}$，$K_{II} = K_{IIC}$，$K_{III} = K_{IIIC}$。

4.3.3 裂缝尖端应力强度因子的计算

计算应力强度因子常用的方法有复变函数法、积分变换法、边界配位法和有限单元法等。但是，前面几种方法只有当条件比较简单时才能给出计算结果，对于实际工程中经常出现的比较复杂的情况，通常采用有限单元法[99]。

在线弹性断裂力学中，采用有限单元法确定应力强度因子主要有位移法和应力法两种。即先得到裂缝尖端附近的应力分量或位移分量的数值解，再利用裂缝尖端应力场和位移场的表达式，直接推算出裂缝尖端的应力强度因子。

位移法由计算位移推算应力强度因子，而应力法则由计算应力推算应力强度因子。由于目前有限元法多先求出位移，而应力是位移的一阶导数，因此位移的精度较高，本节采用位移法推算应力强度因子。

对 I 型裂缝，令 $\theta = \pi$，裂缝尖端附近的垂直位移为：

$$v = \frac{4(1-\mu^2)}{\sqrt{2\pi}E} K_I \sqrt{r} \tag{4.20}$$

$$K_{\mathrm{I}} = \lim_{r \to 0}\left(\frac{\sqrt{2\pi}Ev}{4(1-\mu^2)\sqrt{r}}\right) \tag{4.21}$$

对 II 型裂缝，令 $\theta = \pi$，裂缝尖端附近的垂直位移为：

$$\upsilon = \frac{4(1-\mu^2)}{\sqrt{2\pi}E}K_{\mathrm{II}}\sqrt{r} \tag{4.22}$$

$$K_{\mathrm{II}} = \lim_{r \to 0}\left(\frac{\sqrt{2\pi}E\upsilon}{4(1-\mu^2)\sqrt{r}}\right) \tag{4.23}$$

由于有限元法只能给出各结点上的近似位移 v^*，而且在靠近裂缝尖端（$r=0$）处，有限元法误差较大，不能直接采用上述极限过程。可以采用如下方法求解裂缝尖端的应力强度因子，设 v^* 是裂缝尖端附近用有限元法求出的位移值，令：

$$K_{\mathrm{I}}^* = \frac{\sqrt{2\pi}Ev^*}{4(1-\mu^2)\sqrt{r}} \tag{4.24}$$

$$K_{\mathrm{II}}^* = \lim_{r \to 0}\left(\frac{\sqrt{2\pi}E\upsilon^*}{4(1-\mu^2)\sqrt{r}}\right) \tag{4.25}$$

以 K_{I}^* 为纵坐标，以 r 为横坐标，将有关点绘出，用最小二乘法处理，通过这些点绘出一条最佳直线，此直线与纵坐标轴的交点即为应力强度因子的估算值，如图 4.4 所示。

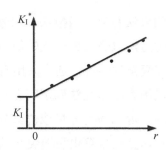

图 4.4　有限元位移法计算裂缝尖端 K 因子

4.3.4　裂缝疲劳扩展

1. 沥青混凝土的初始裂缝深度和临界裂缝深度

沥青混凝土的初始裂缝深度，即带有初始损伤的沥青混凝土初始时刻的裂缝深度，SHRP 根据大量的实验观测，将沥青路面的初始裂缝深度定义为 7.5mm[100]。

Aloysius 在沥青混合料的疲劳试验过程中，测得每荷载循环能耗由初期的稳定增长阶段突然转变为快速增长阶段，区分这两个阶段的裂缝临界深度为 7.5mm，因此将裂缝疲劳扩展的初始深度取为 7.5mm。Yongqi Li 在材料试验中测得初始裂缝深度为 6.9mm，对应的裂缝宽度为 1.5mm，因此将沥青路面的初始裂缝定义为 6.9mm[101]。综合前人的研究成果，本节取沥青混凝土表面裂缝的初始裂缝深度为 7.0mm。

沥青混凝土的临界裂缝深度，即沥青混凝土即将发生断裂时的裂缝长度，可以通过应力强度因子拟合曲线和断裂韧度确定。当应力强度因子达到断裂韧度时的裂缝深度，即为沥青混凝土的临界裂缝深度。

2. 疲劳扩展理论模型

裂缝的疲劳扩展速率与沥青材料的断裂力学常数、裂缝前沿的应力强度因子、裂缝的几何边界条件、环境温度等众多参数有关，在大量材料、试验和理论研究的基础上，研究人员提出了许多不同形式的沥青路面和沥青混合料疲劳扩展模型。

对于疲劳裂缝扩展速率的研究，主要在于寻求裂缝扩展速率与有关力学参量之间的数学表达式[102]。Paris 公式是目前应用得最为普遍的疲劳裂缝扩展模型，如果在应力循环 ΔN 次后，裂缝扩展为 Δa ，则应力每循环一次，裂缝扩展为 $\Delta a / \Delta N$ （mm／次），这称为裂缝扩展速率，在极限条件下，用微分 da/dN 表示。

$$\frac{\mathrm{d}a}{\mathrm{d}N} = C(\Delta K)^n \tag{4.26}$$

进一步积分可得：

$$N = \int_0^h \frac{\mathrm{d}a}{C(\Delta K)^n} \tag{4.27}$$

式中， ΔK 为给定荷载作用下应力强度因子的变化幅值；C 为给定材料的断裂参数；a 为裂缝的长度；n 为标准轴载累积疲劳作用的次数；h 为路面厚度。

根据式（4.12）可以推出如下关系[103-104]：

$$\ln(\frac{\mathrm{d}a}{\mathrm{d}N}) = \ln C + n \ln \Delta K \tag{4.28}$$

此式表明： $\ln(\frac{\mathrm{d}a}{\mathrm{d}N})$ 与 $\ln \Delta K$ 之间呈线性关系，$\ln C$ 是 Y 方向的截距，n 是直线的斜率。

由于疲劳裂缝在不受荷载作用时的应力强度因子为 0（不考虑路面自重），因此某一裂缝深度处 K 的变化幅值 $\Delta K = K - 0 = K$。

4.4　疲劳裂缝分析模型和参数

4.4.1　基本假定

假定疲劳裂缝只沿竖向扩展，裂缝宽度足够宽。

4.4.2　模型参数

1. 路面的基本结构

与第 3 章分析车辙所用的半刚性基层沥青路面的基本结构相同，见表 4.1。

表 4.1　半刚性基层沥青路面的基本结构

结构层	厚度/cm
SMA13	4
AC-20	6
AC-25	8
水泥稳定碎石	36
土基	

2. 结构简化

因为下一层的初始损伤位置未必对应上一层的裂缝位置，当裂缝向下穿透某一结构层后，其下一层的开裂机理很难解决，并且在层与层交界处的应力强度因子会突然产生变化，结构层次的增多使结构内部和裂缝尖端的应力应变复杂化，应力强度因子在相邻层次交接处的大小不连续，进而导致疲劳寿命计算过程的复杂。

为了简化计算，将路面结构的所有沥青层简化成一层。这也是裂缝在沥青层间扩展的最危险状态。多个基层和底基层也可以同样简化为一层，如此便将路面结构简化为面层、基层、土基三层。基本结构简化前后的结构形式见表 4.2。

表 4.2　简化前后路面结构形式的变化

简化前的基本结构	简化后的基本结构
4cm SMA + 6cm AC-20 + 8cm AC-25 + 36cm 水泥稳定碎石	18cm 沥青混凝土面层 + 36cm 半刚性基层

简化后的路面结构结构层的模量和泊松比，可以通过武红岭根据膜力等效推导出的模量和泊松比换算公式得到[105]，如式（4.29）和式（4.30）所示。

$$v = \frac{\sum_{i=1}^{n} E_i h_i v_i / (1 - v_i^2)}{\sum_{i=1}^{n} E_i h_i / (1 - v_i^2)} \tag{4.29}$$

$$E = \frac{1-v}{h} \sum_{i=1}^{n} \frac{E_i h_i}{1 - v_i} \tag{4.30}$$

式中，E 为结构简化后的结构层模量；v 为结构简化后的结构层泊松比；h 为结构层总厚度；E_i 为结构简化前各结构层模量；v_i 为结构简化前各结构层泊松比；h_i 为结构简化前各结构层厚度。

3. 极限不利位置的选择

根据实际道路车辆荷载的作用情况，本章考虑两种最不利的荷载作用位置，即最不利的对称荷载加载位置和最不利的偏荷载加载位置，图 4.5 为对称荷载的极限不利位置，裂缝截面的剪应力为 0，张拉应力最大，应力强度因子为张开型；图 4.6 为偏荷载的极限不利位置，裂缝截面的剪应力最大，应力强度因子为滑开型。

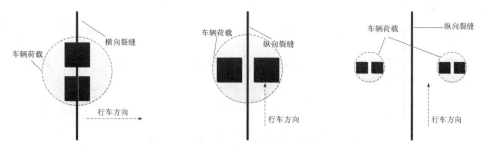

（a）横向裂缝极限不利位置　　（b）纵向裂缝极限不利位置1　　（c）纵向裂缝极限不利位置2

图 4.5　对称荷载作用示意图

在车辆行驶过程中，横向裂缝的极限不利位置经受如图 4.5（a）所示的对称荷载和如图 4.6（a）所示的偏荷载作用的几率很大，如果横向裂缝足够长，则必然会经受对称荷载和偏荷载的作用；纵向裂缝的极限不利位置经受如图 4.5（b）、图 4.5（c）、图 4.6（b）和图 4.6（c）的荷载作用几率很小，一般纵向裂缝经受的荷载都是处于非极限不利位置上，但是可以等价分解为极限不利位置的对称荷载与极限不利位置的偏荷载，只是其分解得到的极限不利位置对称荷载和极限不利位置偏荷载的大小低于实际荷载，如图 4.7 和图 4.8 所示。

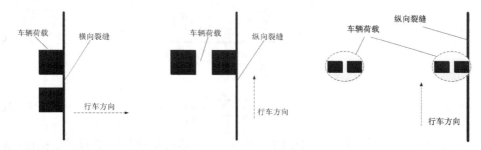

（a）横向裂缝极限不利位置　（b）纵向裂缝极限不利位置 1　（c）纵向裂缝极限不利位置 2

图 4.6　偏荷载作用示意图

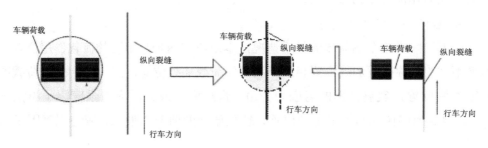

图 4.7　纵向裂缝非极限不利位置 1 的荷载分解

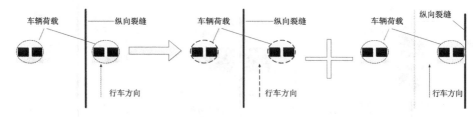

图 4.8　纵向裂缝非极限不利位置 2 的荷载分解

4. 荷载作用的形式

荷载作用的形式与第 3 章相同，矩形加载，轮胎接地宽度 B=18.8cm，两轮中心距 31.8cm，轮胎接地长度 L=19.0cm。

5. 荷载作用的过程

路面结构某一点在荷载作用过程中经历了加载—卸载的过程，因此本章采用正弦波对路面结构进行动态加载。

因为应力强度因子越大，材料越容易开裂扩展，所以每次加载循环的应力强度因子最大值才是疲劳开裂分析的对象。由于图 4.5 的正弦波的加载和卸载过程是对称的，因此只计算加载过程就足以提取每次加载循环的最大应力强度因子。

当车辆以 80km/h 的速度行驶时，车辆荷载作用于裂缝的时间约为 0.0855s，以标准轴载 100kN 加载时，加载过程的幅值见表 4.3，曲线如图 4.9 所示。

表 4.3　加载过程的幅值

时间/s	加载压力/MPa
0	0
0.000428	0.109504
0.000855	0.216312
0.001283	0.317793
0.00171	0.41145
0.002138	0.494975
0.002565	0.566312
0.002993	0.623705
0.00342	0.66574
0.003848	0.691382
0.004275	0.7

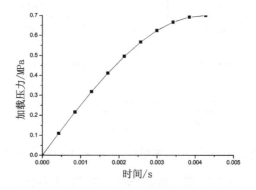

图 4.9　加载幅值曲线

由于加载过程是动态的，计算得到的应力强度因子也随加载时间动态变化，经过计算，80km/h 车速对应的荷载加载过程对应的应力强度因子如图 4.10 所示。

由图 4.10 可见，在动态加载过程中，应力强度因子随加载应力的增大而增大，当加载应力达到最大时，应力强度因子达到最大值。

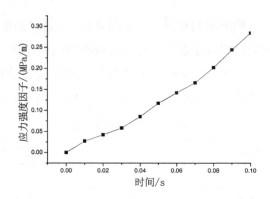

图 4.10 加载过程中应力强度因子的变化规律

6. 材料参数

根据国内外学者对沥青路面疲劳的研究成果和经验，常温和低温时的荷载作用更容易使沥青混凝土产生疲劳破坏，而常温是一年中所占比例最长的温度，因此基本结构的沥青混凝土的动态模量参考第 2 章的沥青混凝土在 21℃时的动态模量试验结果，水泥稳定碎石和土基的回弹模量参考第 2 章的回弹模量试验结果，泊松比、密度和阻尼系数参考经验进行取值，见表 4.4。

表 4.4 动态分析的材料参数

基本结构	模量/MPa	泊松比	密度/(kg/m³)	阻尼系数
SMA-13	6500	0.35	2400	0.9
AC-20	10600	0.35	2400	0.9
AC-25	12700	0.35	2400	0.9
水泥稳定碎石	1200	0.3	2300	0.8
土基	60	0.45	1800	0.4

注：密度和阻尼系数是动态分析的必需参数，根据经验取值。

根据模量和泊松比换算公式,结构简化后的基本结构的结构层材料参数见表4.5。

表 4.5 结构简化后的基本结构的材料参数

基本结构	厚度/cm	模量/MPa	泊松比	密度/(kg/m³)	阻尼系数
沥青混凝土层	18	10622	0.35	2400	0.9
半刚性基层	36	1200	0.25	2300	0.8
土基		60	0.45	1800	0.4

4.4.3 疲劳开裂有限元模型

本章疲劳开裂模型的路基厚度取 7m，模型宽度取 10m，建立的 ABAQUS 二维有限元开裂模型如图 4.11 所示。

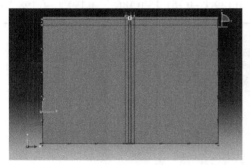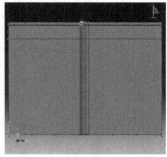

（a）对称荷载　　　　　　　　　　（b）偏荷载

图 4.11　疲劳裂缝有限元模型

模型的单元类型采用 CPE5R，裂缝处的网格进行单独处理，如图 4.12 所示。

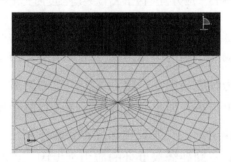

图 4.12　裂缝处的单元划分

4.5　疲劳裂缝尖端应力强度因子分析

4.5.1　对称荷载作用下的应力强度因子分析

4.5.1.1　横向裂缝在对称荷载作用下的应力强度因子分析

1. 不同裂缝长度下的张开型应力强度因子 K_I

基本结构的横向裂缝在 100kN 对称荷载作用下，不同裂缝长度时的应力强度因子计算结果见表 4.6，变化规律如图 4.13 所示。

表 4.6 基本结构不同裂缝长度下的应力强度因子 K_I

裂缝长度/mm	7	10	30	60	90	120	150	180
应力强度因子 K_I/(MPa/m)	−0.069	−0.078	−0.129	−0.161	−0.186	−0.194	−0.198	−0.204

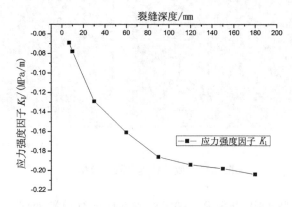

图 4.13 应力强度因子 K_I 随裂缝长度的变化规律

由表 4.6 和图 4.13 可见，随着裂缝长度的增加，应力强度因子逐渐增大且始终是负值，负的张开型应力强度因子说明在正应力的作用下，裂缝的左右两个平面相向运动，这种应力强度因子在一定程度上也可以造成材料疲劳，但是疲劳效果很差，工程上研究得很少，通常认为其不会造成裂缝扩展。

显然，对称荷载作用下，改变裂缝深度不会改变裂缝尖端应力强度因子是正值还是负值的属性，即不同裂缝深度处的应力强度因子都是正值或都是负值，为了确定其他结构形式在对称荷载作用下裂缝尖端的应力强度因子的属性，统一取所有结构形式的裂缝深度为 6cm。

2. 面层模量对应力强度因子的影响

当面层模量在 2000～12000MPa 范围内变化时，裂缝深度 6cm 处的应力强度因子 K_I 的计算结果见表 4.7，变化规律如图 4.14 所示。

表 4.7 应力强度因子 K_I 随面层模量的变化结果

面层模量/MPa	2000	3000	4000	6000	8000	10000	12000
应力强度因子 K_I/(MPa/m)	−0.075	−0.090	−0.103	−0.125	−0.143	−0.160	−0.175

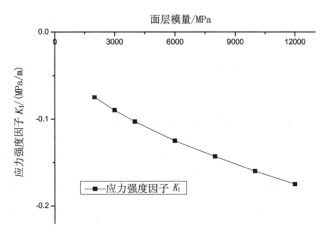

图 4.14　应力强度因子 K_{I} 随面层模量的变化规律

由图 4.14 可见，应力强度因子 K_{I} 为负值，而且随着面层模量的增加而递减。

3. 基层模量对应力强度因子的影响

当基层模量在 500～8000MPa 范围内变化时，裂缝深度 6cm 处的应力强度因子 K_{I} 的计算结果见表 4.8，变化规律如图 4.15 所示。

表 4.8　应力强度因子 K_{I} 随基层模量的变化结果

基层模量/MPa	500	1000	1500	2000	2500	3000	4000	5000	6000	8000
应力强度因子 K_{I}/(MPa/m)	−0.193	−0.166	−0.152	−0.143	−0.137	−0.132	−0.125	−0.120	−0.116	−0.092

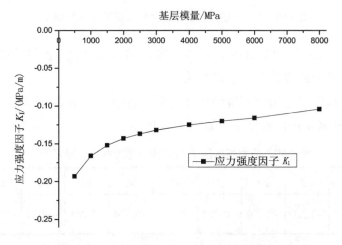

图 4.15　应力强度因子 K_{I} 随基层模量的变化规律

由图 4.15 可见，应力强度因子 K_I 为负值，而且随着基层模量的增加而递增。

4. 土基模量对应力强度因子的影响

当土基模量在 30～300MPa 范围内变化时，裂缝深度 6cm 处的应力强度因子 K_I 的计算结果见表 4.9，变化规律如图 4.16 所示。

表 4.9   应力强度因子 K_I 随土基模量的变化结果

土基模量/MPa	30	50	100	150	200	250	300
应力强度因子 K_I/(MPa/m)	−0.189	−0.165	−0.136	−0.122	−0.113	−0.107	−0.102

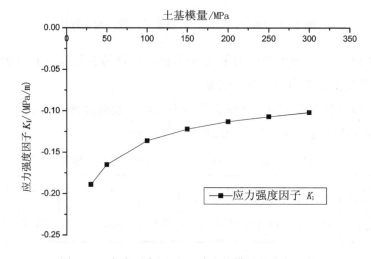

图 4.16   应力强度因子 K_I 随土基模量的变化规律

由图 4.16 可见，应力强度因子 K_I 为负值，而且随着土基模量的增加而递增。

5. 面层厚度对应力强度因子的影响

当面层厚度在 10～100cm 范围内变化时，裂缝深度 6cm 处的应力强度因子 K_I 的计算结果见表 4.10，变化规律如图 4.17 所示。

表 4.10   应力强度因子 K_I 随面层厚度的变化结果

面层厚度/cm	10	20	30	40	50	60	70	80	100
应力强度因子 K_I/(MPa/m)	−0.220	−0.150	−0.124	−0.107	−0.094	−0.083	−0.074	−0.067	−0.056

由图 4.17 可见，应力强度因子 K_I 为负值，而且随着面层厚度的增加而递增。

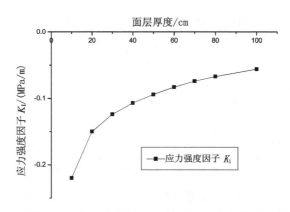

图 4.17　应力强度因子 K_I 随面层厚度的变化规律

6. 基层厚度对应力强度因子的影响

当基层厚度在 18～72cm 范围内变化时，裂缝深度 6cm 处的应力强度因子 K_I 的计算结果见表 4.11，变化规律如图 4.18 所示。

表 4.11　应力强度因子 K_I 随基层厚度的变化结果

基层厚度/cm	18	36	54	72
应力强度因子 K_I/(MPa/m)	−0.196	−0.157	−0.137	−0.124

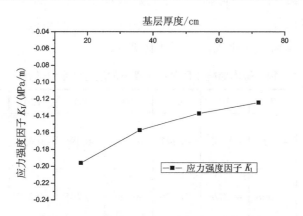

图 4.18　应力强度因子 K_I 随基层厚度的变化规律

由图 4.18 可见，应力强度因子 K_I 为负值，而且随着面层厚度的增加而递增。

由上述分析可见，应力强度因子随面层模量的增加而递减，随基层模量、土基模量、面层厚度和基层厚度的增加而递增，但都是负值。

在考虑路面结构实际情况的基础上，取可能产生正的张开型应力强度因子的路面极限结构进行分析，极限结构的结构形式见表4.12。

表 4.12　极限结构的结构形式

结构层	厚度/cm	模量/MPa	泊松比
面层	60	3000	0.35
基层	54	10000	0.25
土基		300	0.45

在100kN对称荷载作用下，极限结构的应力强度因子K_I的计算结果见表4.13。

表 4.13　极限结构的应力强度因子 K_I

裂缝长度/mm	60
应力强度因子 K_I/(MPa/m)	−0.039

由表4.13可见，即使在比较极限的结构条件下，横向裂缝的极限不利位置在对称荷载作用下产生的张开型应力强度因子仍然是负值，因此，横向裂缝在对称荷载作用下不会导致路面疲劳扩展。

4.5.1.2　纵向裂缝在对称荷载作用下的应力强度因子分析

基本结构的纵向裂缝在100kN对称荷载作用下，不同裂缝长度的应力强度因子的计算结果见表4.14，变化规律如图4.19所示。

表 4.14　基本结构不同裂缝长度下的应力强度因子 K_I

裂缝长度/mm	7	10	30	60	90	120	150	180
纵向裂缝极限不利位置1的应力强度因子 K_I/(MPa/m)	−0.116	−0.133	−0.241	−0.327	−0.396	−0.433	−0.446	−0.586
纵向裂缝极限不利位置2的应力强度因子 K_I/(MPa/m)	−0.066	−0.076	−0.125	−0.186	−0.245	−0.277	−0.316	−0.517

由图4.19可见，对称荷载作用于纵向裂缝的极限不利位置时的应力强度因子都是负值，在符合路面实际情况的范围内分别改变模量和结构层厚度，6cm裂缝深度处的K_I如图4.20～4.24所示。

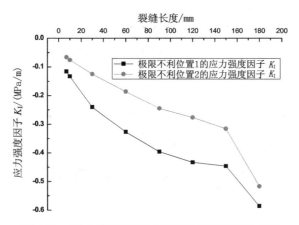

图 4.19   应力强度因子 K_I 随裂缝长度的变化规律

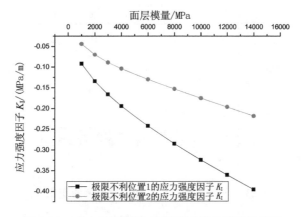

图 4.20   应力强度因子 K_I 随面层模量的变化规律

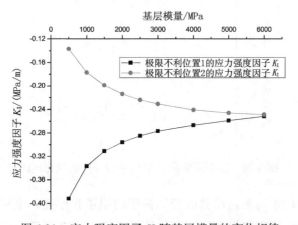

图 4.21   应力强度因子 K_I 随基层模量的变化规律

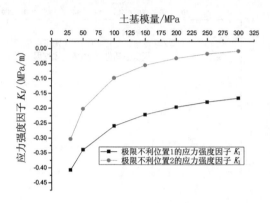

图 4.22　应力强度因子 K_I 随土基模量的变化规律

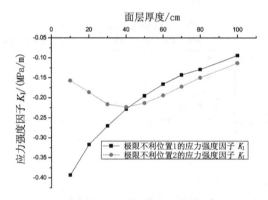

图 4.23　应力强度因子 K_I 随面层厚度的变化规律

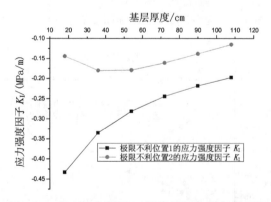

图 4.24　应力强度因子 K_I 随基层厚度的变化规律

　　由图 4.20～4.24 可见，单独改变结构层的模量和厚度，半刚性基层沥青路面的纵向裂缝尖端在对称荷载作用下产生的应力强度因子都是负值。根据图 4.20～

4.24,分别选取表 4.15 中的结构作为可能产生正的应力强度因子的极限结构。

表 4.15　针对纵向裂缝路面极限结构的结构形式

结构层＼不利位置	纵向裂缝极限不利位置 1			纵向裂缝极限不利位置 2		
	厚度/cm	模量/MPa	泊松比	厚度/cm	模量/MPa	泊松比
面层	60	3000	0.35	60	3000	0.35
基层	54	10000	0.25	54	1000	0.25
土基		300	0.45		300	0.45

在 100kN 对称荷载作用下,极限结构的应力强度因子 K_I 的计算结果见表 4.16。

表 4.16　极限结构的应力强度因子 K_I

参数＼不利位置	纵向裂缝极限不利位置 1	纵向裂缝极限不利位置 2
裂缝长度/mm	60	60
应力强度因子 K_I/(MPa/m)	−0.036	−0.041

可见即使在比较极限的结构条件下,纵向裂缝的极限不利位置在对称荷载作用下产生的张开型应力强度因子仍然是负值,因此,纵向裂缝在对称荷载作用下不会导致路面疲劳扩展。

综上所述,半刚性基层沥青路面的疲劳开裂不是由对称荷载造成的。

4.5.2　偏荷载作用下的应力强度因子分析

由图 4.6 可见,横向裂缝和纵向裂缝的偏荷载极限不利位置经受荷载时的荷载作用形式非常相似,在相同大小的偏荷载作用时的应力强度因子的计算结果也非常接近且规律性一致,而横向裂缝的偏荷载极限不利位置经受偏荷载作用的几率很高,纵向裂缝的偏荷载极限不利位置经受偏荷载作用的几率很低,因此,以横向裂缝的偏荷载极限不利位置进行偏荷载分析最为合理。以下是针对横向裂缝在偏荷载作用下的应力强度因子分析。

1.　面层模量对应力强度因子的影响

保持其他条件不变,当面层模量在 2000～12000MPa 变化时,II 型应力强度因子在不同裂缝深度处的变化规律见表 4.17,如图 4.25 所示。

表 4.17　应力强度因子 K_{II} 随面层模量的变化结果

II 型应力强度因子 K_{II}/(MPa/m)		面层模量/MPa				
		2000	4000	6000	8000	12000
裂缝深度/m	0.007	0.0094	0.0102	0.0107	0.0113	0.0121
	0.01	0.0097	0.0106	0.0122	0.0143	0.0179
	0.02	0.0220	0.0229	0.0238	0.0243	0.0250
	0.04	0.0337	0.0337	0.0405	0.0428	0.0466
	0.06	0.0439	0.0513	0.0567	0.0614	0.0689
	0.08	0.0526	0.0630	0.0709	0.0776	0.0886
	0.12	0.0664	0.0810	0.0911	0.0988	0.1103
	0.16	0.0986	0.1393	0.1723	0.2016	0.2802
	0.18	0.1008	0.1602	0.2178	0.2754	0.3888

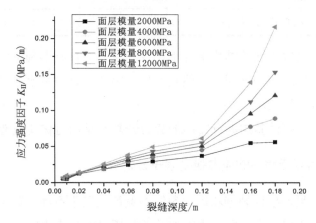

图 4.25　应力强度因子 K_{II} 随面层模量的变化规律

　　由图 4.25 可见，在偏荷载作用下，应力强度因子 K_{II} 随着面层模量和裂缝深度的增加而增大。

　　2. 基层模量对应力强度因子的影响

　　保持其他条件不变，当基层模量在 500～8000MPa 变化时，II 型应力强度因子在不同裂缝深度处的变化规律见表 4.18，如图 4.26 所示。

表 4.18　应力强度因子 K_{II} 随基层模量的变化结果

II 型应力强度因子 K_{II}/(MPa/m)		基层模量/MPa					
		500	1000	2000	4000	6000	8000
裂缝深度/m	0.007	0.0129	0.0119	0.0109	0.0102	0.0098	0.0096
	0.01	0.0220	0.0194	0.0171	0.0152	0.0146	0.0139
	0.02	0.0261	0.0250	0.0236	0.0225	0.0220	0.0216
	0.04	0.0508	0.0457	0.0412	0.0373	0.0355	0.0344
	0.06	0.0761	0.0671	0.0583	0.0511	0.0477	0.0455
	0.08	0.0999	0.0862	0.0729	0.0621	0.0571	0.0538
	0.12	0.1247	0.1080	0.0914	0.0769	0.0697	0.0650
	0.16	0.2970	0.2276	0.1836	0.1433	0.1251	0.1143
	0.18	0.4230	0.3650	0.3060	0.2682	0.2466	0.2304

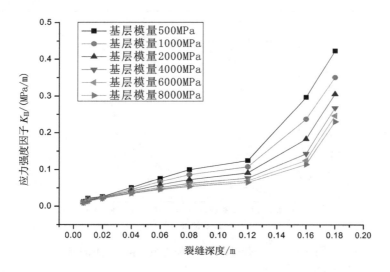

图 4.26　应力强度因子 K_{II} 随基层模量的变化规律

由图 4.26 可见，在偏荷载作用下，应力强度因子 K_{II} 随着基层模量的增加而递减，因此，较低的基层模量更容易使沥青层的裂缝尖端产生应力集中。

3. 土基模量对应力强度因子的影响

保持其他条件不变，当土基模量在 20～300MPa 变化时，II 型应力强度因子在不同裂缝深度处的变化规律见表 4.19，如图 4.27 所示。

表 4.19　应力强度因子 K_{II} 随土基模量的变化结果

II 型应力强度因子 K_{II}/(MPa/m)		土基模量/MPa					
		20	30	50	100	200	300
裂缝深度/m	0.007	0.0127	0.0124	0.0120	0.0116	0.0112	0.0110
	0.01	0.0220	0.0209	0.0196	0.0181	0.0168	0.0161
	0.02	0.0365	0.0346	0.0324	0.0296	0.0272	0.0263
	0.04	0.0533	0.0514	0.0490	0.0478	0.0471	0.0464
	0.06	0.0727	0.0703	0.0673	0.0636	0.0601	0.0581
	0.08	0.1012	0.0982	0.0937	0.0882	0.0827	0.07946
	0.12	0.1413	0.1299	0.1178	0.1043	0.1001	0.0973
	0.16	0.3579	0.3188	0.2901	0.2278	0.1836	0.1504
	0.18	0.6919	0.5254	0.3719	0.2835	0.2183	0.1879

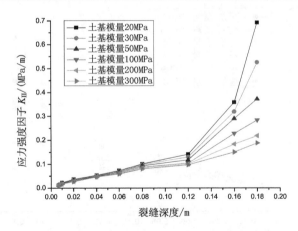

图 4.27　应力强度因子 K_{II} 随土基模量的变化规律

由图 4.27 可见，在偏荷载作用下，应力强度因子 K_{II} 随着土基模量的增加而递减，因此，较低的土基模量更容易使沥青层的裂缝尖端产生应力集中。

4. 中面层厚度对应力强度因子的影响

保持其他条件不变，当中面层厚度在 6～30cm 变化时，II 型应力强度因子在不同裂缝深度处的变化规律见表 4.20，如图 4.28 所示。

表 4.20 应力强度因子 K_{II} 随中面层厚度的变化结果

II 型应力强度因子 $K_{II}/(MPa/m)$		中面层厚度/m				
		0.06	0.12	0.18	0.24	0.30
裂缝深度/m	0.007	0.0118	0.0111	0.0106	0.0102	0.0100
	0.03	0.0439	0.0378	0.0344	0.0319	0.0302
	0.06	0.0662	0.0592	0.0531	0.0486	0.0455
	0.09	0.0896	0.0772	0.0668	0.0590	0.0542
	0.12	0.1064	0.0878	0.0774	0.0702	0.0664
	0.15	0.2608	0.1051	0.0886	0.0774	0.0722
	0.18	0.3456	0.1390	0.1024	0.0893	0.0819
	0.21		0.2634	0.1150	0.0977	0.0880
	0.24		0.3012	0.2088	0.1226	0.0995
	0.27			0.2560	0.1310	0.1053
	0.3			0.3418	0.1744	0.1240
	0.33				0.2468	0.1384
	0.36				0.3198	0.1705
	0.39					0.1980
	0.42					0.3006

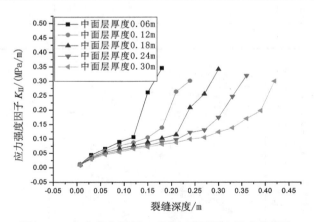

图 4.28 应力强度因子 K_{II} 随中面层厚度的变化规律

由图 4.28 可见，在偏荷载作用下，应力强度因子 K_{II} 随着中面层厚度的增加而递减。

5. 下面层厚度对应力强度因子的影响

保持其他条件不变，当下面层厚度在 8～32cm 变化时，II 型应力强度因子在不同裂缝深度处的变化规律见表 4.21，如图 4.29 所示。

表 4.21　应力强度因子 K_{II} 随下面层厚度的变化结果

II 型应力强度因子 K_{II}/(MPa/m)		下面层厚度/m				
		0.08	0.12	0.16	0.24	0.32
裂缝深度/m	0.007	0.0118	0.0113	0.0109	0.0104	0.0101
	0.02	0.0317	0.0292	0.0272	0.0239	0.0234
	0.04	0.0479	0.0454	0.0428	0.0389	0.0364
	0.08	0.0884	0.0814	0.0742	0.0625	0.0554
	0.12	0.1064	0.0934	0.0851	0.0733	0.0677
	0.16	0.2720	0.1760	0.1181	0.0947	0.0841
	0.18	0.3456	0.1926	0.1667	0.1238	0.0943
	0.22		0.3276	0.1998	0.1312	0.10386
	0.26			0.3222	0.1409	0.1102
	0.30				0.1980	0.1249
	0.34				0.2880	0.1498
	0.38					0.2052
	0.42					0.2790

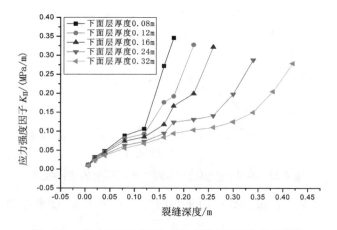

图 4.29　应力强度因子 K_{II} 随下面层厚度的变化规律

由图 4.29 可见，在偏荷载作用下，应力强度因子 K_{II} 随着下面层厚度的增加而递减。

6. 半刚性基层厚度对应力强度因子的影响

保持其他条件不变，当基层厚度在 18～72cm 变化时，II 型应力强度因子在不同裂缝深度处的变化规律见表 4.22，如图 4.30 所示。

表 4.22　应力强度因子 K_{II} 随基层厚度的变化结果

II 型应力强度因子 K_{II}/(MPa/m)	半刚性基层厚度/m			
	0.18	0.36	0.54	0.72
裂缝深度/m　0.007	0.0132	0.0118	0.0108	0.0106
0.01	0.0230	0.0193	0.0174	0.0163
0.02	0.0389	0.0317	0.0283	0.0265
0.04	0.0544	0.0479	0.0452	0.0437
0.06	0.0815	0.0662	0.0643	0.0614
0.08	0.1057	0.0884	0.0812	0.0770
0.10	0.1125	0.0908	0.0911	0.0866
0.12	0.1256	0.1064	0.0986	0.0945
0.14	0.2196	0.1837	0.1379	0.1260
0.16	0.3168	0.2720	0.2124	0.1944
0.18	0.3924	0.3456	0.2988	0.2610

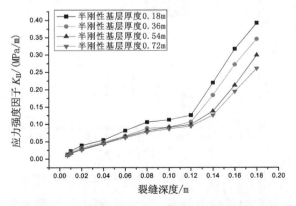

图 4.30　应力强度因子 K_{II} 随基层厚度的变化规律

由图 4.30 可见，在偏荷载作用下，应力强度因子 K_{II} 随着基层厚度的增加而递减。

7. 车速对应力强度因子的影响

保持其他条件不变，当车速在 60~160 km/h 变化时，II 型应力强度因子在不同裂缝深度处的变化规律见表 4.23，如图 4.31 所示。

表 4.23　应力强度因子 K_{II} 随车速的变化结果

II 型应力强度因子 K_{II}/(MPa/m)	车速/(km/h)				
	60	80	100	120	160
裂缝深度/m　0.007	0.0146	0.0118	0.0105	0.0091	0.0077
0.02	0.0422	0.0317	0.0197	0.0127	0.0114
0.04	0.0604	0.0479	0.0349	0.0227	0.0182
0.06	0.0764	0.0662	0.0517	0.0390	0.0305
0.08	0.0998	0.0884	0.0773	0.0692	0.0568
0.10	0.1169	0.0908	0.0857	0.0782	0.0689
0.12	0.1318	0.1064	0.0968	0.0878	0.0788
0.14	0.2140	0.1837	0.1460	0.1350	0.1220
0.16	0.3044	0.2720	0.2201	0.2092	0.1912
0.18	0.3960	0.3456	0.3015	0.2790	0.2430

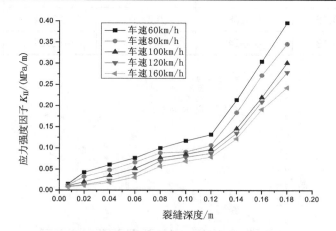

图 4.31　应力强度因子 K_{II} 随车速的变化规律

由图 4.31 可见，在偏荷载作用下，应力强度因子 K_{II} 随着车速的增加而递减。

8. 轴载对应力强度因子的影响

保持其他条件不变，当轴载在 60~160kN 变化时，II 型应力强度因子在不同裂缝深度处的变化规律见表 4.24，如图 4.32 所示。

表 4.24　应力强度因子 K_{II} 随轴载的变化结果

II 型应力强度因子 K_{II}/(MPa/m)		轴载/kN				
		80	100	120	150	200
裂缝深度/m	0.007	0.0094	0.0118	0.0142	0.0177	0.0236
	0.01	0.0154	0.0193	0.0230	0.0288	0.0383
	0.02	0.0254	0.0317	0.0380	0.0475	0.0634
	0.04	0.0383	0.0479	0.0576	0.0720	0.0959
	0.06	0.0530	0.0662	0.0794	0.0993	0.1324
	0.08	0.0707	0.0884	0.1062	0.1327	0.1769
	0.10	0.0726	0.0908	0.1089	0.1362	0.1816
	0.12	0.0851	0.1064	0.1276	0.1595	0.2124
	0.14	0.1450	0.1837	0.2204	0.2756	0.3674
	0.16	0.2176	0.2720	0.3264	0.4080	0.5440
	0.18	0.2772	0.3456	0.4158	0.5184	0.6894

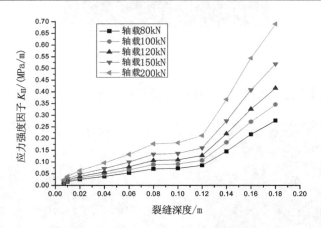

图 4.32　应力强度因子 K_{II} 随轴载的变化规律

由图 4.32 可见，在偏荷载作用下，应力强度因子 K_{II} 随着轴载的增加而递增。

综上所述，横向裂缝的极限不利位置在偏荷载作用下能够导致路面疲劳开裂，滑开型应力强度因子随着面层模量和轴载的增加而递增，随着基层模量、土基模量、中面层厚度、下面层厚度、基层厚度和车速的增加而递减。

4.6 小梁剪切疲劳试验和疲劳参数

Paris 公式中的断裂力学参数 C 和 n 是进行疲劳断裂分析的关键参数。由于半刚性基层沥青路面的疲劳扩展是由滑开型应力强度因子造成的，而滑开型应力强度因子是由与裂缝平面平行的剪应力产生的，因此，本章设计了小梁剪切疲劳试验以得到沥青混凝土的 Paris 公式参数。

4.6.1 小梁剪切疲劳试验

1. 试验方案

（1）试件制备。分别制备成型的 SMA13、AC20 和 AC25 车辙板，尺寸为 300mm×300mm×50mm，再用切割机将车辙板切割成 150mm×50mm×50mm 的小梁试件，然后预切割 7mm 深的切口，切口位置靠近小梁的一侧，如图 4.33 所示。

图 4.33　带切口的小梁试件

（2）试模定制。设计的小梁直剪试模与垫片如图 4.34 所示。

图 4.34　试模与垫片

（3）试验温度。试验温度设为 20℃。

（4）疲劳荷载峰值。对小梁剪切疲劳装置和沥青层顶部带 7mm 初始裂缝的路面基本结构分别建立有限元模型进行试算，小梁抗剪疲劳装置的试件顶部需要施加 800N 左右的应力，其裂尖才能与受到 100kN 荷载作用的路面基本结构的裂尖产生大小相同的剪应力，因此，疲劳荷载峰值定为 800N。

（5）加载频率。加载频率设为 10Hz。

（6）加载波形。采用如图 2.5 所示的正弦波加载。

（7）平行试验。每种材料的每个试验条件只进行一次疲劳试验。

2. 试验步骤

（1）试验前，试件在 20℃的环境箱中保温 5 小时以上，室内温度通过空调调节至 20℃。

（2）将小梁试件靠近裂缝的一端插入小梁直剪试模，并塞入垫片，然后在 MTS810 材料测试系统上固定试模，如图 4.35 所示。

图 4.35　小梁直剪疲劳试验装置

（3）设定好 MTS 的加载波形、加载频率、数据收集频率，开始试验。

3. 试验结果

经过试验，得到三种沥青混合料的疲劳裂缝扩展曲线，如图 4.36～4.38 所示。

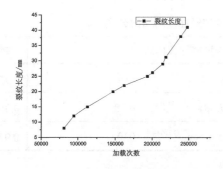

图 4.36　SMA13 疲劳裂缝扩展曲线

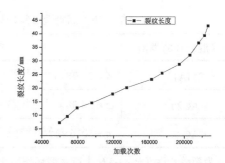

图 4.37　AC20 疲劳裂缝扩展曲线

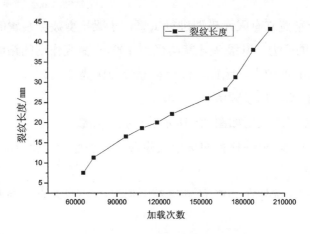

图 4.38　AC25 疲劳裂缝扩展曲线

4.6.2　Paris 公式参数

1. 小梁试件的裂缝扩展速率

通过各个小梁试件裂缝长度随荷载循环作用次数的变化规律，可以得到 a-N 曲线，而对 a-N 曲线求导即可得到裂缝扩展速率。本节以双指数函数对 a-N 曲线进行回归，见式（4.31）。

$$a = A_1 \times \mathrm{e}^{-N/t_1} + A_2 \times \mathrm{e}^{-N/t_2} + B \tag{4.31}$$

式中，a 为裂缝深度（mm）；N 为荷载循环作用次数；A_1、A_2、t_1、t_2、B 为回归参数。

经过求导，裂缝扩展速率为：

$$\mathrm{d}a/\mathrm{d}N = -A_1/t_1 \times \mathrm{e}^{-N/t_1} - A_2/t_2 \times \mathrm{e}^{-N/t_2} \tag{4.32}$$

三种沥青混合料的裂缝扩展曲线的回归公式见表 4.25。

表 4.25　沥青混合料的裂缝扩展曲线的回归公式

沥青混合料的类型	裂缝扩展回归曲线	R^2
SMA13	$a = 34.78 \times \mathrm{e}^{N/(3.53E106)} + 6.64 \times \mathrm{e}^{N/135082} - 36.46$	0.965
AC20	$a = 54.08 \times \mathrm{e}^{N/(2.4E136)} + 7.58 \times \mathrm{e}^{N/130166} - 56.78$	0.968
AC25	$a = 1016 \times \mathrm{e}^{N/(4.96E92)} + 15.61 \times \mathrm{e}^{N/157644} - 1030$	0.977

注：a 为裂缝长度（mm）；N 为荷载循环作用次数。

2. 小梁疲劳试件的疲劳扩展计算

对各个沥青混合料的弯曲疲劳过程建立有限元模型，模量按照 20℃的动态模量取值，泊松比取 0.35，采用 3DStress 单元 C3D20R，模型如图 4.39 所示。

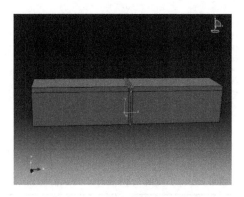

图 4.39　小梁疲劳有限元模型

由于是单一材料的受力分析，模量对计算结果无影响，三种材料的应力强度因子随裂缝长度的变化规律如图 4.40 所示。

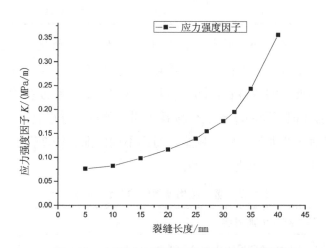

图 4.40　小梁试件疲劳扩展中的应力强度因子

3. Paris 公式参数的计算

对裂缝稳定扩展阶段的裂缝扩展速率与相应的应力强度因子分别取对数进行线形回归，可以得到 Paris 公式的参数 C 和 n，如图 4.41 所示。

由图 4.41 和式（4.14）可以得到三种沥青混合料的 Paris 公式参数，见表 4.26。

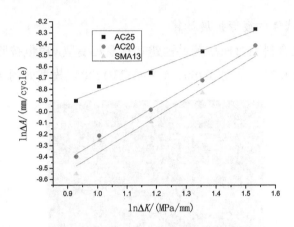

图 4.41 裂缝扩展速率与应力强度因子的双对数线形回归图

表 4.26 沥青混合料 Paris 公式参数汇总

沥青混合料的类型	n	截距	C	R^2
SMA13	1.60	−10.97	1.72E−5	0.974
AC20	1.57	−10.83	1.80E−5	0.994
AC25	1.01	−9.82	5.44E−5	0.989

由表 4.26 可知，三种沥青混合料的 C 和 n 还是比较接近的。由于在分析沥青路面结构的应力强度因子时进行了结构简化，将多层沥青混凝土看作一层，实际上是把各个类型的沥青混合料看作同一材料，国内外众多研究在研究沥青混合料的 Paris 参数时也多把不同的沥青混合料看作同一种材料进行取值[106-109]。本节按照沥青层的厚度对各个沥青层赋予权重，得到不同路面结构沥青层的 Paris 参数，其中，基本结构的 Paris 参数见表 4.27。

表 4.27 基本结构沥青层的 Paris 参数

基本结构的沥青层	n	C
4cm SMA13 + 6cm AC20 + 8cm AC25	1.33	3.4E−5

4.6.3 断裂韧度

断裂韧度属于材料的基本属性，是判断材料稳态扩展和断裂扩展的门槛值，当材料裂缝尖端应力集中达到断裂韧度时，材料便快速断裂。

目前，国内外对沥青混凝土的断裂韧性研究主要集中在张开型断裂韧度 K_{IC}。

滑开型裂缝的断裂韧度 K_{IIC} 因为测量困难，通常通过复合断裂准则来建立 K_{IIC} 与 K_{IC} 的关系。实际上沥青路面在行车时，通常采用工程上对失稳断裂判定的一般做法[110-111]，即采用简单和偏于保守的判据，如式（4.33）[112-113]。

$$K^* = K_I^2 + K_{II}^2 \geqslant K_{IC}^2 \qquad (4.33)$$

本节为了得到沥青混凝土的断裂韧度，分别对不同切口深度的小梁试件进行剪切断裂试验，试验过程中采集施力点的位移和荷载，得到荷载—位移曲线，如图 4.42 所示。

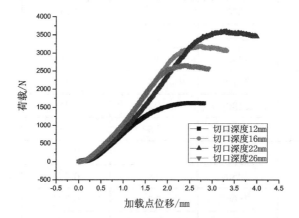

图 4.42　SMA13 剪切断裂试验的荷载—位移曲线

由图 4.42 可见，不同初始裂缝长度下的破坏荷载并不相同，由破坏荷载和对应的切口长度进行有限元计算，得到的应力强度因子 K_{II} 如图 4.43 所示。

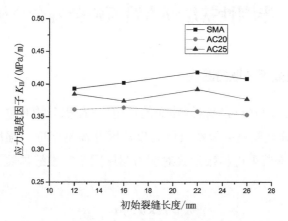

图 4.43　沥青混凝土断裂破坏时的应力强度因子 K_{II}

由图 4.43 可见，在破坏荷载下，不同裂缝深度的沥青混凝土对应的 K_{II} 的大小很接近，这说明此时的 K_{II} 可以作为判断混合料开裂的有效指标——断裂韧度 K_{IIC}。沥青混凝土的断裂韧度 K_{IIC} 见表 4.28。

表 4.28 沥青混合料的 K_{IIC}

材料类型	温度/℃	最大荷载/N	裂缝深度/mm	K_{IIC}/(MPa/m)	K_{IIC} 平均值/(MPa/m)
SMA13	15	3600	12	0.393	0.41
		3200	16	0.402	
		2670	22	0.418	
		2250	26	0.408	
AC20	15	3280	12	0.361	0.36
		2870	16	0.364	
		2280	22	0.358	
		1940	26	0.353	
AC25	15	3500	12	0.385	0.38
		2950	16	0.374	
		2500	22	0.392	
		2080	26	0.377	

本节以不利条件作为计算原则，取整个沥青层的 K_{IIC} 为 0.36MPa/m。

4.7 半刚性基层沥青路面疲劳寿命分析

4.7.1 应力强度因子拟合曲线

通过对 Paris 公式积分可以得到路面的使用寿命，积分的对象是应力强度因子变化幅值 ΔK，积分区间是裂缝扩展的长度，因此需确定应力强度因子与裂缝扩展长度的关系式。本节采用指数形式对应力强度因子和裂缝扩展长度进行回归，表达式为：

$$K = m \times a^n + t \tag{4.34}$$

式中，K 为裂缝尖端应力强度因子；m、n、t 为拟合参数。

4.7.2 疲劳寿命影响因素分析

根据前文分析，纵向裂缝的极限不利位置受到偏荷载作用的几率很小，其疲劳寿命比横向裂缝长得多且难于计算，路面疲劳开裂主要是由于横向裂缝的极限不利位置受到偏荷载作用造成的，以下是对路面横向裂缝疲劳寿命的分析。

4.7.2.1 面层模量对疲劳寿命的影响

通过对 Paris 公式的积分，得到不同面层模量对应的疲劳寿命计算结果见表4.29，变化规律如图 4.44 所示。

表 4.29 疲劳寿命随面层模量的变化结果

面层模量/MPa	应力强度因子拟合公式	R^2	疲劳寿命
2000	$0.41716X^{0.8428}+0.00369$	0.98847	363800
4000	$1.51877X^{1.36761}+0.01205$	0.98561	318600
6000	$4.25912X^{1.80646}+0.01855$	0.97967	272900
8000	$12.51767X^{2.30236}+0.02453$	0.97692	244400
12000	$62.53772X^{3.01837}+0.03174$	0.98045	207600

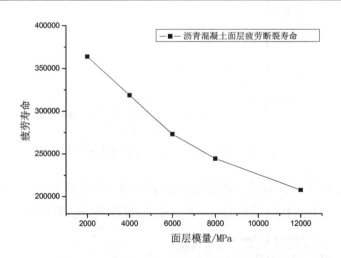

图 4.44 疲劳寿命随面层模量的变化规律

由图 4.44 可见，疲劳寿命随着面层模量的增加而递减。

由表 4.29 可知，面层模量对半刚性基层沥青路面疲劳寿命影响的敏感度系数

为 $S = \dfrac{(207636 - 363789)/363789}{(12000 - 2000)/2000} = -0.086$。

4.7.2.2 基层模量对疲劳寿命的影响

不同的基层模量对应的疲劳寿命计算结果见表 4.30，变化规律如图 4.45 所示。

表 4.30 疲劳寿命随基层模量的变化结果

基层模量/MPa	应力强度因子拟合公式	R^2	疲劳寿命
500	$61.8325X^{2.96941}+0.0352$	0.97988	179500
1000	$109.49109X^{3.40795}+0.03523$	0.97159	210400
2000	$136.51819X^{3.64746}+0.03251$	0.96654	251700
4000	$898.90213X^{4.8288}+0.03244$	0.9562	300600
6000	$2935.58039X^{5.5694}+0.03179$	0.95167	331300
8000	$5290.07947X^{5.95404}+0.03089$	0.94905	355200

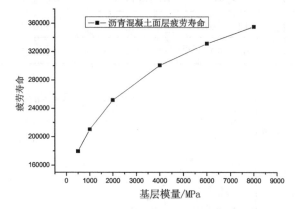

图 4.45 疲劳寿命随基层模量的变化规律

由图 4.45 可见，疲劳寿命随着基层模量的增加而递增。

由表 4.30 可知，基层模量对半刚性基层沥青路面疲劳寿命影响的敏感度系数

为 $S = \dfrac{(355182 - 179466)/179466}{(8000 - 500)/500} = 0.065$。

4.7.2.3 土基模量对疲劳寿命的影响

不同的土基模量对应的疲劳寿命计算结果见表 4.31，变化规律如图 4.46 所示。

表 4.31　疲劳寿命随土基模量的变化结果

土基模量/MPa	应力强度因子拟合公式	R^2	疲劳寿命
20	$7430.04142X^{5.46477}+0.04956$	0.98527	161600
30	$514.94895X^{4.0767}+0.04223$	0.98374	174600
50	$30.48738X^{2.62037}+0.03076$	0.98125	193100
100	$9.71962X^{2.12599}+0.02586$	0.97636	212200
200	$2.78585X^{1.55135}+0.0185$	0.98073	229600
300	$1.44002X^{1.266}+0.01418$	0.98324	239800

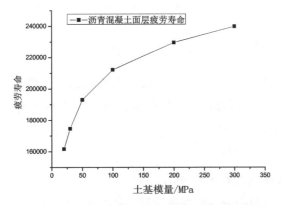

图 4.46　疲劳寿命随土基模量的变化规律

由图 4.46 可见，疲劳寿命随着土基模量的增加而递增。

由表 4.31 可知，土基模量对半刚性基层沥青路面疲劳寿命影响的敏感度系数

为 $S = \dfrac{(239838-161645)/161645}{(300-20)/20} = 0.035$。

4.7.2.4　中面层厚度对疲劳寿命的影响

不同的中面层厚度对应的疲劳寿命计算结果见表 4.32，变化规律如图 4.47 所示。

表 4.32　疲劳寿命随中面层厚度的变化结果

中面层厚度/m	应力强度因子拟合公式	R^2	疲劳寿命
0.06	$27.14046X^{2.58446}+0.03013$	0.96659	198800
0.12	$9.98615X^{2.518461}+0.03481$	0.95759	333800
0.18	$10.5353X^{2.95987}+0.0404$	0.97306	474000
0.24	$7.00546X^{3.20863}+0.04522$	0.96566	625500
0.30	$3.22575X^{3.0824}+0.04709$	0.93543	787300

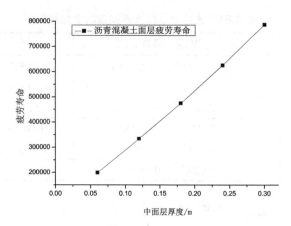

图 4.47 疲劳寿命随中面层厚度的变化规律

由图 4.47 可见，疲劳寿命随着中面层厚度的增加而递增。

由表 4.32 可知，中面层厚度对半刚性基层沥青路面疲劳寿命影响的敏感度系数为 $S = \dfrac{(787261-198756)/198756}{(0.30-0.06)/0.06} = 0.74$。

4.7.2.5 下面层厚度对疲劳寿命的影响

不同的下面层厚度对应的疲劳寿命计算结果见表 4.33，变化规律如图 4.48 所示。

表 4.33 疲劳寿命随下面层厚度的变化结果

下面层厚度/m	应力强度因子拟合公式	R^2	疲劳寿命
0.08	$40.28392X^{2.82391}+0.03138$	0.97984	206800
0.12	$9.52747X^{2.30826}+0.03011$	0.98029	177300
0.16	$5.16444X^{2.16629}+0.03004$	0.97546	170300
0.24	$1.58791X^{1.77857}+0.02876$	0.95218	172100
0.32	$1.24375X^{2.01339}+0.03529$	0.94136	181700

由图 4.48 可见，疲劳寿命随着下面层厚度的增加先减后增，下面层厚度从 0.08m 增加到 0.16m，疲劳寿命下降了 15%，下面层厚度为 0.16m 时，疲劳寿命降到最低，然后开始随下面层厚度的增加而缓慢增加。

由表 4.33 可知，下面层厚度对半刚性基层沥青路面疲劳寿命影响的敏感度系数为 $S = \dfrac{(181650-206750)/206750}{(0.32-0.08)/0.08} = -0.040$。

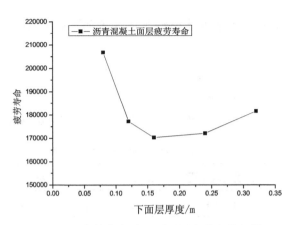

图 4.48   疲劳寿命随下面层厚度的变化规律

4.7.2.6   基层厚度对疲劳寿命的影响

不同的基层厚度对应的疲劳寿命计算结果见表 4.34，变化规律如图 4.49 所示。

表 4.34   疲劳寿命随基层厚度的变化结果

基层厚度/m	应力强度因子拟合公式	R^2	疲劳寿命
0.18	$29.90016X^{2.57984}+0.03586$	0.97612	161700
0.36	$37.35922X^{2.78403}+0.03157$	0.98029	203800
0.54	$35.28408X^{2.87134}+0.03221$	0.96674	219600
0.72	$17.036511X^{2.52894}+0.02844$	0.96501	237800

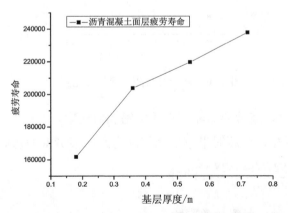

图 4.49   疲劳寿命随基层厚度的变化规律

由图 4.49 可见，疲劳寿命随着基层厚度的增加而递增。

由表 4.34 可知，基层厚度对半刚性基层沥青路面疲劳寿命影响的敏感度系数

为 $S = \dfrac{(237791-161711)/161711}{(0.72-0.18)/0.18} = 0.157$。

4.7.2.7　车速对疲劳寿命的影响

不同车速对应的疲劳寿命计算结果见表 4.35，变化规律如图 4.50 所示。

表 4.35　疲劳寿命随车速变化的结果

车速/(km/h)	应力强度因子拟合公式	R^2	疲劳寿命
60	$40.78359X^{2.77229}+0.04332$	0.98251	143500
80	$37.35922X^{2.78403}+0.03157$	0.98029	203800
100	$36.4856X^{2.86565}+0.02793$	0.98028	248800
120	$28.70648X^{2.752084}+0.0193$	0.98324	350100
160	$21.22782X^{2.64169}+0.01428$	0.98723	467400

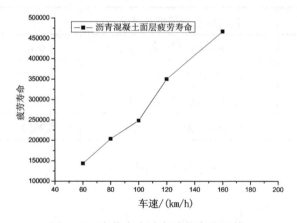

图 4.50　疲劳寿命随车速的变化规律

由图 4.50 可见，疲劳寿命随着车速的增加而递增。

由表 4.35 可知，车速对半刚性基层沥青路面疲劳寿命影响的敏感度系数为

$S = \dfrac{(467388-143527)/143527}{(160-60)/60} = 1.128$。

4.7.2.8　轴载对疲劳寿命的影响

不同的轴载对应的疲劳寿命计算结果见表 4.36，变化规律如图 4.51 所示。

表 4.36　疲劳寿命随轴载变化的结果

轴载/kN	应力强度因子拟合公式	R^2	疲劳寿命
80	$31.59516X^{2.81569}+0.0255$	0.97782	273900
100	$37.35922X^{2.78403}+0.03157$	0.98029	203800
120	$45.73524X^{2.79444}+0.03798$	0.97805	159800
150	$55.9983X^{2.78361}+0.04734$	0.97796	117100
200	$73.42615X^{2.77507}+0.06296$	0.9778	79200

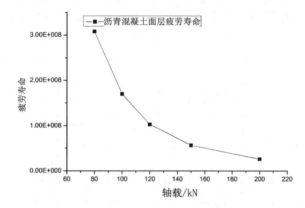

图 4.51　疲劳寿命随轴载变化的规律

由图 4.51 可见，疲劳寿命随着轴载的增加而递减。

由表 4.36 可知，轴载对半刚性基层沥青路面疲劳寿命影响的敏感度系数为

$$S = \frac{(79174 - 273892)/273892}{(200 - 80)/80} = -0.474。$$

综上所述，裂缝疲劳扩展寿命随面层模量的增加而递减，随基层模量、土基模量、中面层厚度、基层厚度的增加而递增，各影响因素对疲劳寿命的影响显著性的次序为：车速＞中面层厚度＞轴载＞基层厚度＞面层模量＞基层模量＞下面层厚度＞土基模量。

4.7.3　路面初始状态的荷载响应分析

与车辙类似，疲劳裂缝的扩展也是随时间变化的，路面初始状态的荷载响应是最有代表性的荷载响应，而且可以和疲劳寿命对应。

因为下面层厚度和土基模量对路面疲劳寿命的影响很不显著，所以不分析其

变化对荷载响应的影响。初始状态的路表面具有 7mm 长的裂缝，这对路面结构层内的荷载响应的影响是非常微小的，与无损状态的荷载响应计算结果基本一致，因此以路面力学软件 BISAR 建立无损路面模型，不同结构的路面初始状态的荷载响应见表 4.37。

表 4.37　不同结构条件和环境条件下的路面荷载响应

变化的结构条件和环境条件						轮下荷载响应指标		
中面层厚度/m	基层厚度/m	面层模量/MPa	基层模量/MPa	轴载/kN	车速/(km/h)	沥青层底拉应变/microstrain	半刚性基层顶面压应力/kPa	土基顶面压应力/kPa
0.06	0.36	10622	1200	100	80	46.33	112.5	9.12
0.12	0.36	10617	1200	100	80	34.83	70.05	7.01
0.18	0.36	10613	1200	100	80	26.92	46.62	5.51
0.24	0.36	10611	1200	100	80	21.48	32.99	4.43
0.3	0.36	10610	1200	100	80	17.45	24.23	3.62
0.06	0.18	10622	1200	100	80	61.60	86.75	15.55
0.06	0.54	10622	1200	100	80	41.31	121.8	5.88
0.06	0.72	10622	1200	100	80	39.45	125.5	4.07
0.06	0.36	2000	1200	100	80	62.68	220.11	13.10
0.06	0.36	4000	1200	100	80	61.12	173.6	1.126
0.06	0.36	6000	1200	100	80	55.98	146.8	10.33
0.06	0.36	8000	1200	100	80	51.24	128.7	9.70
0.06	0.36	12000	1200	100	80	43.86	105.0	88.43
0.06	0.36	10622	500	100	80	67.38	73.43	12.03
0.06	0.36	10622	1000	100	80	50.12	104.7	9.65
0.06	0.36	10622	2000	100	80	32.86	144.4	7.31
0.06	0.36	10622	4000	100	80	18.10	189.5	5.43
0.06	0.36	10622	6000	100	80	11.30	216.0	4.58
0.06	0.36	10622	8000	100	80	7.41	234.2	4.07
0.06	0.36	10622	1200	80	80	37.07	90.03	7.30
0.06	0.36	10622	1200	120	80	55.60	135.0	10.95
0.06	0.36	10622	1200	150	80	69.50	168.8	13.69
0.06	0.36	10622	1200	200	80	92.67	225.1	18.25

4.7.4 疲劳扩展寿命预估模型

4.7.4.1 国内外已有疲劳寿命预估模型

根据第 1 章的国内外研究概况可知，国内外对道路疲劳做过大量研究，国内外的经典疲劳寿命预估模型见表 4.38。

表 4.38 国内外经典疲劳寿命预估模型

模型	表达式
AI	$N_f = 0.0796 \times 10^M \times \left| E^* \right|^{-0.854} \varepsilon_t^{-3.291}$ 式中，N_f 为路面开裂时荷载作用的次数；ε_t 为沥青层底拉应变；E^* 为沥青混合料动态模量（MPa）；M 为与沥青含量、空隙率有关的参数，$M = 4.84\left(\dfrac{v_b}{v_b + v_a} - 0.69\right)$，其中，$v_b$ 为沥青含量的体积百分率，v_a 为沥青混合料空隙率
SHRP	$N_f = 0.00432 K_1' \times 10^{[4.84(VFA-0.6875)]} \times (\varepsilon_f)^{-3.9492} \times (S_{mix})^{-1.281} \quad VFA = v_b/(v_a + v_b)$ 式中，v_b 为沥青含量的体积百分率，v_a 为沥青混合料空隙率；K_1' 为不同开裂方式的系数；S_{mix} 为年加权平均气温时沥青混合料的劲度模量
Shell	$N_f = \left(\dfrac{\varepsilon_t}{(0.856V_{bit} + 1.08)S_m^{-0.36}}\right)^{-5}$ 式中，V_{bit} 为沥青混合料中的沥青含量，为体积百分比；S_{mix} 为年加权平均气温时沥青混合料的劲度模量
我国规范	$N = \left(\dfrac{l_d}{600 A_c A_s A_b}\right)^{-5}$ 式中，l_d 为设计弯沉值，0.1mm；A_c 为公路等级系数；A_s 为面层类型系数；A_b 为基层类型系数
加拿大	$AFT_{55} = 1.32 BEF_{55}^{0.33} H^{0.47} ESAL^{-0.097} 1.14^{PATCH}$ 式中，AFT_{55} 为相应于罩面 $PCR=55$ 时的罩面寿命周期的长度；BEF_{55} 为相应于罩面 $PCR=55$ 时的初始路面结构寿命周期的长度；H 为罩面厚度（mm）；$PATCH$ 为在初始寿命期中说明补丁存在的一个虚构变量，对于没有补丁或补丁较少的情况，$PATCH=0$，其他情况为 1；$ESAL$ 为每日等效单轴轴载数

4.7.4.2 疲劳寿命预估模型的建立

为了简化预估公式，剔除对疲劳寿命影响敏感度低的参数，选择中面层厚度、基层厚度、车速、轴载和初始状态荷载响应作为疲劳扩展寿命预估模型的参数，因为疲劳是沥青层受外力作用产生的破坏，显然与土基和半刚性基层的顶面压应力的关系不大，因此初始状态荷载响应只取沥青层底拉应变进行分析，预估分析的数据见表 4.39。

表 4.39 疲劳寿命预估分析的数据

变化的结构条件和环境条件				初始状态轮下位置沥青层底拉应变/microstrain	疲劳寿命
中面层厚度/m	基层综合模量/MPa	轴载/kN	车速/(km/h)		
0.06	1200	100	80	46.33	203800
0.12	1200	100	80	34.83	333800
0.18	1200	100	80	26.92	474000
0.24	1200	100	80	21.48	625500
0.3	1200	100	80	17.45	787300
0.06	1200	100	80	61.60	161700
0.06	1200	100	80	41.31	219600
0.06	1200	100	80	39.45	237800
0.06	1200	100	80	62.68	363800
0.06	1200	100	80	61.12	318600
0.06	1200	100	80	55.98	272900
0.06	1200	100	80	51.24	244400
0.06	1200	100	80	43.86	207600
0.06	500	100	80	67.38	179500
0.06	1000	100	80	50.12	210400
0.06	2000	100	80	32.86	251700
0.06	4000	100	80	18.10	300600
0.06	6000	100	80	11.30	331300
0.06	8000	100	80	7.41	355200
0.06	1200	80	80	37.07	273900
0.06	1200	120	80	55.60	159800
0.06	1200	150	80	69.50	117100
0.06	1200	200	80	92.67	79200
0.06	1200	100	60	46.33	143500
0.06	1200	100	100	46.33	248800
0.06	1200	100	120	46.33	350100
0.06	1200	100	160	46.33	467400

参考国内外已有的疲劳寿命预估模型，在保证公式物理意义的基础上，选择以下公式作为疲劳寿命回归公式：

$$N = (a \times h_{p2} + b \times h_b)^c \times v^d \times load^e \times \varepsilon_p{}^f \qquad (4.35)$$

式中，N 为车辙量（cm）；h_{p2} 为中面层厚度（m）；h_b 为基层厚度（m）；v 为车速（km/h）；$load$ 为轴载（kN）；ε_p 为沥青层底初始状态拉应变（microstrain）；a、b、c、d、e、f 为参数。

经过非线性回归，式（4.33）的参数回归结果见表 4.40。

表 4.40　参数回归结果

$$N = (a \times h_{p2} + b \times h_b)^c \times v^d \times load^e \times \varepsilon_p{}^f$$

参数	估计	标准误	95%置信区间	
			下限	上限
a	1.594E10	8.203E8	−1.546E9	1.865E9
b	4.680E8	1.904E7	−3.492E7	4.428E7
c	0.660	0.117	0.418	0.902
d	1.029	0.155	0.707	1.350
e	−1.089	0.434	−1.993	−0.186
f	−0.237	0.063	−0.367	−0.107

ANOVAa			
源	平方和	df	均方
回归	2.892E12	6	4.820E11
残差	4.917E10	21	2.341E9
未更正的总计	2.941E12	27	
已更正的总计	6.182E11	26	
因变量：N			

$R^2 = 1 - (\text{残差平方和})/(\text{已更正的平方和}) = 0.920$

因此，疲劳扩展寿命预估模型如下：

$$N = \frac{190600 \times (159h_{p2} - 5h_b)^{0.66} \times v}{load^{1.1}} \times \varepsilon_p^{-0.24} \quad (4.36)$$

式中，N 为疲劳扩展寿命；h_{p2} 为中面层厚度（m）；h_b 为基层厚度（m）；v 为车速（km/h）；$load$ 为轴载（kN）；ε_p 为沥青层底初始状态拉应变（microstrain）。

1. 偏荷载机会修正

车轮经过横向裂缝时，会有两次偏荷载的机会，如图 4.52 所示。因此，加载次数只需达到计算疲劳寿命的一半，路面就疲劳破坏了，即计算得到的疲劳寿命应乘以 1/2。

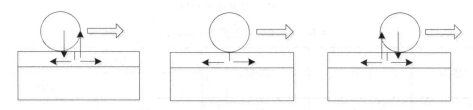

图 4.52　横向裂缝荷载作用的过程

2. 初始损伤类型修正

根据前文所述，沥青混凝土肯定是存在微小的初始损伤的，而且可以细分为纵向初始损伤和横向初始损伤。路面疲劳寿命应以横向裂缝来计算，如果两种初始损伤的产生概率相当，则疲劳寿命应乘以 2。

3. 轮迹分布修正

由于所有车辆轨迹并不是分布在同一轮迹带上，而是正态分布在同一车道的不同轮迹带上，因此，作用于具有初始损伤位置的荷载数量需进行轮迹分布系数修正，根据图 4.15，同一车道不同轮迹带的轮迹分布系数在 1%～30%，即其中最不利的轮迹带的疲劳寿命应乘以 10/3。

综合上述修正，疲劳寿命预估公式变为：

$$\begin{aligned} N &= \frac{190600 \times (159h_{p2} - 5h_b)^{0.66} \times v}{load^{1.1}} \times \varepsilon_p^{-0.24} \times \frac{1}{2} \times 2 \times \frac{10}{3} \\ &= \frac{1906000 \times (159h_{p2} - 5h_b)^{0.66} \times v}{3load^{1.1}} \times \varepsilon_p^{-0.24} \end{aligned} \quad (4.37)$$

4.7.5 预估疲劳寿命与规范反算疲劳寿命的比较

1. 沥青路面设计规范的弯沉设计指标

按照我国沥青路面设计规范的设计弯沉指标，设计弯沉与疲劳寿命的关系为：

$$l_d = 600 N_e^{-0.2} A_c A_s A_b \tag{4.38}$$

式中，l_d 为设计弯沉值，0.01mm；N_e 为设计年限内一个车道的累计当量轴次；A_c 为公路等级系数，高速公路、一级公路为 1.0，二级公路为 1.1，三、四级公路为 1.2；A_s 为面层类型系数，沥青混凝土面层为 1.0，热拌和冷拌沥青碎石、上拌下贯或贯入式路面、沥青表面处为 1.1，中、低级路面为 1.2；A_b 为基层类型系数，对半刚性基层 A_b =1.0，柔性基层 A_b =1.6。

对于混合式基层，采用线性内插确定基层类型系数：

$$A_b = (H_F + 2)/20 \tag{4.39}$$

式中，H_F 为半刚性基层或底基层上柔性结构层总厚度（cm）。

由式（4.38）可知，只要计算出路面的弯沉值，就可以反算出路面的疲劳寿命，路面的计算弯沉值应按式（4.40）计算：

$$l_s = 1000 \frac{2p\delta}{E_1} \alpha_c F \tag{4.40}$$

式中，l_s 为路面计算弯沉值，0.01mm；α_c 为理论弯沉系数，$\alpha_c = f(\frac{h_1}{\delta}, \frac{h_2}{\delta} \cdots \frac{h_{n-1}}{\delta}, \frac{E_2}{E_1}, \frac{E_3}{E_2} \cdots \frac{E_0}{E_{n-1}})$；$F$ 为弯沉综合修正系数，$F = 1.63(\frac{l_s}{2000\delta})^{0.38}(\frac{E_0}{p})^{0.36}$；$p$、$\delta$ 分别为标准车型的轮胎接地压强（MPa）和当量圆半径（cm）；E_0 或 E_n 为土基回弹模量值（MPa）；E_1、E_2、E_{n-1} 为各层材料回弹模量（MPa）；h_1、h_2、h_{n-1} 为各结构层厚度（cm）。

2. 按照沥青路面设计规范反算的疲劳寿命与按照预估公式计算的疲劳寿命的对比

选择以下结构条件，以路面分析软件 BISAR 计算路表弯沉，并利用弯沉综合修正系数对计算结果进行修正，然后根据设计弯沉的公式反算得到路面的疲劳寿命，通过弯沉反算得到的疲劳寿命和通过预估公式计算得到的疲劳寿命见表 4.41。

表 4.41　通过弯沉反算得到的疲劳寿命和通过预估公式得到的疲劳寿命

结构	结构条件									弯沉		疲劳寿命	
	上面层厚度/m	中面层厚度/m	下面层厚度/m	基层厚度/m	上面层模量/MPa	中面层模量/MPa	下面层模量/MPa	基层模量/MPa	土基模量/MPa	理论计算值/0.1mm	修正值/0.01mm	通过弯沉反算值	通过疲劳寿命预估公式计算值
1	0.04	0.06	0.08	0.18	2000	3000	4000	1200	60	65.32	48.28	2.96E+5	6.85E+5
2	0.04	0.06	0.08	0.18	1400	1600	1800	1600	30	71.18	63.97	7.26E+4	5.02E+5
3	0.04	0.06	0.12	0.36	1400	1600	1800	1600	30	46.65	35.70	1.34E+6	5.15E+5
4	0.04	0.12	0.16	0.36	1600	1600	1600	1800	40	33.22	22.35	1.40E+7	9.76E+5
5	0.04	0.06	0.08	0.36	6000	8000	11000	1200	60	29.95	19.37	2.85E+7	7.47E+5
6	0.04	0.3	0.08	0.36	6000	10000	11000	1200	60	17.66	9.34	1.09E+9	2.50E+6
7	0.04	0.06	0.12	0.36	6000	8000	11000	1200	60	34.63	23.67	1.05E+7	7.56E+5
8	0.04	0.06	0.12	0.54	6000	10000	11000	1200	60	22.37	12.95	2.14E+8	6.98E+5
9	0.04	0.12	0.12	0.54	6000	10000	11000	1200	300	16.68	8.75	2.23E+9	6.23E+5
10	0.04	0.18	0.08	0.54	6000	10000	11000	1200	300	7.20	4.99	2.51E+10	1.42E+6

注：由于我国设计规范不考虑车速影响，因此预估公式的车速统一取为 80km/h。

由表 4.41 可以得出：

（1）结构 1～4 是以沥青层静态回弹模量为计算参数的半刚性基层沥青路面结构形式，其计算得到的弯沉值相对较大，因此反算得到的疲劳寿命较低，与疲劳寿命预估公式计算出的疲劳寿命比较接近。

（2）结构 5～10 是以沥青层动态模量为计算参数的半刚性基层沥青路面结构形式，由于动态模量相对静态模量要大很多，因此计算得到的弯沉值相对较小，反算得到的疲劳寿命较高，而且远大于疲劳寿命预估公式计算出的疲劳寿命。这体现了我国沥青路面设计方法的一个弊端，只要增加结构层模量，即可降低弯沉，使路面结构符合设计要求。

（3）通过弯沉反算得到的疲劳寿命与结构层受整个结构的整体刚度影响很大，与模量关系密切，而本章计算得到疲劳寿命受结构层模量的影响并不是非常显著，而且沥青层底拉应变也可以代表路面整体结构形式，因此预估公式忽略了结构层模量。

（4）结构 10 由于结构层厚度较厚、模量较高，产生的弯沉很小，导致疲劳寿命异常大，这说明弯沉对疲劳寿命的影响非常显著，也说明数据偏差太大了，现实当中不可能采集到差距这么大的数据，而以预估公式计算得到的疲劳寿命不存在这个问题。

（5）通过弯沉反算得到的疲劳寿命随弯沉增长而递减，而通过预估公式得到的疲劳寿命不具有这种特点，这说明预估公式的疲劳寿命受路面弯沉的影响很小，或者并不简单地受弯沉这一种因素的影响，疲劳寿命预估公式得到的疲劳寿命受结构层模量、厚度和车速等因素的综合影响，单一指标很难准确描述路面行为特性，多指标预估公式才是道路研究的主流。

（6）总体来说，在弯沉修正值符合我国路面设计规范要求的情况下，通过弯沉反算得到的疲劳寿命比通过预估公式得到的疲劳寿命大，这是因为预估公式预估的是不利位置的最不利条件下的计算结果，而通过弯沉反算得到的疲劳寿命是通过对整条路的弯沉进行回归得到的，前者会偏小。

4.8　小结

本章采用断裂力学方法分析半刚性基层沥青路面的疲劳规律，并回归得到了疲劳寿命预估方程，具体工作和成果如下：

（1）分析了对称荷载和偏荷载作用下，各个影响因素对裂缝尖端应力强度因子的影响：

1）在对称荷载作用下，横向裂缝的张开型应力强度因子随着面层模量和轴载的增加而递增，随着基层模量、土基模量、面层厚度和基层厚度的增加而递减。

2）不论横向裂缝还是纵向裂缝，其不利结构在对称荷载作用下产生的张开型应力强度因子都是负值，所以路面疲劳并非由对称荷载造成的。

3）在偏荷载作用下，滑开型应力强度因子随着面层模量和轴载的增加而递增，随着基层模量、土基模量、中面层厚度、下面层厚度、基层厚度和车速的增加而递减。

（2）通过小梁直剪疲劳试验，得到三种沥青混合料的裂缝扩展曲线，回归了双对数曲线方程，并建模计算了不同长度裂缝条件下小梁裂缝尖端的应力强度因子，进而得到了滑开型裂缝的 Paris 公式参数。

（3）通过不同初始裂缝长度的小梁试件的剪切破坏试验，得到了不同初始裂缝长度的小梁的破坏荷载，并结合破坏荷载下的应力强度因子计算结果，得到了三种沥青混合料的滑开型裂缝断裂韧度。

（4）分析了偏荷载作用下各影响因素对疲劳寿命的影响：在交通条件一定的情况下，疲劳寿命随面层模量和轴载的增加而递减，随基层模量、土基模量、中面层厚度、基层厚度的增加而递增。各影响因素对疲劳寿命的影响显著性的次序为：车速＞中面层厚度＞轴载＞基层厚度＞面层模量＞基层模量＞下面层厚度＞土基模量。

（5）计算了路面结构初始状态的荷载响应，回归得到了疲劳寿命预估方程

$$N = \frac{1906000 \times (159h_{p2} - 5h_b)^{0.66} \times v}{3load^{1.1}} \times \varepsilon_p^{-0.24}$$ 。

（6）分别按照预估公式和沥青路面设计规范中设计弯沉的反算方法计算了部分半刚性基层沥青路面结构的疲劳寿命，并对二者进行了简单的对比分析。

第 5 章　反射裂缝扩展寿命综合分析与预估

5.1　概述

半刚性基层温缩、干缩系数较大，容易产生温缩和干缩裂缝[114-115]，裂缝处对应的沥青面层在荷载和温度应力作用下会产生应力集中，从而使紧靠裂缝尖端的面层底部开裂，并逐步向上扩展、延伸，最后形成贯通面层的反射裂缝。通常，荷载作用产生的反射裂缝称为荷载型裂缝，温度应力作用产生的反射裂缝称为非荷载型裂缝[116-117]。

5.1.1　研究目的和意义

经过近 30 年的大力建设发展，中国交通运输事业取得了巨大的成绩。我国高速公路路面结构的主要形式是沥青混凝土路面和水泥混凝土路面。相较于水泥混凝土路面，沥青路面路表平整、无接缝、振动小、噪声低、施工周期短，便于维护，在高速公路建设中被广泛采用。但是沥青混凝土路面容易出现车辙及各种开裂问题，特别是涉及路面开裂的问题，诱导开裂的因素不同，裂缝开裂形式也会变化。沥青混凝土路面较为典型的裂缝形式包括由路基不均匀沉降导致的纵向裂缝、半刚性基层或刚性基层温度应力导致的反射裂缝和交通荷载反复作用导致的面层表面局部疲劳裂缝。半刚性基层沥青路面在我国高速公路沥青路面结构中使用较早，应用范围较广。半刚性基层沥青路面结构中，基层很容易发生开裂并形成基层贯穿裂缝。此后基层贯穿裂缝上方的沥青面层由于应力集中会产生微裂缝，随着基层材料温缩循环作用，面层裂缝会发生疲劳扩展，当裂缝扩展到面层顶部，即形成面层贯穿裂缝，极大地降低了路面的使用性能。因此研究半刚性基层沥青路面反射裂缝的疲劳开裂规律，对提高半刚性基层沥青路面的使用性能，延长其使用年限有重要意义[118]。

5.1.2 国内外研究现状

反射裂缝是半刚性基层沥青路面的常见损害，针对半刚性基层沥青路面中的反射裂缝问题，国内外在对沥青路面结构进行大规模试验的同时，理论分析研究也在同步进行。在反射裂缝产生和发展机理的理论分析方面，国内外研究者先后采用静力平衡模型、断裂力学模型、平面应变有限元模型、半解析单元力学模型、三维有限元分析模型、断裂力学模型及有限元分析方法、钝滞断裂带及有限元分析方法等。

1976 年，美国德克萨斯州理工大学 Hung-Sun、Chang 和 Lytton 等用黏弹性理论和断裂力学的方法分析了沥青罩面层内温度裂缝的情况[119]。他们用黏弹性理论计算了罩面层和旧沥青路面的温度应力，提出了路面在温度应力作用下裂缝的形成和扩展模型，并且用有限单元法计算了裂缝尖端的应力强度因子。

1980 年，Monismith 等就橡胶沥青夹层对于裂缝尖端附近应力的集中消散作用进行了分析[120]。结果表明：软弱夹层能有效地降低裂缝顶端的应力集中，延缓反射裂缝的扩展。

Seeds 等将降温过程中旧水泥路面缝边的张开位移作为主要特征参数，通过力学分析提出了一种计算温度收缩引起的加铺层中的应力响应，并开发了相关的计算机程序，可以进行加铺层的设计[121]。

1987 年，Jayqwickrama 运用断裂力学与弹性地基梁理论，并结合裂缝扩展的 Paris 定律预估了沥青罩面的疲劳寿命[122]。

Doh 和 Young S 进行了沥青混凝土层的抗反射裂缝性能对比评估[123]。采用数值化的疲劳寿命预估模型，结合改进的反射裂缝率、$\mathrm{d}a/\mathrm{d}N$、水平破坏帕里斯定律、$\mathrm{d}u/\mathrm{d}N$ 对根据试验选取的材料进行性能对比。

国内也有大量学者进行了这方面的研究，主要集中在反射裂缝产生机理及防治措施这两个方面。

孙雅珍、赵颖华采用黏弹性有限元法，建立温度场与荷载场耦合作用的三维有限元模型，模拟半刚性路面的反射裂缝发展情况，计算了平均损伤因子和裂缝长度的改变量随加载时间和温度的变化，模拟了裂缝的实际扩展情况，得到了不同加载时间和不同变温情况的黏弹性解[124]。

彭妙娟等在假定半刚性基层中有一条贯通整个基层厚度的裂缝和反射到面层的两种情况下，用有限元法对西三线模型在荷载和温度共同作用下的应力和裂缝尖端的应力强度因子进行了计算，估算了疲劳寿命[125]。计算结果表明：荷载应力是影响路面的主要因素，而温度应力也是不可忽视的；基层裂缝的存在对沥青路面的开裂起着重要作用；非对称荷载对裂缝的扩展影响更大。

李春明、李华章通过室内试验、技术分析、铺筑实验路段，提出用沥青橡胶碎石夹层来解决裂缝反射的工程措施[126]。通过试验研究得出沥青橡胶碎石结构层具有变形性能和抗裂性能良好、空隙率小、防水性能好、热稳定性好、施工工艺简单的优点。

东南大学苑红凯通过建立三维有限元模型，分别分析了荷载和温度作用下，含贯通裂缝的沥青路面结构的沥青面层模量、面层温缩系数、沥青面层的厚度、基层温缩系数、基层模量等因素对反射裂缝的影响[127]。

北京工业大学廖丹分析了反射裂缝的形成机理，得到了交通荷载与温度荷载耦合作用下反射裂缝的扩展规律，认为交通荷载与温度荷载共同作用时反射裂缝扩展为复合型，张开型强度因子与滑开型强度因子的大小取决于两种荷载共同作用在裂缝尖端时产生的拉应力和剪应力的大小，并进行了反射裂缝的防治技术研究[128]。

长安大学刘斌清系统分析了复合基层路面反射裂缝的反射规律，拟合了反射裂缝在沥青层的扩展计算公式，并且提出了沥青层抗裂功能分区概念，确立了抗裂功能区的寿命预估公式[129]。

周富杰、孙立军研究了三维有限元模型的不同工况条件对产生反射裂缝的综合影响，并结合断裂力学理论分析了反射裂缝长度对其扩展速度的影响，最后修筑试验路对上述结果加以验证[130]。

杨涛采用断裂力学有限元模型，应用疲劳断裂理论，计算了温度应力作用下路面结构的疲劳断裂寿命，同时分析比较了不同面层厚度和模量情况下的疲劳断裂寿命[131]。

葛折圣修正了由 Alliche 和 Francois 提出的疲劳损伤力学模型并应用于沥青混合料的疲劳分析中[132]。

曾梦澜针对沥青路面结构内材料复杂的裂缝扩展，提出了广义 Paris 公式，计算结果表明广义 Paris 公式能很好地模拟路面裂缝扩展中的稳定扩展阶段，较好地预测了沥青路面的疲劳寿命。

罗辉、朱宏平用三维有限元断裂模型，以疲劳断裂力学基本理论为基础，对沥青路面的疲劳寿命进行了预测分析[133]。

关宏信等用沥青混合料的黏弹性本构模型，并且假设模型中应变等效，推导了黏弹性损伤演化方程和疲劳方程，并利用实验验证了该模型[134]。

王宏畅等基于断裂力学理论并应用 ABAQUS 有限元软件，建立了 20 结点等参元有限元模型，对路面的表面裂缝进行数值分析，并采用 Paris 公式预测了表面裂缝扩展寿命[135]。

元松等从疲劳断裂理论出发，利用 ANSYS 有限元分析软件，分析了车载作用下及交通荷载与温度耦合作用时半刚性基层沥青面层反射裂缝的形成机理，研究并分析了各结构层的材料参数、层间接触状态、车载作用方式对 SIF 的影响规律，进一步根据 Paris 公式预测了路面结构疲劳寿命[136-138]。

对于半刚性基层沥青路面的车辙、疲劳和反射裂缝破坏，国内外已经做了大量的研究工作，得到了很多的成果，这些成果为指导半刚性基层沥青路面设计提供了理论依据，但是这些研究都是对路面破损的单一分析，缺少将半刚性基层沥青路面的各种典型损害统一分析的系统研究，无法针对当地特定气候和交通条件从路面破损的角度提出结构优化方案。而且前人对半刚性基层沥青路面典型损害的分析，大多是单一的试验分析、现场数据回归分析或纯粹的理论分析，很少将实验室数据、理论参数和现场数据三者有机联系起来，造成了实验室、现场与理论计算的脱节，这主要是由于当时试验条件和试验手段的限制造成的。

5.2 半刚性基层沥青路面反射裂缝产生机理

反射裂缝与疲劳裂缝类似，也是裂缝尖端产生应力集中从而造成裂缝扩展。不同的是疲劳裂缝由路面初始损伤引起，而反射裂缝由半刚性基层的温缩和干缩裂缝引起，在汽车荷载和温度荷载作用下自下向上反射扩展。

1. 行车荷载作用分析

在行车荷载作用下，由于半刚性基层已有贯通裂缝，路面发生变形时，在贯通裂缝位置会产生应力的不连续分布，从而产生应力集中，如图 5.1 所示。

2. 温度荷载作用分析

温度下降时，基层和面层长度均发生变化，由于材料膨胀率不同，在半刚性基层与沥青面层间会产生相对移动，从而在沥青层底部会诱发拉伸应力，在裂缝位置产生应力集中，如图 5.2 所示。

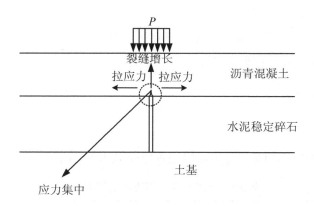

图 5.1　行车荷载对裂缝的扩展作用

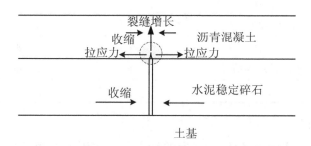

图 5.2　温度荷载作用导致裂缝增长的示意图

5.3　反射裂缝分析的模型和参数

反射裂缝实际上也是外力重复作用产生的一种裂缝扩展，符合疲劳断裂力学理论，疲劳理论模型可以采用 Paris 疲劳扩展模型。

5.3.1　基本假定

本章在反射裂缝分析和计算中作以下基本假定：
（1）假定在半刚性基层中有一个穿透裂缝。

（2）假定裂缝横向宽度足够宽，裂缝沿竖向扩展。

（3）在温度荷载分析过程中，层状路面结构中各层材料的温缩系数不随温度的改变而改变。

（4）由于温度应力变化周期较长，变化速率缓慢，路面结构层内的温度可以近似看作沿深度方向均匀分布。

（5）忽略材料的起始温度和降温速率下应力强度因子的大小，只关注一定降温幅度下应力强度因子的变化幅度。

5.3.2　模型参数

1. 基本结构

与第 3 章和第 4 章的半刚性基层沥青路面基本结构相同，见表 5.1。

表 5.1　半刚性基层沥青路面基本结构

结构层	厚度/cm
SMA-13	4
AC-20	6
AC-25	8
水泥稳定碎石	36
土基	

2. 试验手段

本章对路面结构进行简化，选取的行车荷载作用形式和行车荷载作用过程与第 4 章相同。

3. 极限不利位置的选择

（1）荷载型反射裂缝的极限不利位置的选择与第 4 章相同。由于半刚性基层的温缩裂缝和干缩裂缝主要是横向裂缝，纵向裂缝很少，相应的反射裂缝也主要是横向裂缝，因此本章只计算横向反射裂缝[139]。

（2）温度荷载产生的反射裂缝跟温度和材料性质有关，是材料整体体积变化引起的，不存在偏荷载和对称荷载的区别。彭妙娟等人的研究结果表明：温度荷载下，基层裂缝尖端的应力强度因子为张开型应力强度因子，它的大小与面层底部裂缝尖端受到的拉应力的大小相关[140-142]。它除了与外界气温条件有关外，路面材料本身的性质对它也有很大的影响。

4. 材料参数

材料参数包括交通荷载和温度荷载作用下的材料参数。交通荷载作用时只需要路面材料的材料力学参数和材料阻尼系数；温度荷载作用时，除了材料的力学参数，还需要材料的热特性参数和线膨胀系数等。

（1）交通荷载作用下的材料力学参数。交通荷载作用时，基本结构的沥青混凝土的动态模量参考第 2 章的沥青混凝土在 21℃时的动态模量试验结果，水泥稳定碎石和土基的回弹模量参考第 2 章的回弹模量试验结果，泊松比、密度和阻尼系数参考经验进行取值，见表 5.2。

表 5.2　交通荷载作用下动态分析的材料参数

结构层	模量/MPa	泊松比	密度/(kg/m³)	阻尼系数 Alpha
SMA-13	6500	0.35	2400	0.9
AC-20	10600	0.35	2400	0.9
AC-25	12700	0.35	2400	0.9
水泥稳定碎石	1200	0.3	2300	0.8
土基	60	0.45	1800	0.4

（2）温度荷载作用下的材料参数。温度荷载作用时，因为作用过程缓慢，接近于静态加载，沥青混层应该采用静态模量，不同温度下的模量不同，具体取值参考第 2 章沥青混凝土在 0.01Hz 频率下的动态模量。

（3）温度疲劳的材料参数。参考现行《公路沥青路面设计规范》（JTGD50-2006）、广西高速公路旧混凝土砼路面沥青加铺层典型结构研究报告和近年来国内研究现状[143-146]，最终确定温度荷载作用下的线膨胀系数见表 5.3。

表 5.3　材料的线膨胀系数

结构层	线膨胀系数 $\alpha/(10^{-5}/℃)$
沥青混凝土面层	2.0
水泥稳定基层	1.0
土基	0.5

（4）热特性材料参数。与第 3 章进行温度场计算的热特性材料参数相同。由于各种沥青混凝土的热特性材料参数都相同，因此结构简化不会对温度荷载的计算结果产生影响。

5.3.3 反算裂缝扩展有限元模型

荷载型反射裂缝只建立横向裂缝模型，非荷载型反射裂缝模型与荷载型反射裂缝模型的尺寸相同，路基厚度取 7m，模型宽度取 10m，如图 5.3 所示。

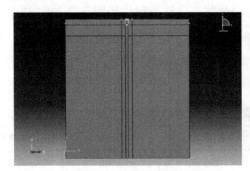

（a）荷载型反射裂缝模型　　　（b）非荷载型反射裂缝模型

图 5.3　反射裂缝有限元模型

采用 explicit 求解器对模型划分网格并求解，单元类型采用 CPE5R，裂缝处的网格进行单独处理，裂缝处的网格划分如图 5.4 所示。

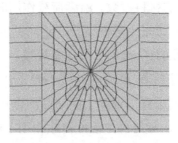

图 5.4　裂缝处的单元划分

5.4　反射裂缝应力强度因子分析

5.4.1　对称荷载作用下的应力强度因子分析

1. 沥青层模量对反射裂缝的影响

保持其他条件不变，当面层模量在 2000～12000MPa 变化时，应力强度因子 K_{I} 在不同裂缝长度处的变化规律见表 5.4，如图 5.5 所示。

表 5.4 应力强度因子 K_{I} 随面层模量的变化结果

I 型应力强度因子 K_{I}/(MPa/m)		沥青层模量/MPa				
		2000	4000	6000	8000	12000
裂缝长度/m	0.0005	0.0569	0.0610	0.0642	0.0642	0.0633
	0.001	0.0783	0.0897	0.0935	0.0951	0.0962
	0.002	0.119	0.143	0.153	0.158	0.165
	0.004	0.139	0.179	0.199	0.213	0.231
	0.007	0.0973	0.137	0.161	0.178	0.202
	0.01	0.0707	0.109	0.133	0.151	0.178
	0.02	0.0470	0.0863	0.115	0.137	0.173
	0.04	0.0369	0.0805	0.115	0.144	0.192
	0.06	0.0289	0.0737	0.112	0.145	0.203
	0.08	0.0179	0.0601	0.0982	0.133	0.195
	0.10	0.00313	0.0393	0.0745	0.108	0.170
	0.12	−0.0153	0.0133	0.0430	0.0725	0.130
	0.14	−0.0423	−0.0240	−0.00242	0.0204	0.0660
	0.16	−0.0933	−0.091	−0.0824	−0.0716	−0.0477
	0.179	−0.271	−0.314	−0.340	−0.360	−0.391

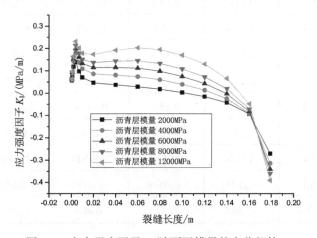

图 5.5 应力强度因子 K_{I} 随面层模量的变化规律

由图 5.5 可见，在裂缝从沥青层底部向路表扩展的初期，应力强度因子 K_I 急剧增长，裂缝扩展到 4mm 时，K_I 达到极大值，然后快速减小，裂缝扩展到 7mm 时，K_I 达到极小值，然后又开始了缓慢变化的过程。沥青层模量较低的结构，随着裂缝的扩展，K_I 持续下降直至变为负值；沥青层模量较高的结构，K_I 先缓慢增长，但没有超过裂缝扩展初期急剧增长阶段的极大值，然后逐渐减小直至变为负值。

面层模量越大，K_I 降为负值时的裂缝长度越长，即裂缝最终扩展的长度越长。

2. 半刚性基层模量对反射裂缝的影响

保持其他条件不变，当基层模量在 500～8000MPa 变化时，应力强度因子 K_I 在不同裂缝长度处的变化规律见表 5.5，如图 5.6 所示。

表 5.5　应力强度因子 K_I 随基层模量的变化结果

I 型应力强度因子 K_I/(MPa/m)		基层模量/MPa				
		500	1000	2000	4000	8000
裂缝长度/m	0.0005	0.0361	0.0577	0.0879	0.122	0.151
	0.001	0.0592	0.0881	0.127	0.171	0.206
	0.002	0.111	0.151	0.207	0.267	0.310
	0.004	0.172	0.213	0.268	0.321	0.352
	0.007	0.167	0.188	0.214	0.234	0.235
	0.01	0.158	0.166	0.175	0.175	0.161
	0.02	0.174	0.163	0.148	0.125	0.0934
	0.04	0.210	0.183	0.149	0.109	0.0668
	0.06	0.234	0.192	0.145	0.0951	0.0484
	0.08	0.239	0.185	0.128	0.0731	0.0254
	0.10	0.227	0.162	0.0979	0.0411	−0.00536
	0.12	0.193	0.123	0.0582	0.00271	−0.0414
	0.14	0.130	0.0628	0.00209	−0.0496	−0.0896
	0.16	0.0104	−0.0449	−0.0973	−0.143	−0.181
	0.179	−0.348	−0.373	−0.409	−0.450	−0.488

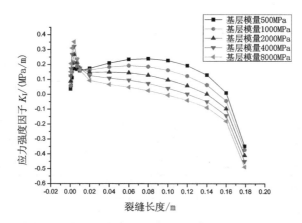

图 5.6　应力强度因子 K_I 随基层模量的变化规律

由图 5.6 可见，K_I 在不同的基层模量条件下，随裂缝长度增长的规律基本是一致的，都是先急剧增加，后快速减小，然后进入缓慢变化阶段。在缓慢变化阶段，基层模量较低的结构的 K_I 先缓慢增加，但没有超过裂缝扩展初期的急剧增长阶段的极大值，后逐渐减小直至变为负值；基层模量较高的结构的 K_I 持续下降直至变为负值。

基层模量越大，K_I 随裂缝长度增长变化的速率越快，裂缝长度小于 7mm 时，K_I 是随基层模量的增加而递增的，但是随着裂缝长度的增长，基层模量大的 K_I 减小得更快，逐渐变为应力强度因子随基层模量的增加而递减。

3. 土基模量对反射裂缝的影响

保持其他条件不变，当土基模量在 30～300MPa 变化时，应力强度因子 K_I 在不同裂缝长度处的变化规律见表 5.6，如图 5.7 所示。

表 5.6　应力强度因子 K_I 随土基模量的变化结果

I 型应力强度因子 K_I/(MPa/m)		土基模量/MPa				
		30	50	100	200	300
裂缝长度/m	0.0005	0.0890	0.0674	0.0433	0.0256	0.0182
	0.001	0.133	0.101	0.0661	0.0401	0.0292
	0.002	0.232	0.172	0.114	0.0711	0.0530
	0.004	0.304	0.236	0.160	0.104	0.0798

续表

I型应力强度因子 K_{I}/(MPa/m)	土基模量/MPa				
	30	50	100	200	300
0.007	0.258	0.203	0.141	0.0950	0.0753
0.01	0.222	0.176	0.125	0.0865	0.0700
0.02	0.207	0.167	0.122	0.0884	0.0735
0.04	0.225	0.183	0.135	0.0981	0.0822
0.06	0.235	0.190	0.139	0.101	0.0841
0.08	0.224	0.180	0.131	0.0935	0.0775
0.10	0.192	0.154	0.111	0.0779	0.0641
0.12	0.142	0.113	0.0797	0.0541	0.0434
0.14	0.0664	0.0516	0.0323	0.0170	0.0107
0.16	−0.0675	−0.0579	−0.0516	−0.0489	−0.0474
0.179	−0.470	−0.393	−0.316	−0.263	−0.240

（表格左侧第一列合并单元格为「裂缝长度/m」）

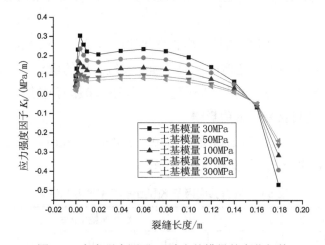

图 5.7　应力强度因子 K_{I} 随土基模量的变化规律

　　由图 5.7 可见，K_{I} 在不同的土基模量条件下，随裂缝长度增长的规律基本是一致的，都是先急剧增加，后快速减小，然后进入缓慢变化阶段。在缓慢变化阶段，不论土基模量的大小，K_{I} 都是先缓慢增长，但没有超过裂缝扩展初期的急剧增长阶段的极大值，后逐渐减小直至变为负值。

4. 中面层厚度对反射裂缝的影响

保持其他条件不变，当中面层厚度在 0.06~0.3m 变化时，应力强度因子 K_{I} 在不同裂缝长度处的变化规律见表 5.7，如图 5.8 所示。

表 5.7 应力强度因子 K_{I} 随中面层厚度的变化结果

I 型应力强度因子 K_{I}/(MPa/m)	中面层厚度/m				
	0.06	0.12	0.18	0.24	0.30
裂缝长度/m 0.0005	0.0637	0.0567	0.0291	0.0255	0.0393
0.001	0.096	0.0843	0.0739	0.0647	0.0567
0.002	0.163	0.141	0.122	0.106	0.0924
0.004	0.225	0.194	0.167	0.145	0.126
0.007	0.194	0.175	0.151	0.126	0.110
0.01	0.168	0.146	0.127	0.110	0.0962
0.02	0.161	0.143	0.125	0.111	0.0976
0.04	0.176	0.162	0.144	0.128	0.113
0.06	0.182	0.177	0.162	0.146	0.130
0.08	0.173	0.179	0.168	0.154	0.139
0.10	0.146	0.173	0.169	0.157	0.141
0.12	0.108	0.162	0.166	0.151	0.139
0.14	0.0488	0.145	0.162	0.150	0.139
0.16	−0.0567	0.118	0.142	0.132	0.119
0.179	−0.371	0.0827	0.133	0.131	0.119
0.21		−0.0129	0.109	0.139	0.140
0.239		−0.204	0.0666	0.124	0.134
0.27			−0.0273	0.0968	0.128
0.299			−0.220	0.0302	0.0863
0.33				−0.0458	0.0567
0.359				−0.339	0.0064
0.39					−0.0586
0.419					−0.510

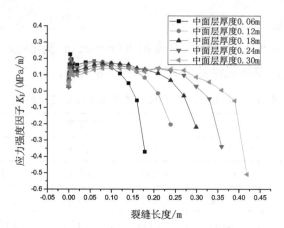

图 5.8 应力强度因子 K_I 随中面层厚度的变化规律

由图 5.8 可见，K_I 在不同中面层厚度的条件下，随裂缝长度增长的规律基本是一致的，都是先急剧增加，后快速减小，然后进入缓慢变化阶段。

在缓慢变化阶段，中面层厚度越大，K_I 的变化越复杂，当中面层厚度达到 24cm 和 30cm 时，K_I 在缓慢变化阶段出现了两次极大值，而且超过了裂缝扩展初期急剧增长阶段的极大值。

5. 下面层厚度对反射裂缝的影响

保持其他条件不变，当下面层厚度在 0.08～0.32m 变化时，应力强度因子 K_I 在不同裂缝长度处的变化规律见表 5.8，如图 5.9 所示。

表 5.8 应力强度因子 K_I 随下面层厚度的变化结果

I 型应力强度因子 K_I/(MPa/m)		下面层厚度/m				
		0.08	0.12	0.16	0.24	0.32
裂缝长度/m	0.0005	0.0637	0.0550	0.0538	0.0452	0.0379
	0.001	0.096	0.0879	0.0802	0.0664	0.0549
	0.002	0.163	0.148	0.134	0.110	0.0905
	0.004	0.225	0.205	0.186	0.152	0.125
	0.007	0.194	0.178	0.163	0.134	0.111
	0.01	0.168	0.155	0.142	0.118	0.0980
	0.02	0.161	0.152	0.141	0.120	0.101

续表

I 型应力强度因子 K_I/(MPa/m)		下面层厚度/m				
		0.08	0.12	0.16	0.24	0.32
裂缝长度/m	0.04	0.176	0.171	0.162	0.140	0.119
	0.06	0.182	0.186	0.180	0.160	0.138
	0.08	0.173	0.186	0.185	0.169	0.148
	0.10	0.146	0.177	0.183	0.171	0.151
	0.12	0.108	0.160	0.176	0.171	0.149
	0.14	0.0488	0.133	0.165	0.168	0.151
	0.16	−0.0567	0.0959	0.142	0.147	0.130
	0.179	−0.371	0.0388	0.121	0.147	0.130
	0.20		−0.0388	0.0814	0.155	0.160
	0.219		−0.207	0.0405	0.150	0.156
	0.24			−0.0646	0.133	0.157
	0.259			−0.390	0.0858	0.136
	0.30				−0.0101	0.103
	0.339				−0.204	0.0549
	0.39					−0.0565
	0.419					−0.534

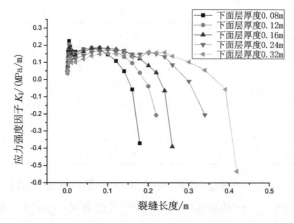

图 5.9 应力强度因子 K_I 随下面层厚度的变化规律

由图 5.9 可见，下面层厚度变化对 K_I 的影响与中面层变化的影响很相似。裂缝扩展前期应力强度因子快速增长再快速减小，然后进入缓慢变化阶段。在缓慢变化阶段，应力强度因子随下面层厚度的增长而趋向复杂，当下面层厚度达到24cm 和 30cm 时，K_I 在缓慢变化阶段出现了两次极大值，而且超过了裂缝扩展初期急剧增长阶段的极大值。

6. 基层厚度对应力强度因子的影响

保持其他条件不变，当基层厚度在 0.18～0.72m 变化时，应力强度因子 K_I 在不同裂缝长度处的变化规律见表 5.9，如图 5.10 所示。

表 5.9　应力强度因子 K_I 随基层厚度的变化结果

I 型应力强度因子 K_I/(MPa/m)		基层厚度/m			
		0.18	0.36	0.54	0.72
裂缝长度/m	0.0005	0.0453	0.0637	0.0632	0.0631
	0.001	0.0728	0.096	0.0990	0.0988
	0.002	0.139	0.163	0.174	0.145
	0.004	0.210	0.225	0.227	0.219
	0.007	0.198	0.194	0.184	0.173
	0.01	0.193	0.168	0.161	0.148
	0.02	0.196	0.161	0.133	0.115
	0.04	0.232	0.176	0.139	0.114
	0.06	0.272	0.182	0.153	0.123
	0.08	0.252	0.173	0.128	0.0990
	0.10	0.230	0.146	0.102	0.0755
	0.12	0.188	0.108	0.0675	0.0440
	0.14	0.117	0.0488	0.0137	−0.0075
	0.16	−0.0549	−0.0567	−0.0777	−0.0872
	0.179	−0.370	−0.371	−0.373	−0.365

由图 5.10 可见，K_I 在不同基层厚度条件下，随裂缝长度增长的规律基本是一致的，都是先急剧增长，后快速减小，然后进入缓慢变化阶段。在缓慢变化阶段，K_I 先缓慢增长，除了基层厚度为 18cm 的结构，其他结构的裂缝尖端的 K_I 都没超过裂缝扩展初期急剧增长阶段 K_I 的极大值，然后逐渐减小直至变为负值。

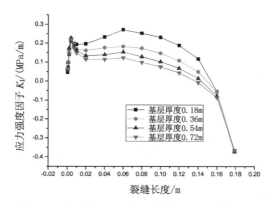

图 5.10　应力强度因子 K_{I} 随基层厚度的变化规律

7. 轴载对反射裂缝的影响

保持其他条件不变，当轴载在 80～200kN 变化时，应力强度因子 K_{I} 在不同裂缝长度处的变化规律见表 5.10，如图 5.11 所示。

表 5.10　应力强度因子 K_{I} 随轴载的变化结果

I 型应力强度因子 K_{I}/(MPa/m)		轴载/kN				
		80	100	120	150	200
裂缝长度/m	0.0005	0.051	0.0637	0.076	0.096	0.127
	0.001	0.077	0.096	0.115	0.144	0.192
	0.002	0.130	0.163	0.196	0.245	0.326
	0.004	0.180	0.225	0.270	0.338	0.450
	0.007	0.155	0.194	0.233	0.291	0.388
	0.01	0.134	0.168	0.202	0.252	0.336
	0.02	0.129	0.161	0.193	0.242	0.322
	0.04	0.141	0.176	0.211	0.264	0.352
	0.06	0.146	0.182	0.218	0.273	0.364
	0.08	0.138	0.173	0.208	0.260	0.346
	0.10	0.117	0.146	0.175	0.219	0.292
	0.12	0.086	0.108	0.130	0.162	0.216
	0.14	0.039	0.0488	0.059	0.073	0.098
	0.16	−0.045	−0.0567	−0.068	−0.085	−0.113
	0.179	−0.297	−0.371	−0.445	−0.557	−0.742

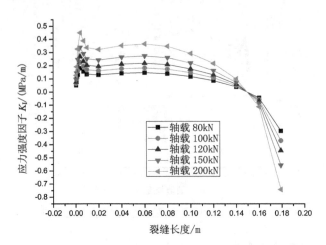

图 5.11　应力强度因子 K_I 随轴载的变化规律

由图 5.11 可见，K_I 在不同轴载条件下，随裂缝长度增长的规律基本是一致的，都是先急剧增长，后快速减小，然后进入缓慢变化阶段。在缓慢变化阶段，不论土基模量的大小，K_I 都是先缓慢增长，但没有超过裂缝扩展初期急剧增长阶段的极大值，后逐渐减小直至变为负值。K_I 随着轴载的增加而递增。

综上所述，对称荷载作用下，应力强度因子 K_I 经历了急剧增长后又快速减小，然后缓慢变化的过程。K_I 在缓慢变化阶段都是先缓慢增长，后逐渐减小直至变为负值。除了面层较厚和基层较薄的结构，缓慢增长阶段的 K_I 都没有超过急剧增长阶段的极大值。因此，如果急剧增长阶段的 K_I 极大值超过断裂韧度，则路面将快速断裂；如果急剧增长阶段的 K_I 和缓慢变化阶段的 K_I 都没有超过断裂韧度，则裂缝在 K_I=0 时将停止扩展；如果急剧增长阶段的 K_I 未超过断裂韧度，而缓慢变化阶段的 K_I 超过了断裂韧度，则路面将在裂缝缓慢增长阶段才发生突然断裂，但是由于急剧增长阶段和缓慢变化阶段 K_I 的极值相差并不大，因此这种情况发生的几率较小。

5.4.2　偏荷载作用下的应力强度因子分析

经过计算，在 100kN 偏轴载作用下，路面基本结构裂缝尖端的张开型应力强度因子 K_I 和滑开型应力强度因子 K_{II} 随裂缝长度的变化规律如图 5.12 和图 5.13 所示。

由图 5.12 可见，K_I 在偏荷载作用时的变化规律与对称荷载作用时的变化规律基本一致，只是数值变小了。

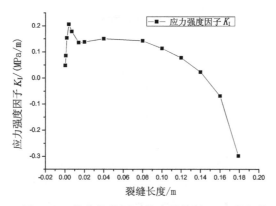

图 5.12　偏荷载作用时基本结构的 K_I 变化规律

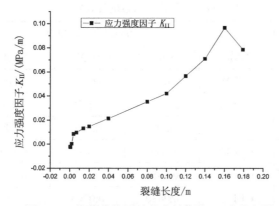

图 5.13　偏荷载作用时基本结构的 K_II 变化规律

由图 5.13 可见，K_II 随裂缝长度的增加而递增，在裂缝扩展到路面顶部前达到最大值，然后开始减小。

在偏荷载作用下，K_I 比 K_II 数值更大，这说明偏荷载作用下裂缝尖端应该是以张开型应力强度因子为主，即极限不利位置施加偏荷载时，在裂缝尖端位置产生的主要是张拉或压缩应力，同时还产生一定的剪切应力，如图 5.14 所示。

由于在偏荷载作用下，K_I 并非全程为负值，而 K_II 不论正负，都能造成裂缝扩展，即 K_I 与 K_II 都可能导致裂缝扩展或路面断裂，因此本章对偏荷载作用时的应力强度因子 K_I 和 K_II 都进行了分析。

1. 沥青层模量对应力强度因子的影响

保持其他条件不变，当面层模量在 1000～12000MPa 变化时，应力强度因子 K_I 在不同裂缝长度处的变化规律见表 5.11，如图 5.15 所示。

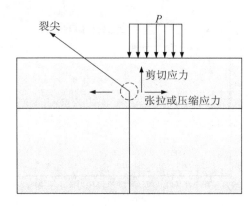

图 5.14 反射裂缝偏荷载作用示意图

表 5.11 K_I 随面层模量的变化结果

I 型应力强度因子 K_I/(MPa/m)		沥青层模量/MPa				
		1000	2000	4000	8000	12000
裂缝长度/m	0.0005	0.0325	0.0412	0.0465	0.0483	0.0480
	0.001	0.0518	0.0679	0.0789	0.0845	0.0858
	0.002	0.0802	0.110	0.133	0.149	0.155
	0.004	0.0832	0.124	0.162	0.195	0.212
	0.007	0.0505	0.0854	0.123	0.162	0.186
	0.014	0.0177	0.0430	0.0763	0.117	0.144
	0.016	0.0164	0.0407	0.0741	0.117	0.147
	0.018	0.0141	0.0381	0.0718	0.116	0.148
	0.02	0.0122	0.0359	0.0701	0.116	0.149
	0.04	0.00256	0.0255	0.0637	0.121	0.166
	0.08	−0.0135	0.00477	0.0409	0.106	0.163
	0.10	−0.0249	−0.0119	0.0184	0.0780	0.133
	0.12	−0.037	−0.029	−0.00579	0.0455	0.0963
	0.14	−0.0540	−0.0526	−0.0392	−0.0022	0.0377
	0.16	−0.085	−0.0945	−0.0956	−0.0814	−0.061
	0.179	−0.168	−0.206	−0.243	−0.282	−0.307

由图 5.15 可见，偏荷载作用下沥青层模量对 K_I 的影响与对称荷载作用时沥青层模量对 K_I 的影响基本一致，只是数值偏小。

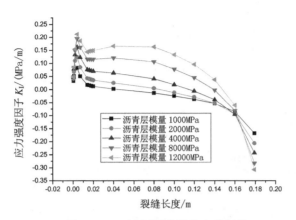

图 5.15　K_{I} 随面层模量的变化规律

应力强度因子 K_{II} 在不同裂缝长度处的变化规律见表 5.12，如图 5.16 所示。

表 5.12　K_{II} 随面层模量的变化结果

II 型应力强度因子 K_{II}/(MPa/m)		沥青层模量/MPa				
		1000	2000	4000	8000	12000
裂缝长度/m	0.0005	−0.000575	−0.001112	−0.001545	−0.002001	−0.002249
	0.001	0.000294	−0.000692	−0.001401	−0.002229	−0.002716
	0.002	0.005144	0.00408	0.002642	0.000947	−0.000153
	0.004	0.0163	0.0151	0.0127	0.00979	0.00788
	0.007	0.0200	0.0179	0.0146	0.0109	0.0086
	0.014	0.0215	0.0202	0.0177	0.0144	0.0126
	0.016	0.0215	0.0202	0.0175	0.0141	0.0121
	0.018	0.0216	0.0203	0.0177	0.0144	0.0124
	0.02	0.0218	0.0209	0.0188	0.0159	0.0141
	0.04	0.0241	0.0245	0.0234	0.0220	0.0209
	0.08	0.0308	0.0336	0.0351	0.0357	0.0359
	0.10	0.0355	0.0397	0.0421	0.0432	0.0434
	0.12	0.042	0.0482	0.0526	0.0556	0.0569
	0.14	0.0495	0.0579	0.0645	0.0694	0.0719
	0.16	0.0640	0.0770	0.0875	0.0943	0.0975
	0.179	0.0463	0.0591	0.0701	0.0771	0.0790

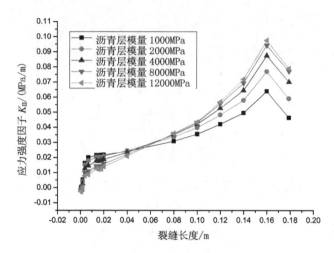

图 5.16　K_{II} 随面层模量的变化规律

由图 5.16 可见，裂缝扩展前期 K_{II} 有正有负，但是数值都很小，甚至可以忽略不计，如果不考虑裂缝扩展初期（裂缝长度低于 2mm，计算反射裂缝寿命时完全可以忽略不计）的复杂变化，K_{II} 随裂缝长度的增加而递增，而且面层模量越大，K_{II} 随裂缝长度增加的速度越快，裂缝扩展到 16cm 时，K_{II} 达到最大值，然后开始下降。

2. 半刚性基层模量对应力强度因子的影响

保持其他条件不变，当基层模量在 500～8000MPa 变化时，应力强度因子 K_I 在不同裂缝长度处的变化规律见表 5.13，如图 5.17 所示。

表 5.13　K_I 随基层模量的变化结果

I型应力强度因子 K_I/(MPa/m)		基层模量/MPa				
		500	1000	2000	4000	8000
裂缝长度/m	0.0005	0.0270	0.0437	0.0665	0.0921	0.115
	0.001	0.0516	0.0782	0.114	0.154	0.188
	0.002	0.101	0.142	0.197	0.256	0.302
	0.004	0.153	0.195	0.250	0.303	0.336
	0.007	0.150	0.172	0.199	0.221	0.224
	0.014	0.133	0.135	0.134	0.125	0.105

续表

I 型应力强度因子 K_I/(MPa/m)	基层模量/MPa				
	500	1000	2000	4000	8000
裂缝长度/m 0.016	0.141	0.138	0.131	0.118	0.0953
0.018	0.145	0.138	0.129	0.113	0.0876
0.02	0.148	0.140	0.128	0.109	0.0817
0.04	0.179	0.156	0.127	0.0929	0.0562
0.08	0.199	0.153	0.103	0.0553	0.0130
0.10	0.180	0.125	0.0709	0.0216	−0.0193
0.12	0.149	0.0900	0.0341	−0.0145	−0.0533
0.14	0.0924	0.0347	−0.0188	−0.0640	−0.0997
0.16	−0.0105	−0.0586	−0.105	−0.147	−0.181
0.179	−0.265	−0.291	−0.326	−0.365	−0.401

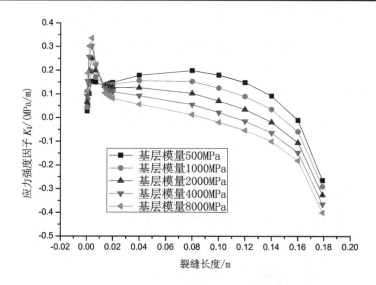

图 5.17 K_I 随基层模量的变化规律

由图 5.17 可见，在偏荷载作用下基层模量对 K_I 的影响与对称荷载作用时基层模量对 K_I 的影响基本一致，只是数值偏小。

应力强度因子 K_{II} 在不同裂缝长度处的变化规律见表 5.14，如图 5.18 所示。

表 5.14 K_{II} 随基层模量的变化结果

II 型应力强度因子 K_{II}/(MPa/m)		基层模量/MPa				
		500	1000	2000	4000	8000
裂缝长度/m	0.0005	−0.00176	−0.00207	−0.002589	−0.00347	−0.00431
	0.001	−0.00239	−0.0025	−0.00282	−0.00328	−0.00369
	0.002	−0.00144	−0.00009	0.00142	0.0029	0.00418
	0.004	0.00343	0.0075	0.0124	0.0173	0.0214
	0.007	0.00487	0.00847	0.0128	0.0172	0.0211
	0.014	0.00886	0.0124	0.0164	0.0204	0.0235
	0.016	0.00843	0.0119	0.0159	0.0200	0.0232
	0.018	0.00887	0.0123	0.0162	0.0200	0.0231
	0.02	0.0106	0.0139	0.0177	0.0213	0.0241
	0.04	0.0182	0.0207	0.0234	0.0258	0.0270
	0.08	0.0347	0.0356	0.0365	0.0369	0.0364
	0.10	0.0423	0.0432	0.0439	0.0438	0.0427
	0.12	0.0565	0.0565	0.0560	0.0543	0.0512
	0.14	0.0730	0.0715	0.0692	0.0654	0.0599
	0.16	0.0992	0.0972	0.0938	0.0881	0.0799
	0.179	0.0791	0.0789	0.0762	0.0698	0.0598

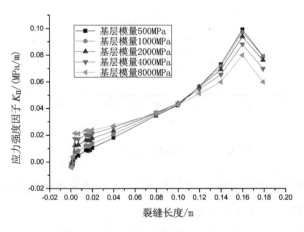

图 5.18 K_{II} 随基层模量的变化规律

由图 5.18 可见，不考虑裂缝扩展初期（裂缝长度低于 2mm）的复杂变化，K_{II} 随裂缝长度的增加而递增，而且基层模量越小，K_{II} 随裂缝长度增加的速度越快，裂缝扩展到 16cm 时，K_{II} 到达最大值，然后开始下降。

3. 土基模量对应力强度因子的影响

改变基本结构的土基模量，应力强度因子 K_I 在不同裂缝长度处的变化规律见表 5.15，如图 5.19 所示。

表 5.15　K_I 随土基模量的变化结果

I 型应力强度因子 $K_I/$(MPa/m)		土基模量/MPa				
		30	50	100	200	300
裂缝长度/m	0.0005	0.0682	0.0511	0.0322	0.0183	0.0125
	0.001	0.120	0.0905	0.0576	0.0334	0.0233
	0.002	0.214	0.162	0.104	0.0619	0.0441
	0.004	0.285	0.217	0.142	0.0871	0.0637
	0.007	0.243	0.187	0.125	0.0792	0.0597
	0.014	0.181	0.142	0.0974	0.0645	0.0505
	0.016	0.182	0.143	0.0995	0.0667	0.0526
	0.018	0.182	0.143	0.0999	0.0674	0.0533
	0.02	0.183	0.144	0.101	0.0682	0.0541
	0.04	0.199	0.157	0.110	0.0749	0.0597
	0.08	0.192	0.149	0.102	0.0660	0.0510
	0.10	0.155	0.119	0.0782	0.0477	0.0351
	0.12	0.110	0.0828	0.0500	0.0260	0.0163
	0.14	0.0384	0.0250	0.0078	−0.0060	−0.0111
	0.16	−0.0805	−0.0704	−0.0631	−0.0591	−0.0568
	0.179	−0.377	−0.309	−0.241	−0.195	−0.174

由图 5.19 可见，偏荷载作用下土基模量对 K_I 的影响与对称荷载作用时土基模量对 K_I 的影响基本一致，只是数值偏小。

应力强度因子 K_{II} 在不同裂缝长度处的变化规律见表 5.16，如图 5.20 所示。

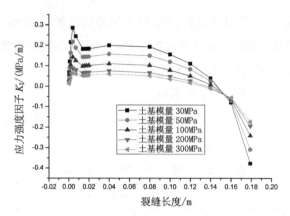

图 5.19 K_{I} 随土基模量的变化规律

表 5.16 K_{II} 随土基模量的变化结果

II 型应力强度因子 K_{II}/(MPa/m)		土基模量/MPa				
		30	50	100	200	300
裂缝长度/m	0.0005	−0.00303	−0.00229	−0.00149	−0.00091	−0.00067
	0.001	−0.00362	−0.00271	−0.00172	−0.00101	−0.00073
	0.002	−0.000315	0.000312	0.000491	0.000639	0.000660
	0.004	0.00983	0.00873	0.00731	0.00602	0.00536
	0.007	0.00956	0.00941	0.00898	0.00832	0.00785
	0.014	0.0139	0.0133	0.0124	0.0114	0.0108
	0.016	0.0131	0.0128	0.0122	0.0114	0.010
	0.018	0.0134	0.0132	0.0126	0.0119	0.0114
	0.02	0.0152	0.0148	0.0140	0.0131	0.0125
	0.04	0.0215	0.0214	0.0205	0.0194	0.0187
	0.08	0.0368	0.0360	0.0347	0.0332	0.0322
	0.10	0.0440	0.0435	0.0424	0.0408	0.0397
	0.12	0.0578	0.0567	0.0548	0.0524	0.0509
	0.14	0.0726	0.0714	0.0691	0.0661	0.0641
	0.16	0.0981	0.0969	0.0943	0.0903	0.0876
	0.179	0.0785	0.0787	0.0771	0.0738	0.0714

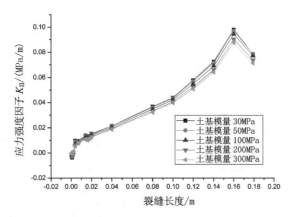

图 5.20　K_{II} 随土基模量的变化规律

由图 5.20 可见，不考虑裂缝扩展初期（裂缝长度低于 2mm）的复杂变化，K_{II} 随裂缝长度的增加而递增，到 16cm 时到达最大值，然后开始下降。相同裂缝长度处，土基模量越小，K_{II} 越大。

4. 中面层厚度对应力强度因子的影响

改变基本结构的中面层厚度，应力强度因子 K_{I} 在不同裂缝长度处的变化规律见表 5.17，如图 5.21 所示。

表 5.17　K_{I} 随中面层厚度的变化结果

I 型应力强度因子 K_{I} /(MPa/m)		中面层厚度/m				
		0.06	0.12	0.18	0.24	0.30
裂缝长度/m	0.0005	0.0482	0.0420	0.0231	0.0195	0.0262
	0.001	0.0855	0.0745	0.0645	0.0546	0.0471
	0.002	0.153	0.134	0.120	0.0996	0.0863
	0.004	0.206	0.183	0.159	0.138	0.120
	0.007	0.178	0.156	0.137	0.120	0.105
	0.014	0.135	0.125	0.112	0.099	0.0878
	0.02	0.138	0.129	0.116	0.103	0.0915
	0.04	0.15	0.146	0.134	0.121	0.108
	0.08	0.142	0.159	0.154	0.145	0.133
	0.10	0.113	0.151	0.154	0.146	0.136

续表

I 型应力强度因子 K_{I}/(MPa/m)		中面层厚度/m				
		0.06	0.12	0.18	0.24	0.30
裂缝长度/m	0.12	0.0774	0.139	0.151	0.145	0.133
	0.14	0.023	0.119	0.143	0.143	0.134
	0.16	−0.069	0.0915	0.133	0.142	0.137
	0.179	−0.298	0.0550	0.107	0.122	0.117
	0.21		−0.0161	0.0866	0.124	0.130
	0.239		−0.178	0.0512	0.114	0.130
	0.27			−0.042	0.0746	0.114
	0.299			−0.290	0.0185	0.0708
	0.33				−0.0441	0.0441
	0.359				−0.305	−0.0138
	0.39					−0.0571
	0.419					−0.136

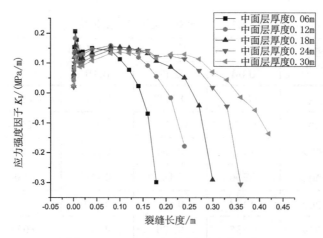

图 5.21 K_{I} 随中面层厚度的变化规律

由图 5.21 可见,偏荷载作用时中面层厚度对 K_{I} 的影响与对称荷载作用时中面层厚度对 K_{I} 的影响基本一致,只是数值偏小。

中面层厚度越大,K_{I} 的变化规律越复杂。

应力强度因子 K_{II} 在不同裂缝长度处的变化规律见表 5.18，如图 5.22 所示。

表 5.18　应力强度因子 K_{II} 随中面层厚度的变化结果

II 型应力强度因子 K_{II}/(MPa/m)		中面层厚度/m				
		0.08	0.12	0.18	0.24	0.30
裂缝长度/m	0.0005	−0.00217	−0.00176	−0.000995	−0.00086	−0.0011
	0.001	−0.002553	−0.00216	−0.00182	−0.00158	−0.00136
	0.002	0.000321	−0.00018	−0.00028	−0.000322	−0.000304
	0.004	0.008524	0.0063	0.0047	0.00369	0.00306
	0.007	0.00963	0.0054	0.0037	0.0026	0.0019
	0.014	0.0132	0.00883	0.00621	0.00459	0.0035
	0.02	0.0147	0.00928	0.00633	0.00456	0.00346
	0.04	0.0213	0.0135	0.00901	0.00642	0.00474
	0.08	0.0353	0.0224	0.0151	0.0103	0.00741
	0.10	0.0421	0.0277	0.0187	0.0133	0.0104
	0.12	0.0565	0.0338	0.0224	0.0169	0.0139
	0.14	0.071	0.0407	0.0284	0.0236	0.0202
	0.16	0.0966	0.0505	0.0308	0.0199	0.0182
	0.179	0.0786	0.0601	0.0436	0.0336	0.0281
	0.21		0.0707	0.0393	0.0252	0.0185
	0.239		0.0616	0.0526	0.0365	0.0258
	0.27			0.0758	0.0447	0.0298
	0.299			0.0730	0.0415	0.0345
	0.33				0.0420	0.0294
	0.359				0.0470	0.0377
	0.39					0.0398
	0.419					0.0431

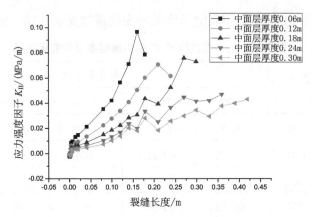

图 5.22　K_{II} 随中面层厚度的变化规律

由图 5.22 可见，中面层厚度越厚，K_{II} 的变化规律越复杂。

不考虑裂缝扩展初期（裂缝长度低于 2mm）的复杂变化，相同裂缝长度处，中面层厚度越小的结构，应力强度因子 K_{II} 越大。

5. 下面层厚度对应力强度因子的影响

改变基本结构的下面层厚度，应力强度因子 K_I 在不同裂缝长度处的变化规律见表 5.19，如图 5.23 所示。

表 5.19　K_I 随下面层厚度的变化结果

I 型应力强度因子 K_I/(MPa/m)		下面层厚度/m				
		0.08	0.12	0.16	0.24	0.32
裂缝长度/m	0.0005	0.0482	0.0282	0.0397	0.0313	0.0252
	0.001	0.0855	0.0790	0.0706	0.0564	0.0458
	0.002	0.153	0.141	0.128	0.104	0.0846
	0.004	0.206	0.192	0.176	0.145	0.120
	0.007	0.178	0.169	0.159	0.127	0.106
	0.014	0.135	0.131	0.124	0.106	0.0903
	0.02	0.138	0.135	0.129	0.112	0.0951
	0.04	0.15	0.153	0.149	0.132	0.114
	0.08	0.142	0.164	0.167	0.156	0.142
	0.10	0.113	0.150	0.164	0.160	0.146

续表

I 型应力强度因子 K_I/(MPa/m)		下面层厚度/m				
		0.08	0.12	0.16	0.24	0.32
裂缝长度/m	0.12	0.0774	0.133	0.156	0.159	0.143
	0.14	0.023	0.106	0.142	0.157	0.145
	0.16	−0.069	0.0673	0.123	0.155	0.149
	0.179	−0.298	0.0169	0.0907	0.134	0.128
	0.20		−0.0430	0.0550	0.135	0.147
	0.219		−0.200	0.0216	0.136	0.154
	0.24			−0.0590	0.113	0.144
	0.259			−0.312	0.0644	0.120
	0.30				−0.0187	0.0878
	0.339				−0.305	0.0480
	0.39					−0.0486
	0.419					−0.141

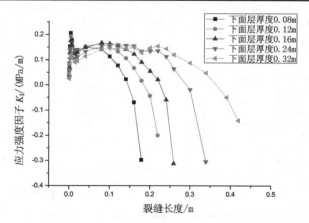

图 5.23　K_I 随下面层厚度的变化规律

由图 5.23 可见,偏荷载作用时下面层厚度对 K_I 的影响与对称荷载作用时下面层厚度对 K_I 的影响基本一致,只是数值偏小。

下面层厚度越大,K_I 的变化规律越复杂。

应力强度因子 K_{II} 在不同裂缝长度处的变化规律见表 5.20,如图 5.24 所示。

表 5.20 K_{II} 随下面层厚度的变化结果

II 型应力强度因子 K_{II}/(MPa/m)		下面层厚度/m				
		0.08	0.12	0.16	0.24	0.32
裂缝长度/m	0.0005	−0.00217	−0.00136	−0.00165	−0.00133	−0.00109
	0.001	−0.002553	−0.00228	−0.00210	−0.00169	−0.00136
	0.002	0.000321	0.000207	−0.000288	−0.000332	−0.000323
	0.004	0.008524	0.00678	0.00537	0.00382	0.00280
	0.007	0.00963	0.00669	0.00492	0.00260	0.00164
	0.014	0.0132	0.00983	0.00754	0.00481	0.00328
	0.02	0.0147	0.0107	0.00791	0.00490	0.00324
	0.04	0.0213	0.0155	0.0115	0.00698	0.00454
	0.08	0.0353	0.0259	0.0194	0.0116	0.00728
	0.10	0.0421	0.0321	0.0247	0.0149	0.0104
	0.12	0.0565	0.0395	0.0292	0.0184	0.0141
	0.14	0.071	0.0478	0.0354	0.0254	0.0208
	0.16	0.0966	0.0587	0.0429	0.0239	0.0186
	0.179	0.0786	0.0709	0.0548	0.0377	0.0293
	0.20		0.0845	0.0481	0.0291	0.0188
	0.219		0.0686	0.0653	0.0373	0.0235
	0.24			0.0720	0.0413	0.0263
	0.259			0.0961	0.0545	0.0282
	0.30				0.0514	0.0354
	0.339				0.0959	0.0568
	0.39					0.0574
	0.419					0.0417

由图 5.24 可见，下面层厚度越厚，K_I 与 K_{II} 的变化规律越复杂。

不考虑裂缝扩展初期（裂缝长度低于 2mm）的复杂变化，相同裂缝长度处，下面层厚度越小的结构，K_{II} 越大。

6. 基层厚度对应力强度因子的影响

改变基本结构的基层厚度，应力强度因子 K_I 在不同裂缝长度处的变化规律见表 5.21，如图 5.25 所示。

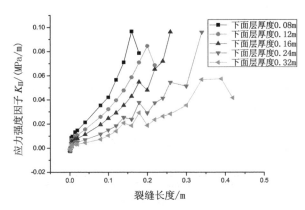

图 5.24　K_{II} 随下面层厚度的变化规律

表 5.21　K_I 随基层厚度的变化结果

I 型应力强度因子 K_I/(MPa/m)		基层厚度/m			
		0.18	0.36	0.54	0.72
裂缝长度/m	0.0005	0.0344	0.0482	0.0539	0.0545
	0.001	0.0653	0.0855	0.0944	0.0934
	0.002	0.126	0.153	0.162	0.160
	0.004	0.189	0.206	0.208	0.201
	0.007	0.177	0.178	0.165	0.155
	0.014	0.159	0.135	0.115	0.101
	0.02	0.172	0.138	0.113	0.0952
	0.04	0.202	0.15	0.114	0.0905
	0.08	0.215	0.142	0.0982	0.0706
	0.10	0.189	0.113	0.0703	0.0445
	0.12	0.151	0.0774	0.0374	0.0145
	0.14	0.0859	0.023	−0.0115	−0.0297
	0.16	−0.0233	−0.069	−0.0929	−0.104
	0.179	−0.290	−0.298	−0.301	−0.297

　　由图 5.25 可见,偏荷载作用时基层厚度对 K_I 的影响与对称荷载作用时基层厚度对 K_I 的影响基本一致,只是数值偏小。

　　应力强度因子 K_{II} 在不同裂缝长度处的变化规律见表 5.22,如图 5.26 所示。

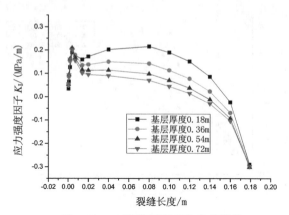

图 5.25　K_I 随基层厚度的变化规律

表 5.22　K_{II} 随基层厚度的变化结果

II 型应力强度因子 K_{II}/(MPa/m)	基层厚度/m			
	0.18	0.36	0.54	0.72
0.0005	−0.00189	−0.00217	−0.0023	−0.0023
0.001	−0.00243	−0.002553	−0.00262	−0.00257
0.002	−0.00091	0.000321	0.000714	0.00089
0.004	0.00537	0.008524	0.00976	0.0102
0.007	0.00537	0.00963	0.00974	0.0104
0.014	0.0108	0.0132	0.0143	0.0149
0.02	0.0124	0.0147	0.0157	0.0163
0.04	0.0196	0.0213	0.0220	0.0224
0.08	0.0349	0.0353	0.0363	0.0366
0.10	0.0417	0.0421	0.0442	0.0448
0.12	0.0558	0.0565	0.0570	0.0574
0.14	0.0709	0.071	0.0714	0.0717
0.16	0.0949	0.0966	0.0978	0.0987
0.179	0.0742	0.0786	0.0808	0.0824

表左侧纵标题：裂缝长度/m

由图 5.26 可见，不考虑裂缝扩展初期（裂缝长度低于 2mm）的复杂变化，相同裂缝长度处，基层厚度越厚，应力强度因子 K_{II} 越大。

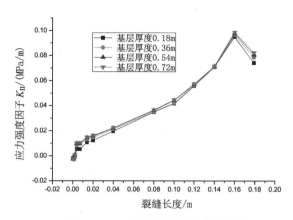

图 5.26 K_{II} 随基层厚度的变化规律

7. 轴载对应力强度因子的影响

改变轴载大小，应力强度因子 K_I 在不同裂缝长度处的变化规律见表 5.23，如图 5.27 所示。

表 5.23 K_I 随轴载的变化结果

I 型应力强度因子 K_I/(MPa/m)		轴载/kN				
		80	100	120	150	200
裂缝长度/m	0.0005	0.0386	0.0482	0.058	0.0723	0.096
	0.001	0.0684	0.0855	0.103	0.128	0.171
	0.002	0.1224	0.153	0.184	0.230	0.306
	0.004	0.1648	0.206	0.247	0.309	0.412
	0.007	0.1424	0.178	0.214	0.267	0.356
	0.014	0.1080	0.135	0.162	0.203	0.270
	0.02	0.1104	0.138	0.166	0.207	0.276
	0.04	0.1200	0.15	0.180	0.225	0.300
	0.08	0.1136	0.142	0.170	0.213	0.284
	0.10	0.0904	0.113	0.136	0.170	0.226
	0.12	0.0619	0.0774	0.093	0.116	0.155
	0.14	0.0184	0.023	0.028	0.0345	0.046
	0.16	−0.0552	−0.069	−0.083	−0.104	−0.138
	0.179	−0.2384	−0.298	−0.358	−0.447	−0.596

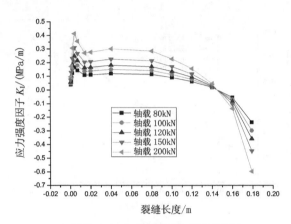

图 5.27 K_I 随轴载的变化规律

由图 5.27 可见，轴载越大，K_I 越大。

应力强度因子 K_{II} 在不同裂缝长度处的变化规律见表 5.24，如图 5.28 所示。

表 5.24 K_{II} 随轴载的变化结果

II 型应力强度因子 K_{II}/(MPa/m)	轴载/kN				
	80	100	120	150	200
裂缝长度/m	0.0005	−0.0017	−0.00217	−0.0026	−0.0033	−0.0043
	0.001	−0.0020	−0.002553	−0.0031	−0.0038	−0.0051
	0.002	0.0003	0.000321	0.0004	0.0005	0.0006
	0.004	0.0068	0.008524	0.0102	0.0128	0.0170
	0.007	0.0077	0.00963	0.0116	0.0144	0.0193
	0.014	0.0106	0.0132	0.0158	0.0198	0.0264
	0.02	0.0118	0.0147	0.0176	0.0221	0.0294
	0.04	0.0170	0.0213	0.0256	0.0320	0.0426
	0.08	0.0282	0.0353	0.0424	0.0530	0.0706
	0.10	0.0337	0.0421	0.0505	0.0632	0.0842
	0.12	0.0452	0.0565	0.0678	0.0848	0.1130
	0.14	0.0568	0.071	0.0852	0.1065	0.1420
	0.16	0.0773	0.0966	0.1159	0.1449	0.1932
	0.179	0.0629	0.0786	0.0943	0.1179	0.1572

注：表中"裂缝长度/m"为纵向合并单元格，覆盖0.0005至0.179各行。

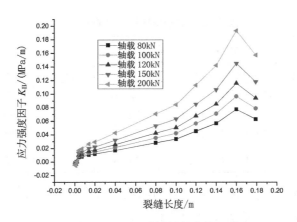

图 5.28　K_{II} 随轴载的变化规律

由图 5.28 可见，轴载越大，K_{II} 越大。

5.4.3　温度荷载作用下的应力强度因子分析

温度型反射裂缝的扩展是由温度的变化造成的，因此需要计算和分析的是降温幅度 ΔT 造成的应力强度因子的变化幅度 ΔK ，实际上 Paris 公式正是对 ΔK 进行积分。如果以一天 24 小时为一个加载周期，则结构层的当日温差即为降温幅度 ΔT 。

根据相关记载，我国昼夜温差的最高纪录是 1967 年 1 月 13 日，当日我国西藏地区白天最高气温为 7.1℃，最低气温为 –23.5℃，温差达到 30.6℃。通常情况下，全国各地的日温差在 10℃ 左右，除了极端天气和极少数地区，很少超过 20℃，本章以不利条件为研究条件，取 ΔT 为 15℃。

1. 温度场的参数选择

如果考虑大气辐射、太阳辐射等热量传递对路面结构温度场的影响，在气温变化时，沥青层与半刚性基层的温度变化情况是不同的，由于路面结构不同深度处的温度不同且均匀变化，为了计算简便，本章以结构层的平均温度来表征该结构层的温度，相应的模量以内插法确定。

经过温度场建模计算，发现半刚性基层温度极值的出现比沥青层温度极值的出现更加滞后，最小值的出现大约滞后 1.5 小时，最大值的出现大约滞后 5 小时。沥青层温度的最大值与最小值出现时，半刚性基层的温度并非当日的最大值和最小值。

因为土基温度对裂缝扩展基本无影响，可以不予考虑。基本结构在日最高气温为 30℃、日最低气温为 15℃ 时，沥青层和半刚性基层内温度的最值见表 5.25。

表 5.25 结构层内温度的最值

情况 1		情况 2		情况 3		情况 4	
沥青层平均温度最大值/℃	对应的半刚性基层平均温度/℃	沥青层平均温度最小值/℃	对应的半刚性基层平均温度/℃	半刚性基层平均温度最大值/℃	对应的沥青层平均温度/℃	半刚性基层平均温度最小值/℃	对应的沥青层平均温度/℃
36.91	21.13	17.43	18.36	23.24	28.63	18.30	18.62

由表 5.25 可见，计算ΔK_I有多种针对结构层温度的取值方法，为了选择最佳方法，以下面三种温度取值方法分别计算ΔK_I。

（1）方法一：沥青层平均温度取最大值和最小值，并分别对应当时的半刚性基层温度。

（2）方法二：半刚性基层平均温度取最大值和最小值，并分别对应当时的沥青层温度。

（3）方法三：沥青层平均温度取最大值和最小值，半刚性基层平均温度也取最大值和最小值。

经过计算，以三种温度取值方法得到的ΔK_I见表 5.26，如图 5.29 所示。

表 5.26 三种方法得到的ΔK_I计算结果

I 型应力强度因子变化幅度 ΔK_I/(MPa/m)		方法一	方法二	方法三
裂缝长度/m	0.0005	0.014	0.062	0.048
	0.001	0.051	0.122	0.110
	0.002	0.095	0.185	0.179
	0.004	0.156	0.233	0.251
	0.006	0.168	0.214	0.247
	0.007	0.169	0.201	0.239
	0.014	0.177	0.170	0.225
	0.016	0.193	0.175	0.238
	0.018	0.203	0.174	0.246
	0.02	0.211	0.185	0.254
	0.04	0.303	0.224	0.346

续表

I 型应力强度因子变化幅度 ΔK_I/(MPa/m)		方法一	方法二	方法三
裂缝长度/m	0.06	0.388	0.265	0.421
	0.08	0.465	0.308	0.507
	0.12	0.512	0.328	0.552
	0.16	1.069	0.652	1.113
	0.179	2.275	1.313	2.357

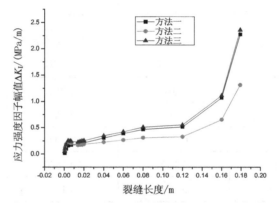

图 5.29　三种方法的 ΔK_I 随裂缝长度的变化规律

由图 5.29 可见，在裂缝扩展初期，以方法二计算出的应力强度因子最大，裂缝扩展最快，后逐渐被其他两种计算条件超过，可见裂缝在扩展初期，半刚性基层的温度变化较面层温度变化对裂缝的扩展影响更大，随着裂缝的扩展，面层温度变化对裂缝扩展的影响越来越大，并超过基层。

通过比较发现，不考虑裂缝扩展初期，方法三进行计算的应力强度因子增长最快，裂缝扩展最快，面层最容易发生断裂，以方法一计算的应力强度因子增长速度次之，以方法二计算的应力强度因子增长最慢，可见方法三是三种方法中最不利的取值方法，方法二是最保守的取值方法。

以方法一和方法二计算的结果更接近路面实际情况，考虑到方法二相对保守，而方法一的计算结果与方法三的结果很接近，因此本节以方法一为温度荷载的计算条件。

当气温从 10℃、20℃和 30℃变化到 15℃时，沥青层平均温度的最值和对应的半刚性基层的平均温度见表 5.27。

表 5.27　沥青层平均温度的最值和对应的半刚性基层的平均温度

气温变化范围/℃	沥青层平均温度最大值/℃	对应的半刚性基层平均温度/℃	沥青层平均温度最小值/℃	对应的半刚性基层平均温度/℃
−5～10	17.43	1.19	−2.57	−1.62
5～20	27.17	11.16	7.42	8.36
15～30	36.91	21.13	17.43	18.36

经过计算，不同气温条件下应力强度因子变化幅度 ΔK_{I} 见表 5.28，如图 5.30 所示。

表 5.28　不同气温条件下 ΔK_{I} 的计算结果

I 型应力强度因子变化幅度 ΔK_{I}/(MPa/m)		日气温变化范围/℃		
		−5～10	5～20	15～30
裂缝长度/m	0.0005	0.014	0.014	0.0628
	0.001	0.052	0.052	0.0662
	0.002	0.097	0.097	0.0989
	0.004	0.160	0.160	0.127
	0.007	0.173	0.173	0.114
	0.01	0.177	0.177	0.106
	0.014	0.195	0.195	0.110
	0.016	0.198	0.198	0.107
	0.018	0.209	0.209	0.111
	0.02	0.217	0.217	0.114
	0.04	0.311	0.311	0.150
	0.08	0.477	0.477	0.215
	0.12	0.526	0.526	0.230
	0.16	0.931	0.931	0.405
	0.179	1.484	1.484	0.624

由图 5.30 可以得出，同样降温 15℃，低温条件下的降温，温度荷载的作用更加明显，裂缝扩展得更快，即气温越低，裂缝越容易扩展。但是低温条件下再降温 15℃ 比较极端，我国大部分地区的常温为 20℃，也接近依托项目所在地山东临

沂地区的常温，因此，从 20℃降温 15℃比较符合路面的不利条件，结构层模量和结构层厚度对 ΔK_{I} 的影响都假定温度变化范围为 5℃～20℃。

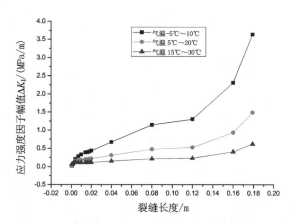

图 5.30　不同气温条件下 ΔK_{I} 随裂缝长度的变化规律

2. 沥青层模量对应力强度因子变化幅值的影响

由于沥青层模量变化与温度变化是同时进行的，在温度变化的情况下，沥青层模量也相应变化，如果假定温度变化前沥青混凝土的模量值，则难以确定温度变化后沥青混凝土的模量值，因此只能在假定沥青层模量不随温度变化的情况下计算 ΔK_{I}。

保持其他条件不变，当面层模量在 500～4000MPa 变化时，应力强度因子的变化幅值 ΔK_{I} 随裂缝长度的变化结果见表 5.29，如图 5.31 所示。

表 5.29　不同沥青层模量条件下 ΔK_{I} 的计算结果

I 型应力强度因子变化幅度 ΔK_{I}/(MPa/m)	沥青层模量/MPa				
	500	1000	2000	3000	4000
裂缝长度/m　0.0005	0.041	0.0289	0.00685	0.0032	0.00053
0.001	0.069	0.063	0.046	0.032	0.022
0.002	0.097	0.101	0.093	0.086	0.083
0.004	0.115	0.141	0.166	0.183	0.203
0.006	0.103	0.138	0.184	0.222	0.260

续表

I型应力强度因子变化幅度ΔK_I/(MPa/m)		沥青层模量/MPa				
		500	1000	2000	3000	4000
裂缝长度/m	0.007	0.097	0.135	0.187	0.232	0.275
	0.01	0.0864	0.129	0.198	0.258	0.316
	0.014	0.0846	0.135	0.222	0.300	0.375
	0.016	0.0841	0.136	0.225	0.304	0.380
	0.018	0.0865	0.142	0.237	0.320	0.399
	0.02	0.0878	0.146	0.247	0.336	0.420
	0.04	0.111	0.200	0.361	0.509	0.649
	0.08	0.153	0.292	0.564	0.830	1.094
	0.12	0.164	0.318	0.625	0.933	1.243
	0.16	0.274	0.553	1.111	1.665	2.213
	0.179	0.425	0.877	1.771	2.640	3.405

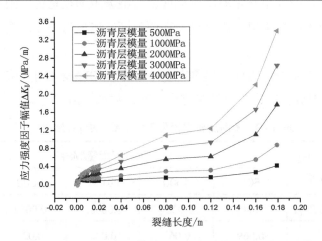

图5.31 不同沥青层模量下ΔK_I随裂缝长度的变化规律

由图 5.31 可见，沥青层模量较低时（500～1000MPa），裂缝扩展初期ΔK_I先增后减，在反射裂缝低于 4mm 时，应力强度因子急剧增大，当裂缝长度达到 4mm 时达到极大值，然后迅速减小，在裂缝长度达到 1.8cm 时减小到极小值，并开始稳定增长，直至反射裂缝扩展至路表。所以在裂缝扩展的过程中，裂缝尖端经历了两次应力强度因子增大的过程，在温度降幅较大的气候条件下，很可能在应力强度因子第一次增大的过程中沥青层就已经发生了断裂。

沥青层模量较高时（2000～4000MPa），ΔK_{I} 一直增大直至路表，不存在先增后减阶段。

不考虑裂缝扩展前期的复杂变化，相同裂缝长度处的 ΔK_{I} 是随沥青层模量增大而递增的。

3. 半刚性基层模量对应力强度因子变化幅值的影响

保持其他条件不变，当基层模量在 500～8000MPa 变化时，应力强度因子变化幅值 ΔK_{I} 随裂缝长度变化的结果见表 5.30，如图 5.32 所示。

表 5.30　不同基层模量条件下 ΔK_{I} 的计算结果

I 型应力强度因子变化幅度 $\Delta K_{\mathrm{I}}/(\text{MPa·m})$		基层模量/MPa				
		500	1000	2000	4000	8000
裂缝长度/m	0.0005	0.0014	0.00807	0.051	0.166	0.410
	0.001	0.023	0.042	0.108	0.260	0.555
	0.002	0.055	0.083	0.173	0.368	0.720
	0.004	0.111	0.145	0.242	0.437	0.765
	0.006	0.131	0.159	0.237	0.387	0.633
	0.007	0.136	0.161	0.229	0.360	0.571
	0.01	0.149	0.169	0.219	0.313	0.463
	0.014	0.172	0.189	0.229	0.300	0.414
	0.016	0.175	0.191	0.229	0.296	0.400
	0.018	0.184	0.201	0.239	0.301	0.397
	0.02	0.192	0.210	0.246	0.305	0.395
	0.04	0.287	0.303	0.336	0.383	0.451
	0.08	0.470	0.474	0.492	0.525	0.575
	0.12	0.521	0.523	0.538	0.567	0.612
	0.16	0.925	0.929	0.939	0.956	0.982
	0.179	1.442	1.477	1.505	1.529	1.554

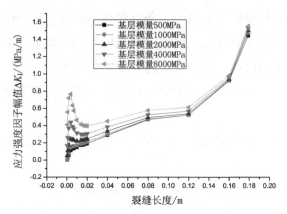

图 5.32　不同基层模量下 ΔK_I 随裂缝长度的变化规律

由图 5.32 可见，基层模量较低时（500~1000MPa），ΔK_I 随裂缝长度的增长一直增大直至路表。沥青层模量较高时（2000~8000MPa），裂缝扩展初期 ΔK_I 先增后减，然后缓慢增大直至路表，而且基层模量越大，裂缝扩展初期的 ΔK_I 波动幅度越大，因此基层模量越大，裂缝扩展前期的 ΔK_I 变化越复杂。

不考虑裂缝扩展前期的复杂变化，相同裂缝长度处的 ΔK_I 是随基层模量的增加而递增的。

裂缝扩展长度越长，不同基层模量下的 ΔK_I 越接近，这说明随着裂缝向沥青层扩展，裂尖远离基层，基层模量对 ΔK_I 的影响越来越小。

4. 土基模量对应力强度因子变化幅值的影响

保持其他条件不变，当土基模量在 20~300MPa 变化时，应力强度因子变化幅值 ΔK_I 随裂缝长度变化的结果见表 5.31，如图 5.33 所示。

表 5.31　不同土基模量条件下 ΔK_I 的计算结果

I 型应力强度因子变化幅度 ΔK_I/(MPa/m)		土基模量/MPa					
		20	30	50	100	200	300
裂缝长度/m	0.0005	0.00087	0.00096	0.0128	0.0177	0.0214	0.0237
	0.001	0.0442	0.0452	0.0503	0.0579	0.0623	0.0638
	0.002	0.0864	0.0879	0.0948	0.105	0.110	0.112
	0.004	0.149	0.150	0.158	0.168	0.174	0.176
	0.006	0.163	0.164	0.170	0.179	0.184	0.186

续表

I 型应力强度因子变化幅度ΔK_I/(MPa/m)		土基模量/MPa					
		20	30	50	100	200	300
裂缝长度/m	0.007	0.164	0.165	0.171	0.179	0.184	0.186
	0.01	0.170	0.172	0.176	0.182	0.187	0.189
	0.014	0.189	0.191	0.194	0.200	0.204	0.206
	0.016	0.191	0.193	0.197	0.203	0.208	0.210
	0.018	0.201	0.203	0.207	0.213	0.219	0.222
	0.02	0.209	0.211	0.215	0.221	0.227	0.230
	0.04	0.305	0.307	0.310	0.314	0.318	0.320
	0.08	0.473	0.474	0.476	0.478	0.478	0.478
	0.12	0.528	0.526	0.526	0.521	0.514	0.510
	0.16	0.938	0.937	0.932	0.918	0.895	0.878
	0.179	1.517	1.508	1.489	1.446	1.383	1.337

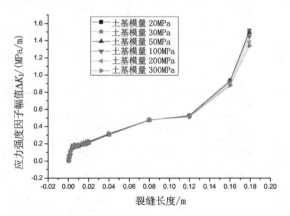

图 5.33　不同土基模量下 ΔK_I 随裂缝长度的变化规律

由图 5.33 可见，土基模量对 ΔK_I 的影响很小，土基模量从 20MPa 增大到 300MPa，ΔK_I 的变化率只有 10%左右。

不论土基模量多大，ΔK_I 都随裂缝长度的增加而递增。

土基模量越大的结构，ΔK_I 随裂缝长度增加的速率越慢，裂缝扩展前期，ΔK_I 随土基模量的增加而递增，随着裂缝长度的增长，ΔK_I 逐渐变为随土基模量的增加而递减。

5. 中面层厚度对应力强度因子变化幅值的影响

保持其他条件不变，当中面层厚度在 0.06～0.3m 变化时，应力强度因子变化幅值ΔK_I随裂缝长度变化的结果见表 5.32，如图 5.34 所示。

表 5.32 不同中面层厚度条件下ΔK_I的计算结果

I 型应力强度因子变化幅度ΔK_I/(MPa/m)		中面层厚度/m				
		0.06	0.12	0.18	0.24	0.3
裂缝长度/m	0.0005	0.014	0.00979	−0.0307	−0.0545	−0.105
	0.001	0.052	0.013	−0.0351	−0.0728	−0.113
	0.002	0.097	0.042	−0.0198	−0.0789	−0.135
	0.004	0.160	0.093	0.0226	−0.0489	−0.115
	0.006	0.171	0.114	0.0541	−0.00705	−0.0637
	0.007	0.173	0.123	0.0665	0.0117	−0.0437
	0.01	0.177	0.134	0.0900	0.0457	0.00478
	0.014	0.195	0.157	0.118	0.0787	0.0415
	0.016	0.198	0.159	0.122	0.0822	0.0456
	0.018	0.209	0.170	0.133	0.0949	0.0584
	0.02	0.217	0.178	0.142	0.104	0.0675
	0.04	0.311	0.266	0.226	0.186	0.148
	0.08	0.477	0.410	0.360	0.314	0.270
	0.12	0.526	0.426	0.379	0.335	0.289
	0.16	0.931	0.534	0.461	0.411	0.371
	0.179	1.484	0.601	0.501	0.445	0.401
	0.21		0.729	0.599	0.535	0.483
	0.239		1.772	0.685	0.558	0.492
	0.27			0.839	0.634	0.552
	0.299			1.353	0.692	0.588
	0.33				0.780	0.640
	0.359				2.278	0.654
	0.39					0.881
	0.419					2.545

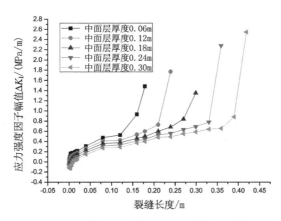

图 5.34　不同中面层厚度ΔK_I随裂缝长度的变化规律

由图 5.34 可见，ΔK_I随裂缝长度的增加一直增大，直至路表。相同裂缝长度处，ΔK_I随中面层厚度的增加而递减。中面层厚度较薄（小于 12cm）时，ΔK_I在裂缝扩展前期为正值，中面层厚度较厚（大于 18cm）时，ΔK_I在裂缝扩展前期为负值，可见随着中面层厚度的增加，裂缝扩展前期ΔK_I趋向复杂。ΔK_I为负值，表示在温度变化后的应力强度因子变小，因此裂缝仍可向上扩展。

6. 下面层厚度对应力强度因子变化幅值的影响

保持其他条件不变，当下面层厚度在 0.08～0.32m 变化时，应力强度因子变化幅值ΔK_I随裂缝长度变化的结果见表 5.33，如图 5.35 所示。

表 5.33　不同下面层厚度条件下ΔK_I的计算结果

I 型应力强度因子变化幅度ΔK_I/(MPa/m)	下面层厚度/m				
	0.08	0.12	0.16	0.24	0.32
裂缝长度/m	0.0005	0.052	0.0101	−0.0296	−0.0868	−0.141
	0.001	0.097	0.022	−0.022	−0.0835	−0.148
	0.002	0.160	0.0561	0.00983	−0.0907	−0.181
	0.004	0.014	0.114	0.0614	−0.0841	−0.165
	0.006	0.171	0.136	0.0927	−0.00615	−0.0999
	0.007	0.173	0.141	0.103	0.0164	−0.0723
	0.01	0.177	0.155	0.126	0.0578	−0.0124
	0.014	0.195	0.179	0.156	0.0983	0.0381

续表

I 型应力强度因子变化幅度ΔK_I/(MPa/m)	下面层厚度/m				
	0.08	0.12	0.16	0.24	0.32
裂缝长度/m 0.016	0.198	0.181	0.159	0.102	0.0414
0.018	0.209	0.192	0.172	0.110	0.0571
0.02	0.217	0.201	0.182	0.127	0.0685
0.04	0.311	0.300	0.282	0.229	0.168
0.08	0.477	0.465	0.446	0.392	0.326
0.12	0.526	0.495	0.474	0.420	0.356
0.16	0.931	0.635	0.579	0.519	0.461
0.179	1.484	0.728	0.639	0.563	0.501
0.20		1.139	0.737	0.613	0.553
0.219		1.550	0.869	0.666	0.568
0.24			1.340	0.725	0.615
0.259			1.769	0.793	0.673
0.30				0.936	0.748
0.339				1.342	0.829
0.38					1.058
0.419					3.226

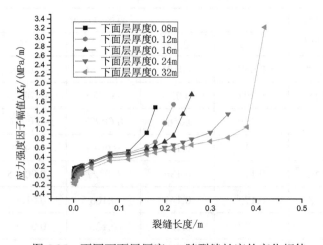

图 5.35　不同下面层厚度ΔK_I随裂缝长度的变化规律

由图 5.35 可见，ΔK_I 随裂缝长度的增加一直增大，直至路表。相同裂缝长度处，ΔK_I 随下面层厚度的增加而递减。下面层厚度较薄（小于 12cm）时，ΔK_I 在裂缝扩展前期为正值，下面层厚度较厚（大于18cm）时，ΔK_I 在裂缝扩展前期为负值，可见随着下面层厚度的增加，裂缝扩展前期的 ΔK_I 趋向复杂。

7. 基层厚度对应力强度因子变化幅值的影响

保持其他条件不变，当基层厚度在 0.18～0.72m 变化时，应力强度因子变化幅值 ΔK_I 随裂缝长度变化的结果见表 5.34，如图 5.36 所示。

表 5.34 不同基层厚度条件下 ΔK_I 的计算结果

I 型应力强度因子变化幅度 ΔK_I/(MPa/m)	半刚性基层厚度/m			
	0.18	0.36	0.54	0.72
裂缝长度/m 0.0005	0.0107	0.014	0.0744	0.112
0.001	0.0249	0.052	0.0862	0.128
0.002	0.0641	0.097	0.146	0.204
0.004	0.133	0.160	0.215	0.278
0.006	0.151	0.171	0.219	0.272
0.007	0.154	0.173	0.216	0.264
0.01	0.163	0.177	0.213	0.250
0.014	0.184	0.195	0.227	0.257
0.016	0.188	0.198	0.230	0.260
0.018	0.199	0.209	0.236	0.269
0.02	0.207	0.217	0.249	0.276
0.04	0.295	0.311	0.337	0.358
0.08	0.457	0.477	0.504	0.519
0.12	0.495	0.526	0.548	0.565
0.16	0.874	0.931	1.001	1.028
0.179	1.356	1.484	1.552	1.591

由图 5.36 可见，基层厚度小于 54cm 时，ΔK_I 随裂缝长度的增加一直增大，直至路表，基层厚度大于 54cm 时，ΔK_I 随裂缝长度的增加快速增长，裂缝长度为 4mm 时，ΔK_I 达到极大值，然后快速下降，在裂缝长度为 1cm 时达到极小值，然

后开始缓慢增长直至路表，即基层厚度越厚，裂缝扩展前期的ΔK_I变化越复杂。

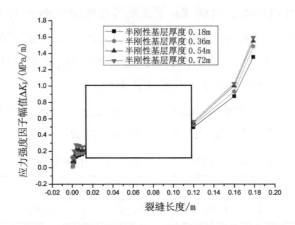

图 5.36　不同基层厚度ΔK_I随裂缝长度的变化规律

相同裂缝长度处，ΔK_I随基层厚度的增加而递减。

8. 气温下降幅度对应力强度因子变化幅值的影响

保持其他条件不变，当气温下降幅度在 5℃～15℃变化时，改变基本结构的温度场，应力强度因子变化幅值ΔK_I随裂缝长度变化的结果见表 5.35，如图 5.37 所示。

表 5.35　应力强度因子随气温下降幅度的变化幅值ΔK_I

I 型应力强度因子变化幅度 ΔK_I/(MPa/m)		气温下降幅度ΔT/℃		
		5	10	15
裂缝长度/m	0.0005	0.008	0.012	0.014
	0.001	0.023	0.038	0.052
	0.002	0.050	0.077	0.097
	0.004	0.085	0.118	0.160
	0.006	0.104	0.129	0.171
	0.007	0.109	0.134	0.173
	0.01	0.128	0.145	0.177
	0.014	0.160	0.171	0.195
	0.016	0.165	0.178	0.198

续表

I 型应力强度因子变化幅度 ΔK_I/(MPa/m)	气温下降幅度ΔT/℃		
	5	10	15
   裂缝 长度/m 0.018	0.174	0.182	0.209
0.02	0.179	0.197	0.217
0.04	0.258	0.276	0.311
0.08	0.402	0.432	0.477
0.12	0.467	0.497	0.526
0.16	0.768	0.865	0.931
0.179	1.136	1.243	1.484

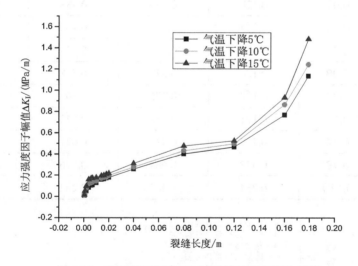

图 5.37　不同基层厚度ΔK_I随裂缝长度的变化规律

　　由图 5.37 可见，应力强度因子的变化幅度ΔK_I随气温下降幅度ΔT的增加而递增。

　　9. 路面结构整体降温幅度对应力强度因子变化幅值的影响

　　如果路面结构整体降温，不考虑热传递、大气和太阳辐射及沥青层模量随温度变化等诸多因素，应力强度因子随降温幅度的变化幅值ΔK_I见表 5.36，如图 5.38所示。

表 5.36　应力强度因子随降温幅度的变化幅值ΔK_I

I 型应力强度因子变化幅度ΔK_I/(MPa/m)		降温幅度ΔT_z/℃			
		5	10	15	20
裂缝长度/m	0.0005	0.059	0.118	0.177	0.236
	0.001	0.108	0.216	0.324	0.432
	0.002	0.154	0.309	0.463	0.617
	0.004	0.183	0.365	0.548	0.730
	0.006	0.168	0.336	0.504	0.672
	0.007	0.140	0.279	0.419	0.558
	0.014	0.130	0.261	0.391	0.521
	0.016	0.129	0.257	0.386	0.514
	0.018	0.127	0.253	0.380	0.506
	0.02	0.128	0.256	0.383	0.511
	0.04	0.147	0.294	0.440	0.587
	0.06	0.153	0.306	0.459	0.612
	0.08	0.186	0.372	0.558	0.744
	0.1	0.188	0.375	0.563	0.750
	0.12	0.191	0.382	0.573	0.764
	0.14	0.207	0.414	0.621	0.828
	0.16	0.332	0.664	0.996	1.328
	0.179	0.734	1.468	2.202	2.936

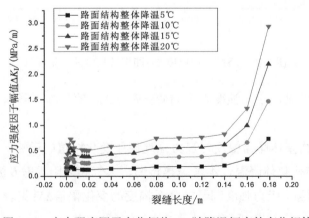

图 5.38　应力强度因子变化幅值ΔK_I随降温幅度的变化规律

由图 5.38 可见，应力强度因子的变化幅度 ΔK_I 随路面结构整体降温幅度 ΔT_z 的增加而呈线性增长。

5.5 半圆弯曲疲劳试验和疲劳参数

由于反射裂缝扩展实际也是荷载重复作用造成的，因此也属于疲劳破坏，断裂力学理论和 Paris 公式对其适用。对于反射裂缝加载过程中产生的滑开型应力强度因子，第 4 章已经通过小梁剪切试验得到了 Paris 公式参数和断裂韧度 K_IIC。本章的对称荷载、偏荷载和温度荷载都产生了张开型应力强度因子，为了得到张开型应力强度因子的 Paris 公式参数和断裂韧度 K_IC，进行半圆弯曲疲劳试验。

5.5.1 半圆弯曲疲劳试验

半圆弯曲疲劳试验原用于岩石力学性能的研究，被 Krans 等引入到沥青加铺层的设计中，用于评价加铺层的抗裂性能[147]，后来 Mull 等采用带切口的半圆试件评价了橡胶沥青混合料的抗裂性能[148]，半圆疲劳试验设备简单，可以用于模拟沥青混凝土张开型裂缝的扩展，试验装置如图 5.39 所示。

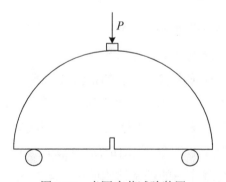

图 5.39　半圆疲劳试验装置

1. 试验方案

（1）试件制备。以试验路的材料和配合比为基础，成型直径 150mm、高度 160mm 左右的旋转压实圆柱体试件，通过钻芯机钻取直径 100mm 的圆柱体试件，再采用切割机将圆柱体试件切割成直径 100mm、高度 50mm、厚度 50mm、带 7mm 深切口的半圆形试件，如图 5.40 所示。

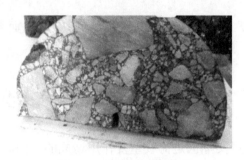

图 5.40　半圆形疲劳试件

（2）试模定制。试模提供半圆疲劳试验的两个支点，形状不需要固定，以简单实用为原则，定制的试模如图 5.41 所示，其两个支点间距 80mm。

图 5.41　半圆弯曲疲劳试验所用试模

（3）试验温度。试验温度设为 20℃。

（4）加载频率。加载频率设为 10Hz。

（5）加载波形。采用如图 2.5 所示的正弦波加载。

（6）疲劳荷载峰值。对半圆弯曲疲劳装置和沥青层底部带 7mm 初始裂缝的基本结构路面分别建立有限元模型进行试算，在基本结构路面受到 100kN 标准轴载作用时，半圆弯曲疲劳装置试件的顶部需要施加 500N 左右的应力，其裂尖才能与受到 100kN 对称荷载作用的基本结构的裂尖产生大小相同的拉应力，因此疲劳荷载峰值定为 500N。

（7）平行试验。每种材料的每个试验条件只进行一次疲劳试验。

2.　试验步骤

（1）试件在 20℃的环境箱中保温 5 小时以上，室内温度通过空调调节至 20℃。

（2）将半圆弯曲试件放置于 MTS810 材料测试系统上，如图 5.42 所示。

（3）设定好 MTS 的加载波形、加载频率、数据收集频率后，开始试验。

图 5.42　弯曲疲劳试验装置

3．试验结果

经过试验，得到三种沥青混合料的疲劳裂缝扩展曲线，如图 5.43 至图 5.45 所示。

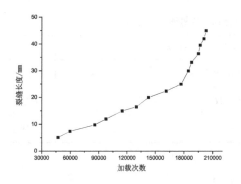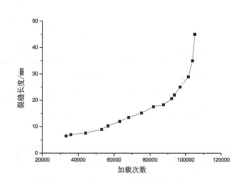

图 5.43　SMA13 疲劳裂缝扩展曲线　　　　图 5.44　AC20 疲劳裂缝扩展曲线

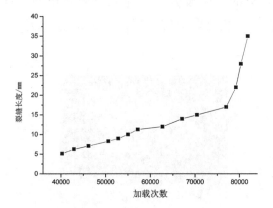

图 5.45　AC25 疲劳裂缝扩展曲线

5.5.2 Paris 公式参数

1. 半圆试件的裂缝扩展速率

通过半圆试件裂缝长度随荷载循环作用次数的变化规律,可以得到 a-N 曲线,而对 a-N 曲线求导即可得到裂缝扩展速率。本节以双指数函数对 a-N 曲线进行回归,见式(5.1)。

$$a = A_1 \times e^{-N/t_1} + A_2 \times e^{-N/t_2} + B \tag{5.1}$$

式中,a 为裂缝长度(mm);N 为荷载循环作用次数;A_1、A_2、t_1、t_2、B 为回归参数。

经过求导,裂缝扩展速率为:

$$da/dN = -A_1/t_1 \times e^{-N/t_1} - A_2/t_2 \times e^{-N/t_2} \tag{5.2}$$

三种沥青混合料的裂缝扩展曲线回归公式见表 5.37。

表 5.37 沥青混合料的裂缝扩展曲线回归公式

沥青混合料的类型	裂缝扩展回归曲线	R^2
SMA13	$a = (8.16E - 5) \times e^{N/16464} + 436923 \times e^{N/(3.17E9)} - 436925$	0.995
AC20	$a = 6.24 \times e^{N/66571} + (3.91E - 16) \times e^{N/2736} - 4.14$	0.993
AC25	$a = -45.21 \times e^{N/-56787} + (8.22E - 14) \times e^{N/2474} + 27.26$	0.992

注:a 为裂缝长度(mm);N 为荷载循环次数。

2. 半圆形试件的应力强度因子的计算

对各个沥青混合料的弯曲疲劳过程建立有限元模型进行计算,模量按照 21℃的动态模量取值,泊松比取 0.35,采用 3DStress 单元 C3D20R,模型如图 5.46 所示。

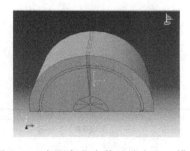

图 5.46 半圆弯曲疲劳试验有限元模型

通过计算得到不同裂缝长度的应力强度因子，由于是单一材料的受力分析，模量对计算结果无影响，三种材料的应力强度因子随裂缝长度的变化规律如图 5.47 所示。

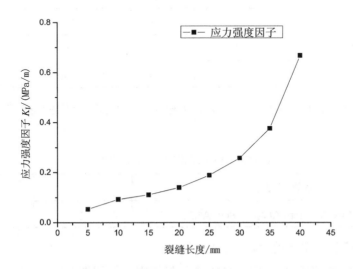

图 5.47 半圆弯曲疲劳试件疲劳扩展中的应力强度因子 K_{I}

3. Paris 公式参数的计算

对裂缝稳定扩展阶段的裂缝扩展速率与相应的应力强度因子分别取对数，并进行线形回归，可以得到 Paris 公式的参数 C 和 n，如图 5.48 所示。

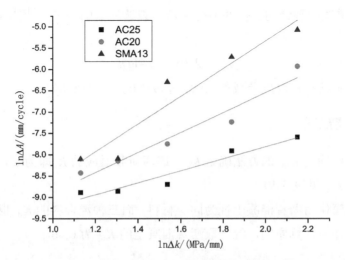

图 5.48 裂缝扩展速率与应力强度因子的双对数线形回归图

由图 5.48 和式（4.14）得到三种沥青混合料的 Paris 公式参数，见表 5.38。

表 5.38　Paris 公式参数汇总

沥青混合料的类型	n	截距	C	R^2
SMA13	3.25	−11.82	7.36E−6	0.91
AC20	2.34	−11.22	1.34E−5	0.93
AC25	1.40	−10.62	2.44E−5	0.89

按照第 4 章的方法对不同沥青层赋予权重，得到基本结构沥青层的 Paris 参数见表 5.39。

表 5.39　整个沥青层的 Paris 参数

沥青混凝土	n	C
4cm SMA13 + 6cm AC20 + 8cm AC25	2.12	3.4E−5

4. 温度荷载作用下的 Paris 公式参数

由于温度荷载作用一个周期与交通荷载作用一个周期对路面反射裂缝的影响相差很大，温度荷载作用下裂缝扩展速率肯定与交通荷载作用下裂缝扩展速率不同，温度荷载作用下的 Paris 公式参数与交通荷载作用下的 Paris 公式参数肯定是不同的，而沥青混凝土反射裂缝的温度荷载导致的扩展很难在实验室重现，通常按照经验取值，有的研究证明了沥青混合料疲劳断裂参数 C、n 的取值与荷载类型有关。温度诱发的裂缝的 n 值约为交通荷载裂缝 n 值的一半[149-150]，而且 C 与 n 存在以下关系：

$$\lg C = -2.36 - 1.14 \lg n \tag{5.3}$$

因此，基本结构在温度荷载作用时，n 取 1.06，C 取 0.004。

5.5.3　断裂韧度

按照第 4 章确定 K_{IIC} 的方法确定 K_{IC}，破坏荷载对应的 K_{I} 即为 K_{IC}。沥青混凝土的断裂韧度 K_{IC} 见表 5.40。

由于结构简化后沥青混凝土视为同一材料，而三种混合料的 K_{IC} 也比较接近，本节以不利条件为计算原则，统一取沥青混凝土的 K_{IC} 为 0.46。

表 5.40 沥青混合料的 K_{IC}

材料类型	温度/℃	最大荷载/N	裂缝长度/mm	K_{IC}/(MPa/m)	K_{IC} 平均值/(MPa/m)
SMA13	15	5470	12	0.497	0.48
		4510	16	0.492	
		3490	22	0.476	
		2570	26	0.468	
AC20	15	5080	12	0.462	0.46
		4230	16	0.461	
		3430	22	0.468	
		2510	26	0.457	
AC25	15	5330	12	0.485	0.48
		4430	16	0.484	
		3630	22	0.495	
		2600	26	0.473	

5.6 半刚性基层沥青路面反射裂缝扩展寿命分析

5.6.1 对称荷载作用时反射裂缝扩展寿命分析

根据前文分析，对称荷载作用下，如果急剧增长阶段的 K_I 极大值超过断裂韧度，则路面将快速断裂；如果急剧增长阶段的 K_I 和缓慢变化阶段的 K_I 都没有超过断裂韧度，则裂缝在 $K_I=0$ 时将停止扩展；如果急剧增长阶段的 K_I 未超过断裂韧度，而缓慢变化阶段的 K_I 超过了断裂韧度，则路面将在裂缝缓慢增长阶段发生突然断裂，但是由于急剧增长阶段和缓慢变化阶段 K_I 的极值相差并不大，这种情况发生的几率较小。

在对称荷载作用下，单独改变沥青层模量、基层模量、土基模量、面层厚度、基层厚度和轴载，应力强度因子 K_I 都没有达到 K_{IC}，因此路面不会发生突然断裂，裂缝将从沥青层底部扩展至 $K_I=0$ 的位置。

依据 5.4.1 节对称荷载作用下 K_I 随影响因素在裂缝扩展初期的变化规律，选取见表 5.41 的不利结构进行分析。

表 5.41　对称荷载作用时的不利结构

结构	厚度/cm	模量/MPa
沥青混凝土	18	12000
水泥稳定碎石	54	8000
土基		30

不利结构在不同的轴载作用下，裂缝扩展初期的 K_I 见表 5.42。

表 5.42　不利结构在对称荷载作用下裂缝扩展初期的 K_I

I 型应力强度因子 K_I/(MPa/m)		轴载/kN				
		80	100	120	150	200
裂缝长度/m	0.0005	0.107	0.134	0.161	0.201	0.268
	0.001	0.174	0.218	0.262	0.327	0.436
	0.002	0.279	0.349	0.419	0.524	0.698
	0.004	0.310	0.387	0.464	0.581	0.774

由表 5.42 可见，轴载对 K_I 的影响非常大，不利结构在 100kN 以下荷载作用时不会产生路面断裂，因此半刚性基层结构在标准荷载对称作用时反射裂缝都不会反射到路表。120kN 荷载作用时，路面在反射裂缝的扩展初期就会发生断裂，对 120kN 荷载作用下的裂缝扩展初期的 K_I 进行回归，得到 K_I 的回归公式如下：

$$K_I = 123.58X^{0.00125} - 122.24 \qquad (5.4)$$

按照 Paris 公式积分，得到路面断裂时的荷载作用次数为 1864 次。因此，该不利结构在 100kN 以下对称荷载作用时反射裂缝不会扩展至路表，但是在超载作用下，路面很快就会发生断裂。

因此，对称荷载作用下，如果轴载较小，不利结构的反射裂缝不会扩展至路表；如果轴载足够大，不利结构的反射裂缝将很快扩展到路表；在特定的轴载大小和结构形式下，可能会出现急剧增长阶段的 K_I 未超过断裂韧度，而缓慢变化阶段的 K_I 超过了断裂韧度，路面会在裂缝缓慢增长阶段发生突然断裂，但是这种情况比较少见。

5.6.2　偏荷载作用时反射裂缝扩展寿命分析

偏荷载作用时的 K_I 与对称荷载作用时的 K_I 变化规律相似，但是数值偏小，不利结构在偏荷载作用下裂缝扩展初期的 K_I 见表 5.43。

表 5.43 不利结构在偏荷载作用下裂缝扩展初期的 K_I

I 型应力强度因子 K_I/(MPa/m)		轴载/kN				
		80	100	120	150	200
裂缝长度/m	0.0005	0.103	0.129	0.155	0.232	0.258
	0.001	0.168	0.210	0.252	0.378	0.420
	0.002	0.269	0.336	0.403	0.605	0.672
	0.004	0.295	0.369	0.443	0.664	0.738

由表 5.43 可见，在低于 120kN 的偏荷载作用下，裂缝不会扩展至路表，但是在 150kN 的偏荷载作用下，路面很快就会发生断裂。

因此，偏荷载作用下，如果轴载较小，不利结构的反射裂缝不会扩展至路表；如果轴载足够大，不利结构的反射裂缝将很快扩展至路表。

偏荷载既产生 K_I，又产生 K_{II}。K_{II} 不论正负，都可以导致裂缝扩展，下面是偏荷载作用下产生的 K_{II} 对裂缝扩展寿命的分析。

1. 面层模量对反射裂缝扩展寿命的影响

对于部分裂缝扩展初期持续时间很短，变化复杂（有正有负）且未达到断裂韧度的结构，忽略裂缝扩展初期的复杂性，即假设裂缝扩展全过程稳定变化，通过对 Paris 公式的积分得到不同的面层模量对应的扩展寿命见表 5.44，如图 5.49 所示。

表 5.44 反射裂缝扩展寿命随面层模量变化的结果

面层模量/MPa	应力强度因子拟合公式	R^2	反射裂缝扩展寿命
1000	$0.10069X^{0.30787}-0.00805$	0.885	401200
2000	$0.16476X^{0.55382}+0.0009$	0.908	429800
4000	$0.29369X^{0.8076}+0.00369$	0.930	475300
8000	$0.43564X^{0.96612}+0.00308$	0.948	561200
12000	$0.49706X^{1.012}+0.00197$	0.952	635100

由图 5.49 可见，反射裂缝扩展寿命随着面层模量的增加而递增。

由表 5.44 可知，在偏荷载产生的 K_{II} 作用下，面层模量对半刚性基层沥青路面反射裂缝扩展寿命影响的敏感度系数 $S = \dfrac{(635112-401176)/401176}{(12000-1000)/1000} = 0.053$。

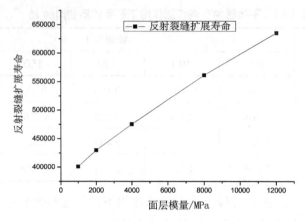

图 5.49　反射裂缝扩展寿命随面层模量的变化规律

2. 基层模量对反射裂缝扩展寿命的影响

不同的基层模量对应的反射裂缝扩展寿命见表 5.45，如图 5.50 所示。

表 5.45　反射裂缝扩展寿命随基层模量的变化结果

基层模量/MPa	应力强度因子拟合公式	R^2	反射裂缝扩展寿命
500	$0.59249X^{1.08758}+0.00024$	0.957	887700
1000	$0.50605X^{1.02341}+0.00205$	0.953	644700
2000	$0.37014X^{0.88429}+0.00316$	0.939	498900
4000	$0.2227X^{0.64017}+0.00122$	0.913	405700
8000	$0.13672X^{0.36711}-0.00828$	0.884	363100

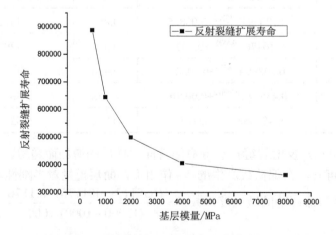

图 5.50　反射裂缝扩展寿命随基层模量的变化规律

由图 5.50 可见，反射裂缝扩展寿命随着基层模量的增加而递减。

由表 5.45 可知，在偏荷载产生的 K_{II} 作用下，基层模量对半刚性基层沥青路面反射裂缝扩展寿命影响的敏感度系数 $S = \dfrac{(363062 - 887709)/887709}{(8000 - 500)/500} = -0.039$。

3. 土基模量对反射裂缝扩展寿命的影响

不同的土基模量对应的反射裂缝扩展寿命见表 5.46，如图 5.51 所示。

表 5.46　反射裂缝扩展寿命随土基模量的变化结果

土基模量/MPa	应力强度因子拟合公式	R^2	反射裂缝扩展寿命
30	$0.45118X^{0.95729}+0.00181$	0.946	583200
50	$0.47751X^{0.996}+0.00236$	0.950	602200
100	$0.49394X^{1.03011}+0.00261$	0.954	641300
200	$0.48377X^{1.0421}+0.00252$	0.956	690600
300	$0.47377X^{1.04616}+0.00231$	0.957	732900

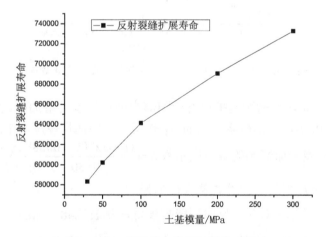

图 5.51　反射裂缝扩展寿命随土基模量的变化规律

由图 5.51 可见，反射裂缝扩展寿命随着土基模量的增加而递增。

由表 5.46 可知，在偏荷载产生的 K_{II} 作用下，土基模量对半刚性基层沥青路面反射裂缝扩展寿命影响的敏感度系数 $S = \dfrac{(732915 - 583153)/583153}{(300 - 30)/30} = 0.029$。

4. 中面层厚度对反射裂缝扩展寿命的影响

不同的中面层厚度对应的反射裂缝扩展寿命见表 5.47，如图 5.52 所示。

表 5.47 反射裂缝扩展寿命随中面层厚度的变化结果

中面层厚度/m	应力强度因子拟合公式	R^2	反射裂缝扩展寿命
0.06	$0.52365X^{1.04682}+0.00236$	0.947	655900
0.12	$0.26846X^{0.94354}+0.0007$	0.964	1816300
0.18	$0.39068X^{1.38303}+0.00223$	0.970	5105100
0.24	$0.11971X^{0.87724}-0.00005$	0.959	7878300
0.30	$0.08761X^{0.8334}-0.0003$	0.962	13032700

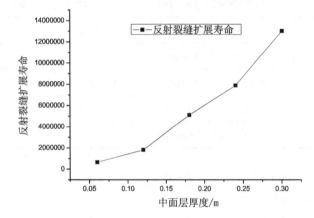

图 5.52 反射裂缝扩展寿命随中面层厚度的变化规律

由图 5.52 可见，反射裂缝扩展寿命随着中面层厚度的增加而递增。

由表 5.47 可知，在偏荷载产生的 K_{II} 作用下，中面层厚度对半刚性基层沥青路面反射裂缝扩展寿命影响的敏感度系数 $S = \dfrac{(13032700-655882)/655882}{(0.30-0.06)/0.06} = 4.7$。

5. 下面层厚度对反射裂缝扩展寿命的影响

不同的下面层厚度对应的反射裂缝扩展寿命见表 5.48，如图 5.53 所示。

表 5.48 反射裂缝扩展寿命随下面层厚度的变化结果

下面层厚度/m	应力强度因子拟合公式	R^2	反射裂缝扩展寿命
0.08	$0.52365X^{1.04682}+0.00236$	0.947	655900
0.12	$0.39632X^{1.06986}+0.00188$	0.960	735400
0.16	$0.65513X^{1.52963}+0.00325$	0.969	1023000
0.24	$0.53036X^{1.75149}+0.00295$	0.934	1326700
0.32	$0.13397X^{1.06105}+0.0002$	0.906	1598230

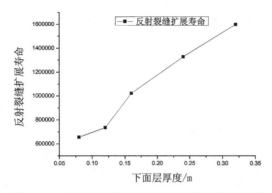

图 5.53　反射裂缝扩展寿命随下面层厚度的变化规律

由图 5.53 可见，反射裂缝扩展寿命随着下面层厚度的增加而递增。

由表 5.48 可知，在偏荷载产生的 K_{II} 作用下，下面层厚度对半刚性基层沥青路面反射裂缝扩展寿命影响的敏感度系数 $S = \dfrac{(1598230 - 655882)/655882}{(0.32 - 0.08)/0.08} = 0.48$。

6. 基层厚度对反射裂缝扩展寿命的影响

不同的基层厚度对应的反射裂缝扩展寿命见表 5.49，如图 5.54 所示。

表 5.49　反射裂缝扩展寿命随基层厚度的变化结果

基层厚度/m	应力强度因子拟合公式	R^2	反射裂缝扩展寿命
0.18	$0.48313X^{1.00218} + 0.00025$	0.949	773000
0.36	$0.52365X^{1.04682} + 0.00236$	0.947	655900
0.54	$0.51901X^{1.03497} + 0.0027$	0.948	613400
0.72	$0.53305X^{1.04567} + 0.0031$	0.948	596400

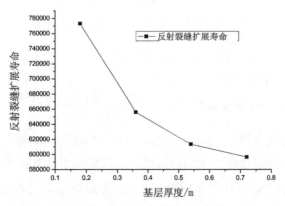

图 5.54　反射裂缝扩展寿命随基层厚度的变化规律

由图 5.54 可见，反射裂缝扩展寿命随着基层厚度的增加而递减。

由表 5.49 可知，在偏荷载产生的 K_{II} 作用下，基层厚度对半刚性基层沥青路面反射裂缝扩展寿命影响的敏感度系数 $S = \dfrac{(596394-773038)/773038}{(0.72-0.18)/0.18} = -0.076$。

7. 轴载对反射裂缝扩展寿命的影响

不同轴载对应的疲劳寿命计算结果见表 5.50，如图 5.55 所示。

表 5.50   反射裂缝扩展寿命随轴载的变化结果

轴载/kN	应力强度因子拟合公式	R^2	反射裂缝扩展寿命
80	$0.42056X^{1.04913}+0.00193$	0.947	881400
100	$0.52365X^{1.04682}+0.00236$	0.947	655900
120	$0.6273X^{1.04588}+0.00282$	0.947	614400
150	$0.78312X^{1.04508}+0.00352$	0.947	381800
200	$1.04728X^{1.04681}+0.00472$	0.947	260900

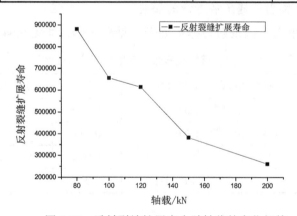

图 5.55   反射裂缝扩展寿命随轴载的变化规律

由图 5.55 可见，反射裂缝扩展寿命随着轴载的增加而递减。

由表 5.50 可知，在偏荷载产生的 K_{II} 作用下，轴载对半刚性基层沥青路面反射裂缝扩展寿命影响的敏感度系数 $S = \dfrac{(260885-881385)/881385}{(200-80)/80} = -0.47$。

综上所述，偏荷载作用下，K_{II} 产生的反射裂缝扩展寿命随着面层模量、土基模量、中面层厚度、下面层厚度的增加而递增，随基层模量、基层厚度和轴载的增加而递减。各影响因素对 K_{II} 产生的反射裂缝扩展寿命影响显著性的次序为：中面层厚度＞下面层厚度＞轴载＞基层厚度＞面层综合模量＞基层综合模量＞土基模量。

5.6.3 温度荷载作用时反射裂缝扩展寿命分析

1. 面层模量对反射裂缝扩展寿命的影响

不同的面层模量对应的反射裂缝扩展寿命见表 5.51，如图 5.56 所示。

表 5.51 反射裂缝扩展寿命随面层模量的变化结果

面层模量/MPa	应力强度因子拟合公式	R^2	反射裂缝扩展寿命
500	$190.09136X^{3.71556}+0.0913$	0.937	360
1000	$123.08468X^{3.00562}+0.12838$	0.935	200
2000	$121.44415X^{2.56927}+0.18329$	0.935	70
3000	$133.57406X^{2.38511}+0.23037$	0.938	30
4000	$113.79218X^{2.1406}+0.26833$	0.943	20

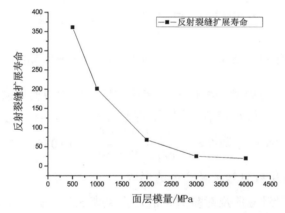

图 5.56 反射裂缝扩展寿命随面层模量的变化规律

由图 5.56 可见，反射裂缝扩展寿命随着面层模量的增加而递减。

由表 5.51 可知，在温度荷载作用下，面层模量对半刚性基层沥青路面反射裂缝扩展寿命影响的敏感度系数 $S = \dfrac{(20-361)/361}{(4000-500)/500} = -0.13$。

2. 基层模量对反射裂缝扩展寿命的影响

基层模量大于 8000MPa 时，裂缝扩展 1mm 即发生路面断裂，基层模量低于 8000MPa 时，不考虑裂缝扩展前期的复杂变化，不同的面层模量对应的反射裂缝扩展寿命见表 5.52，如图 5.57 所示。

表 5.52　反射裂缝扩展寿命随基层模量的变化结果

基层模量/MPa	应力强度因子拟合公式	R^2	反射裂缝扩展寿命
500	$100.54261X^{2.58078}+0.16198$	0.951	100
1000	$183.28263X^{2.92144}+0.18817$	0.952	90
2000	$506.28951X^{3.51862}+0.24948$	0.960	70
4000	$3839.23745X^{4.72283}+0.35879$	0.962	40

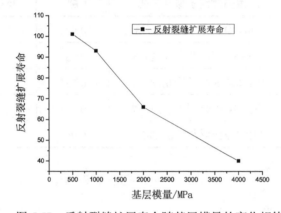

图 5.57　反射裂缝扩展寿命随基层模量的变化规律

由图 5.57 可见，反射裂缝扩展寿命随着基层模量的增加而递减。

由表 5.52 可知，在温度荷载作用下，基层模量对半刚性基层沥青路面反射裂缝扩展寿命影响的敏感度系数 $S = \dfrac{(40-101)/101}{(4000-500)/500} = -0.086$。

3. 土基模量对反射裂缝扩展寿命的影响

不同的土基模量对应的反射裂缝扩展寿命见表 5.53，如图 5.58 所示。

表 5.53　反射裂缝扩展寿命随土基模量的变化结果

土基模量/MPa	应力强度因子拟合公式	R^2	反射裂缝扩展寿命
20	$135.06772X^{2.72034}+0.1599$	0.934	100
30	$130.17904X^{2.70321}+0.16112$	0.934	100
50	$121.91707X^{2.67572}+0.16623$	0.934	90
100	$103.68474X^{2.6042}+0.17226$	0.933	90
200	$74.55016X^{2.44586}+0.175$	0.930	80
300	$55.30145X^{2.29768}+0.17492$	0.927	80

由图 5.58 可见，反射裂缝扩展寿命随着土基模量的增加而递减。

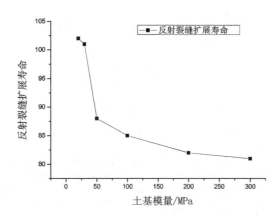

图 5.58　反射裂缝扩展寿命随土基模量的变化规律

由表 5.53 可知，在温度荷载作用下，土基模量对半刚性基层沥青路面反射裂缝扩展寿命影响的敏感度系数 $S = \dfrac{(81-102)/102}{(300-20)/20} = -0.015$。

4. 中面层厚度对反射裂缝扩展寿命的影响

不同的中面层厚度对应的反射裂缝扩展寿命见表 5.54，如图 5.59 所示。

表 5.54　反射裂缝扩展寿命随中面层厚度的变化结果

中面层厚度/m	应力强度因子拟合公式	R^2	反射裂缝扩展寿命
0.06	$119.10143X^{2.66504}+ 0.1676$	0.934	90
0.12	$978.94306X^{4.5256}+0.15561$	0.931	220
0.18	$7.71314X^{1.64012}+0.07384$	0.930	290
0.24	$1.49478X^{0.55513}-0.08761$	0.988	350
0.30	$1.45403X^{0.54389}-0.13698$	0.977	520

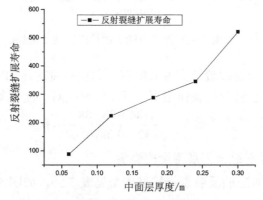

图 5.59　反射裂缝扩展寿命随中面层厚度的变化规律

由图 5.59 可见，反射裂缝扩展寿命随着中面层厚度的增加而递增。

由表 5.54 可知，在温度荷载作用下，中面层厚度对半刚性基层沥青路面反射裂缝扩展寿命影响的敏感度系数 $S = \dfrac{(521-88)/88}{(0.30-0.06)/0.06} = 1.23$。

5. 下面层厚度对反射裂缝扩展寿命的影响

不同的下面层厚度对应的反射裂缝扩展寿命见表 5.55，如图 5.60 所示。

表 5.55　反射裂缝扩展寿命随下面层厚度的变化结果

下面层厚度/m	应力强度因子拟合公式	R^2	反射裂缝扩展寿命
0.08	$119.10143X^{2.66504}+0.1676$	0.934	90
0.12	$94.59172X^{2.82422}+0.15561$	0.931	100
0.16	$74.99405X^{2.89291}+0.13394$	0.930	130
0.24	$3.0432X^{0.91262}-0.02343$	0.953	150
0.32	$1.89171X^{0.57185}-0.17527$	0.980	180

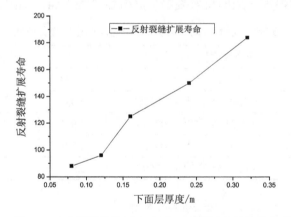

图 5.60　反射裂缝扩展寿命随下面层厚度的变化规律

由图 5.60 可见，反射裂缝扩展寿命随着下面层厚度的增加而递增。

由表 5.55 可知，在温度荷载作用下，下面层厚度对半刚性基层沥青路面反射裂缝扩展寿命影响的敏感度系数 $S = \dfrac{(184-88)/88}{(0.32-0.08)/0.08} = 0.36$。

6. 基层厚度对反射裂缝扩展寿命的影响

不同的基层厚度对应的反射裂缝扩展寿命见表 5.56，如图 5.61 所示。

表 5.56　反射裂缝扩展寿命随基层厚度的变化结果

基层厚度/m	应力强度因子拟合公式	R^2	反射裂缝扩展寿命
0.18	$59.68159X^{2.31848}+ 0.14583$	0.928	90
0.36	$119.10143X^{2.66504}+ 0.1676$	0.934	90
0.54	$199.45971X^{2.94318}+0.20987$	0.944	70
0.72	$362.75403X^{3.28588}+ 0.25218$	0.949	60

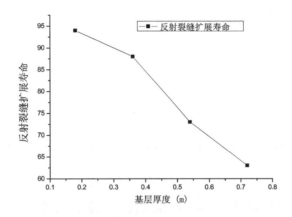

图 5.61　反射裂缝扩展寿命随基层厚度的变化规律

由图 5.61 可见，反射裂缝扩展寿命随着基层厚度的增加而递减。

由表 5.56 可知，在温度荷载作用下，基层厚度对半刚性基层沥青路面反射裂缝扩展寿命影响的敏感度系数 $S = \dfrac{(63-94)/94}{(0.72-0.18)/0.18} = -0.11$。

7. 气温下降幅度对反射裂缝扩展寿命的影响

气温下降时，考虑到温度场，不同的气温下降幅度对应的反射裂缝扩展寿命见表 5.57，如图 5.62 所示。

表 5.57　反射裂缝扩展寿命随气温下降幅度的变化结果

气温下降幅度/℃	应力强度因子拟合公式	R^2	反射裂缝扩展寿命
5	$17.13988X^{1.69088}+ 0.1039$	0.945	160
10	$27.78999X^{1.91934}+0.12706$	0.947	150
15	$119.10143X^{2.66504}+ 0.1676$	0.934	90

由图 5.62 可见，反射裂缝扩展寿命随着气温下降幅度的增加而递减。

由表 5.57 可知，在温度荷载作用下，降温幅度对半刚性基层沥青路面反射裂缝扩展寿命影响的敏感度系数 $S = \dfrac{(88-157)/157}{(15-5)/5} = -0.22$。

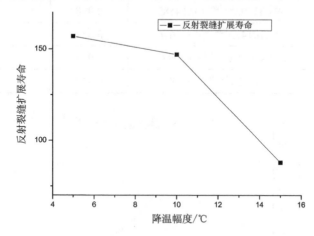

图 5.62　反射裂缝扩展寿命随气温下降幅度的变化规律

8. 路面整体降温幅度对反射裂缝扩展寿命的影响

假设路面结构整体降温,不同的降温幅度对应的反射裂缝扩展寿命见表 5.58,如图 5.63 所示。

表 5.58　反射裂缝扩展寿命随降温幅度的变化结果

路面结构整体降温幅度/℃	应力强度因子拟合公式	R^2	反射裂缝扩展寿命
5	$7.57454\mathrm{E}6X^{9.51821}+0.1447$	0.948	280
10	$1.50351\mathrm{E}7X^{9.51372}+0.28919$	0.948	130
15	$137.3174X^{0.00133}-135.74929$	0.959	2
20	—	—	—

由图 5.63 可见,反射裂缝扩展寿命随着路面结构的整体降温幅度的增加而递减。

由表 5.58 可知,在温度荷载作用下,路面结构的整体降温幅度对半刚性基层沥青路面反射裂缝扩展寿命影响的敏感度系数 $S = \dfrac{(2-277)/277}{(15-5)/5} = -0.50$。

综上所述,温度荷载作用产生的反射裂缝扩展寿命随着中面层厚度和下面层厚度的增加而递增,随面层模量、基层模量、土基模量和降温幅度的增加而递减。各影响因素对温度荷载产生的反射裂缝扩展寿命影响显著性的次序为:中面层厚度＞路面结构整体降温幅度＞下面层厚度＞气温下降幅度＞基层厚度＞面层综合模量＞基层综合模量＞土基模量。

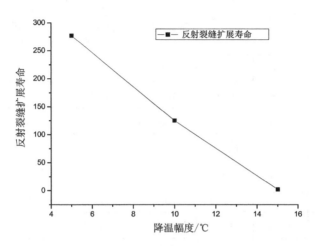

图 5.63　反射裂缝扩展寿命随降温幅度的变化规律

5.6.4　路面初始状态荷载响应分析

反射裂缝是在基层产生贯穿性的温缩与干缩裂缝后沥青层产生的裂缝，路面初始状态是在基层产生温缩与干缩裂缝之前，此时路面处于无损状态。与车辙和疲劳裂缝扩展相似，路面初始状态的荷载响应是最有代表性的荷载响应，而且可以和反射裂缝扩展寿命对应。

反射裂缝成因复杂，对称荷载作用下，反射裂缝或者不扩展至路表，或者在超载作用下快速扩展至路表，很难进行反射裂缝扩展寿命的规律性分析，偏荷载作用时裂缝尖端的 K_{I} 导致的反射裂缝扩展结果与对称荷载作用类似。可以进行规律性分析的只有偏荷载作用时裂缝尖端的 K_{II} 导致的反射裂缝扩展寿命和温度荷载作用导致的反射裂缝扩展寿命。而温度荷载是在温度变化区间内对路面进行加载，只可以计算应力强度因子的变化幅值，无法计算初始状态或某一时刻的荷载响应。因此，本节只分析偏荷载作用下的路面初始状态荷载响应。

偏荷载作用时，基层模量和土基模量对路面疲劳寿命的影响很不显著，因此不分析其变化对荷载响应的影响。以路面力学软件 BISAR 建立无损路面模型，不同结构的路面初始状态的荷载响应见表 5.59。

表 5.59　不同结构条件和环境条件下的路面荷载响应

变化的结构条件和环境条件					初始状态下的位置荷载响应指标		
中面层厚度/m	下面层厚度/m	基层厚度/m	面层模量/MPa	轴载/kN	沥青层底拉应变/microstrain	半刚性基层顶面压应力/kPa	土基顶面压应力/kPa
0.06	0.08	0.36	10622	100	46.33	112.5	9.12
0.12	0.08	0.36	10617	100	34.83	70.05	7.01
0.18	0.08	0.36	10613	100	26.92	46.62	5.51
0.24	0.08	0.36	10611	100	21.48	32.99	4.43
0.3	0.08	0.36	10610	100	17.45	24.23	3.62
0.06	0.12	0.36	11000	100	37.45	79.37	7.55
0.06	0.16	0.36	11261	100	30.78	58.16	6.31
0.06	0.24	0.36	11600	100	21.86	34.40	4.57
0.06	0.32	0.36	11810	100	16.18	22.11	3.42
0.06	0.08	0.18	10622	100	61.60	86.75	15.55
0.06	0.08	0.54	10622	100	41.31	121.8	5.88
0.06	0.08	0.72	10622	100	39.45	125.5	4.07
0.06	0.08	0.36	1000	100	51.76	262.5	15.31
0.06	0.08	0.36	2000	100	62.68	220.11	13.10
0.06	0.08	0.36	4000	100	61.12	173.6	1.126
0.06	0.08	0.36	6000	100	55.98	146.8	10.33
0.06	0.08	0.36	8000	100	51.24	128.7	9.70
0.06	0.08	0.36	10622	80	37.07	90.03	7.30
0.06	0.08	0.36	10622	120	55.60	135.0	10.95
0.06	0.08	0.36	10622	150	69.50	168.8	13.69
0.06	0.08	0.36	10622	200	92.67	225.1	18.25

5.6.5　反射裂缝扩展寿命预估模型

根据前文所述，反射裂缝成因复杂，反射裂缝扩展寿命无法简单预估，必须根据情况具体分析。

对称荷载作用下，单独改变基本结构的某一影响因素不会使反射裂缝扩展到路表；轴载是决定反射裂缝能否扩展到路表的最重要的因素，不利结构在轴载较大时，K_I 很快达到断裂韧度，路面快速断裂；轴载较小时，不利结构的反射裂缝扩展至路面某一深度处停止扩展，从路表将看不到反射裂缝；在特定的轴载大小和结构形式下，可能会出现急剧增长阶段的 K_I 未超过断裂韧度，而缓慢变化阶段的 K_I 超过了断裂韧度，路面会在裂缝缓慢增长阶段发生突然断裂，但是这种情况比较少见。

偏荷载作用下，裂缝尖端会产生张开型应力集中和滑开型应力集中，两种应力强度因子都不可忽略，其中，K_I 导致的裂缝扩展结果与对称荷载作用导致的裂缝扩展结果类似。

K_{II} 导致的反射裂缝扩展寿命随面层模量、土基模量、面层厚度的增加而递增，随基层模量、基层厚度和轴载的增加而递减。

温度荷载作用下，ΔK_I 随中面层厚度和基层厚度的增加而递减，随面层模量、基层模量、土基模量和降温幅度的增加而递增。反射裂缝扩展寿命随中面层厚度、下面层厚度的增加而递增，随面层模量、基层模量、土基模量、基层厚度和轴载的增加而递减。

因此，对不同成因的反射裂缝扩展寿命分别进行如下分析：

（1）对称荷载作用时裂缝尖端产生的 K_I 导致裂缝扩展。对称荷载作用时，只产生张开型应力集中，反射裂缝扩展存在两个极端，快速断裂或永不断裂，在特定的轴载大小和结构形式下，可能会出现急剧增长阶段的 K_I 未超过断裂韧度，而缓慢变化阶段的 K_I 超过了断裂韧度，路面会在裂缝缓慢增长阶段发生突然断裂，但是这种情况比较少见。

（2）偏荷载作用时裂缝尖端产生的 K_I 导致裂缝扩展。偏荷载作用时，产生的张开型应力集中导致的结果与对称荷载类似。

（3）偏荷载作用时裂缝尖端产生的 K_{II} 导致裂缝扩展。偏荷载作用产生的滑开型应力集中具有随路面结构和轴载等因素规律变化的特性，可以进行裂缝扩展寿命的预估。为了简化预估公式，剔除对反射裂缝扩展寿命影响敏感度过低的参数，选择面层综合模量、中面层厚度、下面层厚度、轴载和初始状态荷载响应作为反射裂缝扩展寿命预估模型的参数。因为反射裂缝扩展是沥青层受外力作用产生的破坏，显然与土基和半刚性基层的顶面压应力的关系不大，因此初始状态荷载响应只取沥青层底拉应变进行分析，预估分析的数据见表 5.60。

表 5.60 反射裂缝扩展预估模型的数据

变化的结构条件和环境条件					初始状态下位置荷载沥青层底拉应变/microstrain	反射裂缝扩展寿命
中面层厚度/m	下面层厚度/m	基层厚度/m	面层模量/MPa	轴载/kN		
0.06	0.08	0.36	10622	100	46.33	655900
0.12	0.08	0.36	10617	100	34.83	1816300
0.18	0.08	0.36	10613	100	26.92	5105100
0.24	0.08	0.36	10611	100	21.48	7878300
0.3	0.08	0.36	10610	100	17.45	13032700
0.06	0.12	0.36	11000	100	37.45	735400
0.06	0.16	0.36	11261	100	30.78	1023000
0.06	0.24	0.36	11600	100	21.86	1326700
0.06	0.32	0.36	11810	100	16.18	1598200
0.06	0.08	0.18	10622	100	61.60	773000
0.06	0.08	0.54	10622	100	41.31	613400
0.06	0.08	0.72	10622	100	39.45	596400
0.06	0.08	0.36	1000	100	51.76	401200
0.06	0.08	0.36	2000	100	62.68	429800
0.06	0.08	0.36	4000	100	61.12	475300
0.06	0.08	0.36	8000	100	55.98	561200
0.06	0.08	0.36	12000	100	51.24	635100
0.06	0.08	0.36	10622	80	37.07	881400
0.06	0.08	0.36	10622	120	55.60	614400
0.06	0.08	0.36	10622	150	69.50	381800
0.06	0.08	0.36	10622	200	92.67	260900

在保证公式物理意义的基础上，选择以下公式作为疲劳寿命回归公式：

$$N = (a \times h_{p2} + b \times h_{p3}) \times \left(\frac{E_p}{load}\right)^c \times \varepsilon_p^{\ d} \tag{5.5}$$

式中，N 为反射裂缝扩展寿命；E_p 为面层综合模量（MPa）；h_{p2} 为中面层厚度（m）；h_{p3} 为下面层厚度（m）；$load$ 为轴载（kN）；ε_p 为沥青层底初始状态拉应变（microstrain）；a、b、c、d 为参数。

经过非线性回归，式（5.5）的参数回归结果见表 5.61。

表 5.61 式（5.5）的参数回归结果

$$N = (a \times h_{p2} + b \times h_{p3}) \times \left(\frac{E_p}{load}\right)^c \times \varepsilon_p^{\ d}$$

参数	估计	标准误	95%置信区间	
			下限	上限
a	1.220E9	1.272E8	9.477E8	1.493E9
b	1.072E8	2.414E5	−3.025E8	2.052E8
c	0.049	0.070	−0.102	0.201
d	−1.238	1.146	−3.101	3.101

ANOVAa			
源	平方和	df	均方
回归	2.707E14	6	4.512E13
残差	7.177E11	14	5.127E10
未更正的总计	2.714E14	20	
已更正的总计	1.938E14	19	

因变量：n

$R^2 = 1-$（残差平方和）/（已更正的平方和）$=0.996$

因此，偏荷载作用下反射裂缝扩展寿命预估模型如下：

$$N = 100000000 \times (12h_{p2} + h_{p3}) \times \left(\frac{E_p}{load}\right)^{0.049} \times \varepsilon_p^{\ -1.238} \tag{5.6}$$

反射裂缝需要进行偏载机会修正和轮迹分布修正，但不需要进行初始损伤类型修正（因为反射裂缝主要是横向裂缝），因此式（5.6）可变为：

$$N = 500000000 \times \frac{12h_{p2} + h_{p3}}{3} \times \left(\frac{E_p}{load}\right)^{0.049} \times \varepsilon_p^{-1.238} \qquad (5.7)$$

（4）温度荷载作用时裂缝尖端产生的ΔK_{I}导致裂缝扩展。温度荷载作用产生的张开型应力集中具有随路面结构和轴载等因素规律变化的特性，可以进行裂缝扩展寿命的预估。温度荷载作用时，结构整体降温的情况是不存在的，因此结构整体降温幅度不能作为预估模型参数。

为了简化预估公式，剔除对反射裂缝扩展寿命影响敏感度过低的参数，选择面层综合模量、中面层厚度、下面层厚度、基层厚度和气温下降幅度作为反射裂缝扩展寿命预估模型的参数。预估分析的数据见表 5.62。

表 5.62 反射裂缝扩展预估模型的数据

中面层厚度/m	下面层厚度/m	基层厚度/m	基层模量/MPa	面层模量/MPa	气温下降幅度/℃	反射裂缝扩展寿命
0.06	0.08	0.36	1200	3230	15	90
0.12	0.08	0.36	1200	3290	15	220
0.18	0.08	0.36	1200	3330	15	290
0.24	0.08	0.36	1200	3350	15	350
0.3	0.08	0.36	1200	3370	15	520
0.06	0.12	0.36	1200	3240	15	100
0.06	0.16	0.36	1200	3250	15	130
0.06	0.24	0.36	1200	3270	15	150
0.06	0.32	0.36	1200	3270	15	180
0.06	0.08	0.18	1200	3230	15	90
0.06	0.08	0.54	1200	3230	15	70
0.06	0.08	0.72	1200	3230	15	60
0.06	0.08	0.36	1200	500	15	360
0.06	0.08	0.36	1200	1000	15	200

续表

中面层 厚度/m	下面层 厚度/m	基层厚 度/m	基层模 量/MPa	面层模 量/MPa	气温下降 幅度/℃	反射裂缝 扩展寿命
0.06	0.08	0.36	1200	2000	15	70
0.06	0.08	0.36	1200	3000	15	30
0.06	0.08	0.36	1200	4000	15	20
0.06	0.08	0.36	1200	1870	5	160
0.06	0.08	0.36	1200	2310	10	150
0.06	0.08	0.36	500	3230	15	100
0.06	0.08	0.36	1000	3230	15	90
0.06	0.08	0.36	2000	3230	15	70
0.06	0.08	0.36	4000	3230	15	40

在保证公式物理意义的基础上，选择以下公式作为疲劳寿命回归公式：

$$N = (ah_{p2} + bh_{p3})^c \times h_b{}^d \times E_p{}^e \times (f + g\Delta T) \qquad (5.8)$$

式中，N 为反射裂缝扩展寿命；E_p 为面层综合模量（MPa）；h_{p2} 为中面层厚度（m）；h_{p3} 为下面层厚度（m）；$load$ 为轴载（kN）；a、b、c、d、e、f、g 为参数。

经过非线性回归，式（5.8）的参数回归结果见表 5.63。

表 5.63　式（5.8）的参数回归结果

参数估计值				
参数	估计	标准误	95% 置信区间	
			下限	上限
a	20577.929	12825.791	−6482.124	47637.983
b	6446.740	3181.043	−264.674	13158.153
c	1.461	0.122	1.203	0.537
d	−0.275	0.385	−1.087	−0.003
e	−0.837	0.072	−0.990	−0.685

参数估计值				
参数	估计	标准误	95% 置信区间	
			下限	上限
f	1.462	0.121	1.202	0.538
g	−0.037	0.016	−0.072	1.718

ANOVAa			
源	平方和	df	均方
回归	861629.884	6	143604.981
残差	16466.116	17	968.595
未更正的总计	878096.000	23	
已更正的总计	336317.739	22	

因变量：n

$R^2 = 1-$（残差平方和）/（已更正的平方和）=0.951

因此，温度荷载作用下反射裂缝扩展寿命预估模型如下：

$$N = \frac{(20600h_{p2} + 6450h_{p3})^{1.46}}{h_b^{0.28}} \times E_p^{-0.837} \times (1.46 - 0.04\Delta T) \qquad (5.9)$$

式中，ΔT 为气温下降幅度（℃）。

半刚性基层沥青路面的半刚性基层由于温缩和干缩产生横向裂缝后，不可避免要受到对称荷载、偏荷载和温度荷载的作用，在交通荷载过大的情况下，必然会导致路面断裂，在交通荷载较小的情况下，路面反射裂缝也会在偏荷载的 K_{II} 作用下在一定时期内扩展至路表，即使没有交通荷载，温度荷载作用也会使反射裂缝在几年甚至几个月内扩展至路表。因此，半刚性基层沥青路面的半刚性基层一旦产生裂缝，在目前常用的结构形式和交通条件下反射裂缝扩展至路表是不可避免的，只能尽可能通过改变结构形式和改善交通条件来延长半刚性基层沥青路面的反射裂缝扩展寿命。

5.7 小结

本章系统分析了半刚性基层沥青路面反射裂缝产生的机理，采用断裂力学方法分析了对称荷载、偏荷载和温度荷载作用对反射裂缝的影响规律。具体工作和成果如下：

（1）分析了对称荷载、偏荷载和温度荷载作用时的应力强度因子的变化规律。

1）对称荷载作用下，应力强度因子 K_I 经历了急剧增长后快速减小，然后缓慢变化的过程。K_I 在缓慢变化阶段都是先缓慢增长，后逐渐减小直至变为负值。除了面层较厚和基层较薄的结构，缓慢增长阶段的 K_I 都没有超过急剧增长阶段的极大值。因此，如果急剧增长阶段的 K_I 极大值超过断裂韧度，则路面将快速断裂；如果急剧增长阶段的 K_I 和缓慢变化阶段的 K_I 都没有超过断裂韧度，则裂缝在 $K_I=0$ 时将停止扩展；如果急剧增长阶段的 K_I 未超过断裂韧度，而缓慢变化阶段的 K_I 超过了断裂韧度，则路面将在裂缝缓慢增长阶段才发生突然断裂，但是由于急剧增长阶段和缓慢变化阶段 K_I 的极值相差并不大，因此这种情况发生的几率较小。

2）偏荷载作用产生的 K_I 比对称荷载作用时偏小，规律性相似；面层厚度越厚，应力强度因子 K_I 和 K_{II} 在裂缝扩展后期越趋向复杂，但总体上 K_{II} 随裂缝长度的增加趋向增大；不考虑裂缝扩展初期（裂缝长度低于 2mm）的复杂变化，相同裂缝长度处，K_{II} 随中面层厚度、下面层厚度和土基模量的增加而递减，随轴载和基层厚度的增加而递增。

3）不论是对称荷载还是偏荷载作用，面层模量越大，K_I 降为负值时的裂缝长度越长，即裂缝能够扩展的长度越长。

4）不论是对称荷载还是偏荷载作用，在缓慢变化阶段，基层模量较低的结构的 K_I 先增后减，并逐渐变为负值，基层模量较低的结构的 K_I 持续下降直至变为负值。

5）不论是对称荷载还是偏荷载作用，基层模量越大，K_I 随裂缝长度变化的速率越快。

6）温度荷载作用时，增大基层模量和厚度，会使裂缝扩展前期 ΔK_I 趋向复杂，出现急剧增长后快速减小的短暂过程，增大面层厚度也会使裂缝扩展前期 ΔK_I 趋向复杂，出现 ΔK_I 为负值的情况。如果不考虑裂缝扩展前期的复杂变化，在相同裂缝长度处，ΔK_I 随沥青层模量、基层模量和土基模量的增加而递增，随面层厚度和基层厚度的增加而递减，随降温幅度的增加而增加。

7）温度荷载作用时，裂缝扩展长度越长，不同基层模量下的 ΔK_I 越接近，这说明随着裂缝向沥青层扩展，裂尖远离基层，基层模量对 ΔK_{I} 的影响越来越小。

（2）通过半圆弯曲疲劳试验，得到三种沥青混合料的裂缝扩展曲线，回归了双对数曲线方程，并建模计算了不同长度裂缝条件下半圆试件裂缝尖端的应力强度因子，进而得到了滑开型裂缝的 Paris 公式参数。

（3）通过不同初始裂缝长度的半圆试件的半圆弯曲疲劳试验，得到了不同初始裂缝长度的半圆试件的破坏荷载，并结合破坏荷载下的应力强度因子计算结果，得到了三种沥青混合料的张开型裂缝断裂韧度。

（4）分析了对称荷载、偏荷载和温度荷载作用下的反射裂缝扩展寿命变化规律。

1）对称荷载作用下，反射裂缝或者快速扩展至路表，或者扩展至路面某一深度处停止扩展，从路表将看不到反射裂缝。

2）偏荷载作用下，K_{I} 导致的裂缝扩展结果与对称荷载作用规律类似，K_{II} 导致的反射裂缝扩展寿命随面层模量、土基模量、面层厚度的增加而递增，随基层模量、基层厚度和轴载的增加而递减，各影响因素对 K_{II} 产生的反射裂缝扩展寿命影响显著性的次序为：中面层厚度＞下面层厚度＞轴载＞基层厚度＞面层综合模量＞基层综合模量＞土基模量。

3）温度荷载作用下，反射裂缝扩展寿命随中面层厚度和下面层厚度的增加而递增，随面层模量、基层模量、土基模量、基层厚度和降温幅度的增加而递减。各影响因素对温度荷载产生的反射裂缝扩展寿命影响显著性的次序为：中面层厚度＞结构整体降温幅度＞下面层厚度＞气温下降幅度＞基层厚度＞面层综合模量＞基层综合模量＞土基模量。

（5）计算了路面结构初始状态的荷载响应，回归得到了反射裂缝扩展寿命预估方程。其中，偏荷载作用产生的 K_{II} 导致的反射裂缝扩展寿命为 $N = 500000000 \times \dfrac{12h_{p2} + h_{p3}}{3} \times \left(\dfrac{E_p}{load}\right)^{0.049} \times \varepsilon_p^{-1.238}$，温度荷载作用产生的 K_{I} 导致的反射裂缝扩展寿命为 $N = \dfrac{(20600h_{p2} + 6450h_{p3})^{1.46}}{h_b^{0.28}} \times E_p^{-0.837} \times (1.46 - 0.04\Delta T)$。

第6章　路面初始状态荷载响应现场修正与材料力学参数的关联分析

6.1　概述

6.1.1　研究目的和意义

路面破损预估模型除了结构与环境参数，还包括了初始状态荷载响应参数。由于模型简化、参数选取、层间摩擦与黏结等诸多因素影响，初始状态荷载响应的计算结果未必与实际一致。为了使路面破损预估模型能应用于实际，有必要进行现场荷载响应数据的检测，对荷载响应结果进行现场修正，从而进一步修正路面破损预估模型。

6.1.2　国内外研究现状

6.1.2.1　试验路的介绍

本章的依托项目是交通部行业联合攻关项目——高等级公路典型路面结构路用性能和寿命周期费用研究，该项目的依托工程——青州至临沭高速公路，里程228 千米，双向六车道，是国家高速公路网中长（春）深（圳）线的重要组成部分，也是山东省规划高速公路网的重要组成部分和"十一五"期间重点建设项目之一。2011 年9 月~11 月在临沂市的沂水县境内铺筑了8 种结构形式的试验路，其中，结构1 是半刚性基层沥青路面结构，其结构形式见表6.1。

表 6.1　试验路结构 1 的结构形式

类型	结构形式
SMA-13	4
AC-20	6
AC-25	8
LSPM30	13

续表

类型	结构形式
水泥稳定碎石基层	18
水泥稳定碎石底基层	16
水泥稳定砂加碎石	16
路基	

6.1.2.2 埋设沥青路面传感器

1. 检测指标

在参考国内外路面设计方法和科研成果的基础上，选择以下指标作为检测对象：沥青层底和层间的拉应变、沥青层竖向压应变、半刚性基层顶面压应力、路基顶面压应力、路面温度场、路基含水量等。

2. 传感器种类

（1）沥青应变计。试验路选用 CTL 公司生产的沥青应变计，用于检测沥青层底和层间的拉应变，如图 6.1 所示，CTL 公司设计和生产的应变计能适用于大多数路面结构组合，每一个应变计配备独立的校准片，最大测量范围是 $\pm 1500 \mu\varepsilon$。

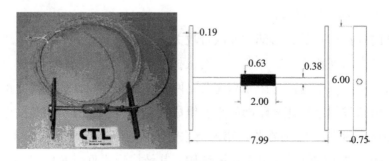

图 6.1　沥青层应变计

（2）土压力盒。土压力盒埋设在路基顶面，用于检测路基或其他结构层顶面的压应力。土压力盒由 Geokon 公司生产，其量程最大可达 250kPa，如图 6.2 所示。压力盒由两个圆形不锈钢片从外围焊接而成，两个圆形钢片夹层间的空隙中充满无空气的油液，压力的变化挤压两层钢片导致钢片夹层中的液体压力发生变化，半导体传感器将液体压力的变化转换为电子信号通过电缆传送到输出终端。

（3）温度计。温度计用于测量大气温度和路面结构内部温度的变化规律，采用的温度传感器如图 6.3 所示。

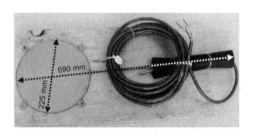

图 6.2　土压力盒

（4）含水量传感器。含水量传感器用于测量土壤的水分，采用的 ECH2O 传感器如图 6.4 所示，该传感器使用新技术和耐用材料，可以对不同土壤深度的水分含量进行长期准确的监测。

图 6.3　温度传感器　　　　　　　　　图 6.4　含水量传感器

3. 传感器埋设位置

沥青应变计和土压力盒埋设在行车道上距离外车道标线中心线 96cm 处。含水量传感器用于测试路基的含水量，埋设于路肩处路基下 40cm 深度。仪器埋设情况如图 6.5 和图 6.6 所示。

图 6.5　传感器埋设现场

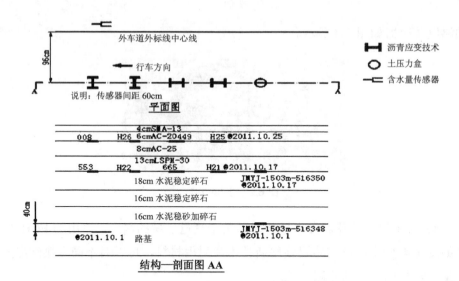

图 6.6　试验路结构 1 的传感器埋设位置示意图

6.1.2.3　荷载响应检测方案

为了收集路面初始状态的荷载响应数据，在试验路通车之前进行了一次荷载响应检测，具体检测方案如下：

1. 加载车型

采用施工现场的工程车作为试验车，试验车双后轴、双轮组，如图 6.7 所示。

图 6.7　荷载响应检测试验车

2. 加载轴重

通过在料场填装石料改变试验车的后轴重，采集检测后轴重为 20.2t、22.5t、23.6t 和 30.3t 时的路面荷载响应。

3. 车速

由于试验路长度较短，在主线段未完全竣工的情况下试验车无法在短距离内达到 80km/h 及以上的车速，因此只检测试验车以 40km/h 的车速行驶时的试验路荷载响应。

4. 平行试验

每个轴载条件下至少进行两次试验，取数值大的数据为检测数据。

6.1.2.4　荷载响应检测结果

1. 检测时刻的气温

检测时刻的当地气温和天气情况见表 6.2。

表 6.2　荷载响应试验的气温和天气条件

后轴重/t	天气	检测时间	时刻	气温/℃	平均气温/℃
20.2	晴	2012 年 7 月 19 日	10:40	28	30.5
			11:00	28	
			11:20	30	
			11:40	31	
			12:00	33	
			12:20	33	
22.5 和 23.6	晴	2012 年 7 月 20 日	10:45	33	33.75
			11:15	33.5	
			11:35	34	
			11:55	34	
			12:15	34	
			12:35	34	
30.3	晴	2012 年 7 月 20 日	17:20	29	27.83
			17:40	29	
			17:55	28	
			18:10	28	
			18:25	27	
			18:40	26	

2. 检测信号的处理

试验车以一定车速从远处驶向检测点时，沥青应变计检测到的信号经过处理，得到应变随时间的变化，如图 6.8 和图 6.9 所示。

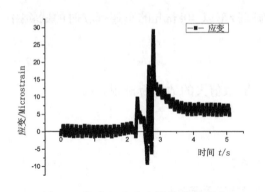

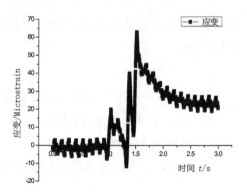

图 6.8　纵向沥青应变计的荷载响应　　　　图 6.9　横向沥青应变计的荷载响应

由图 6.8 和图 6.9 可见，在试验车通过检测点的过程中，由于试验车前后共三轴，所以出现了三次波峰（或波谷），而且最后一个波峰或波谷的值最大，该最大值即为试验车的双后轴经过传感器埋设点时的荷载响应值。在检测过程中，如果有三次波峰且波峰数值都大于相应的波谷数值，则认为试验车经过检测点时检测点位产生的是拉应力或拉应变；如果有三次波谷且波谷数值都大于相应的波峰数值，则认为试验车经过检测点时检测点位产生的是压应力或压应变，如图 6.10 和图 6.11 所示即为检测点位产生了压应变。

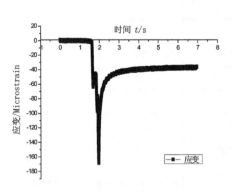

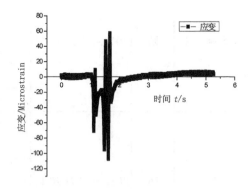

图 6.10　检测到的压应变形式 1　　　　　图 6.11　检测到的压应变形式 2

对于检测同一数据的平行传感器，如果二者的峰（或谷）值不同，则取峰（或谷）值较大的为检测数据。

3. 检测结果

对收集到的数据进行处理，得到各个传感器的荷载响应值见表 6.3。

表 6.3　荷载响应检测结果

轴载/t	层位		
	LSPM30 层底	半刚性基层顶面	路基顶面
	横向应变/microstrain	竖向应力/kPa	竖向应力/kPa
20.2	28.5	5.0	0.3
22.5	43.2	5.3	0.4
23.6	60.7	6.0	0.5
30.3	116.3	11.7	1.1

由表 6.3 可见：①轴载越重，应力和应变的检测值越大；②相同轴载条件下，半刚性基层顶面的压应力大于路基顶面的压应力。

6.2　荷载响应的计算值与实测值的对比分析

由于荷载响应是在试验路未通车之前检测的，因此可以认为试验路是无损的，其荷载响应就是路面初始状态下的荷载响应。

用路面力学软件 BISAR 对试验车经过传感器的时刻建立模型，轴载设置为双轴双轮组，每轮受力相同，两轴间距 180cm。通过对第 2 章的动态模量数据进行插值，可以获得不同温度下的沥青层模量，其中，沥青层温度根据大连理工大学康海贵等提出的沥青路面温度预估公式进行预估，见表 6.4。

表 6.4　沥青层中部的温度预估

检测时间	后轴重/t	检测过程中的平均气温/℃	检测过程中沥青层的中部温度/℃
2012 年 7 月 19 日	20.2	30.5	34.71
2012 年 7 月 20 日	22.5 和 23.6	33.75	38.34
2012 年 7 月 20 日	30.3	27.83	31.73

经过计算，轮下位置的路面荷载响应的计算结果与对应的实测值见表 6.5。各指标随轴载增加的变化规律如图 6.12 至图 6.14 所示。

表 6.5　有限元计算结果与实测值的对比

双后轴轴载/kN	车速/(km/h)		荷载响应		
			LSPM30 层底拉应变/microstrain	半刚性基层顶面压应力/kPa	路基顶面压应力/kPa
202	40	计算值	16.14	52.45	5.61
		实测值	28.5	5.0	0.3
225	40	计算值	20.41	62.38	6.28
		实测值	43.2	5.3	0.4
236	40	计算值	21.41	65.44	6.59
		实测值	60.7	6.0	0.5
303	40	计算值	25.88	84.28	7.37
		实测值	116.3	11.7	1.1

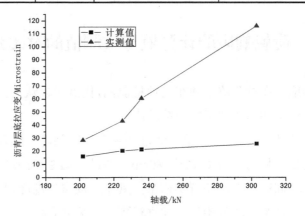

图 6.12　LSPM30 层底横向应变随轴载的变化规律

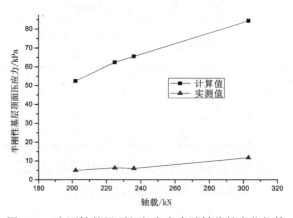

图 6.13　半刚性基层顶部竖向应力随轴载的变化规律

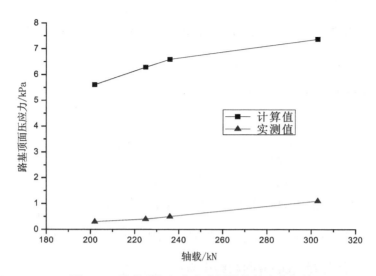

图 6.14　路基顶部竖向应力随轴载的变化规律

由图 6.12 至图 6.14 可以得出，各指标计算值与实测值随轴载的变化规律均随轴载的增大而递增，因此计算得到的路面荷载响应与实测值之间是存在相关关系的，其相关系数见表 6.6。

表 6.6　实测值与计算值的相关系数

类型	相关系数		
LSPM30 层底拉应变	0.98		
半刚性基层顶面压应力		0.96	
路基顶面压应力			0.94

由表 6.6 可见，实测值与路面破损模型的计算值之间的相关性是比较高的，都达到了 0.94 以上，因此二者之间必定可以建立相关关系。

6.3　荷载响应与预估公式的现场修正

由于路面荷载响应计算的各指标与实测值之间存在相关关系，因此可以通过现场实测值对计算结果进行现场修正。

本节选择以下公式建立荷载响应指标的回归关系式：

$$y = e^{aLoad+b} \tag{6.1}$$

式中，y 为应变或应力；$Load$ 为后轴的单轴轴载；a、b 为系数。

经过回归分析，沥青层底横向拉应变、半刚性基层顶面压应力和路基顶面压应力的实测值的回归结果分别为：

$$\varepsilon_{p实测} = e^{0.024Load+1.199}, \quad R^2=0.973 \qquad (6.2)$$

$$S_{CTB实测} = e^{0.018Load-0.279}, \quad R^2=0.991 \qquad (6.3)$$

$$S_{SG实测} = e^{0.025Load-3.638}, \quad R^2=0.998 \qquad (6.4)$$

式中，$\varepsilon_{p实测}$ 为沥青层底拉应变实测值（microstrain）；$S_{CTB实测}$ 为半刚性基层顶面压应力实测值（kPa）；$S_{SG实测}$ 为路基顶面压应力实测值（kPa）。

通过计算得到的荷载响应回归结果为：

$$\varepsilon_{p计算} = e^{0.008Load+2.014}, \quad R^2=0.921 \qquad (6.5)$$

$$S_{CTB计算} = e^{0.0088Load+3.100}, \quad R^2=0.982 \qquad (6.6)$$

$$S_{SG计算} = e^{0.005Load+1.262}, \quad R^2=0.922 \qquad (6.7)$$

式中，$\varepsilon_{p计算}$ 为沥青层底拉应变计算值（microstrain）；$S_{CTB计算}$ 为半刚性基层顶面压应力计算值（kPa）；$S_{SG计算}$ 为路基顶面压应力计算值（kPa）。

将实测值的回归模型除以理论计算值的回归模型，得到车辙模型和疲劳扩展模型的理论计算值的修正系数模型：

$$\lambda_{\varepsilon_p} = e^{0.015Load-0.915} \qquad (6.8)$$

$$\lambda_{S_{CTB}} = e^{0.009Load-3.379} \qquad (6.9)$$

$$\lambda_{S_{SG}} = e^{0.019Load-4.900} \qquad (6.10)$$

在进行半刚性基层沥青路面的实际应用时，可以按式（6.11）进行偏差修正：

$$现场荷载响应=\lambda \times 理论计算得到的荷载响应 \qquad (6.11)$$

车辙预估模型可以相应地修正为：

$$RD = \frac{(14+5N) \times load^{0.621} \times T^{2.652} \times \left(h_b/h_{p2}\right)^{0.003}}{1000000 v^{0.343}} \times (\varepsilon'_{p计算} \times e^{0.015load-0.915})^{0.121} \qquad (6.12)$$

疲劳寿命预估模型可以相应地修正为：

$$N = 4152000 \times \left({h_{p2}}\big/{h_b} \right)^{1.5} \times v^{1.34} \times load^{-1.74} \times (S_{CTB计算} \times e^{0.009 Load - 3.379})^{-0.24} \quad (6.13)$$

偏荷载作用下 K_{II} 导致的反射裂缝扩展寿命预估模型可以相应地修正为：

$$N = 254570000 \times \frac{(h_{p2}^{1.73} + h_{p3}^{536.76})}{h_b^{0.252}} \times E_p^{0.005} \times load^{-0.122} \times (\varepsilon_{p计算} \times e^{0.015 Load - 0.915})^{-0.11}$$

$$(6.14)$$

6.4 材料力学参数与实验室数据关联分析

用于力学计算的材料力学参数是通过室内成型试件或现场取芯，然后进行力学试验获得的，而试件的体积参数和材料参数必然会影响到试件的力学参数，以往的路面计算和设计方法往往忽视了这一点，分割了材料力学参数与实验室参数的关联性，使材料试验无法指导理论计算。

寻求材料力学参数与特定的实验室参数的关联性，既可以将力学计算方法与材料的实验室设计结合起来，也可以进一步地细化路面破损预估模型。

1. 沥青混合料材料力学参数与实验室参数的关联性分析

试验路的沥青混合料主要包括 SMA13、AC20、AC25、LSPM30 和 ATB25，五种沥青混合料的力学参数包括模量和强度，从试验路上收集到的材料力学参数见表 6.7，如图 6.15 所示。

表 6.7 沥青混合料的力学强度试验结果

混合料类型	20℃回弹模量/MPa	20℃动态模量/MPa	抗压强度/MPa	劈裂强度/MPa
SMA13	1200	6500	2.55	1.258
AC20	1500	10600	3.06	1.052
AC25	2300	12700	4.33	1.031
LSPM30	640	6060	1.02	0.487
ATB	1600	11200	3.69	1.168

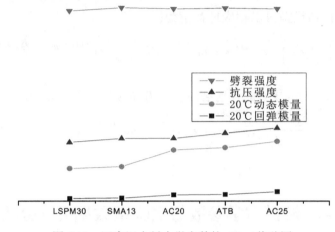

图 6.15　沥青混合料力学参数的 offset 偏移图

由图 6.15 可见，沥青混合料的四种力学参数之间基本上是呈正比对应关系的（劈裂强度的规律性较差）。因为本节进行路面破损计算时采用的沥青混合料力学参数主要是动态回弹模量（计算温度荷载导致的反射裂缝时，采用的是静态回弹模量），所以，以动态回弹模量代表其他材料力学参数与实验室参数进行关联性分析。

在进行沥青混合料配合比的设计过程中，得到的体积参数和马歇尔试验指标数据见表 6.8。

表 6.8　实验室沥青混合料体积参数和其他配合比参数试验结果

混合料类型	最大理论密度	孔隙率/%	矿料间隙率/%	沥青饱和度/%	粉胶比 FB	有效沥青膜厚度/um	稳定度/kN	流值/0.1mm	动稳定度/(次/mm)	残留稳定度/%	冻融劈裂强度比 TSR/%
SMA13	2.616	3.8	17.3	77.9	1.850	7.1	12.4	38.2	>6000	88.1	89.5
AC20	2.736	4.1	13.2	69.4	1.143	8.6	9.4	28.9	3398	87.6	82.2
AC25	2.533	4.3	12.6	56.2	1.156	9.0	9.3	31.2	1610	91.4	81.7
LSPM30	2.610	16.5	22.5	25.2	—	—	—	—	1120	—	—
ATB25	2.544	4.5	13.8	67.2	—	—	—	—	3407	—	—

经过处理，动态模量与实验室各体积参数和配合比参数的关系如图 6.16 所示。

由图 6.16 可见，沥青混合料的动态模量与矿料间隙率的关系最为密切，沥青混合料的模量随矿料间隙率的变化规律如图 6.17 所示。

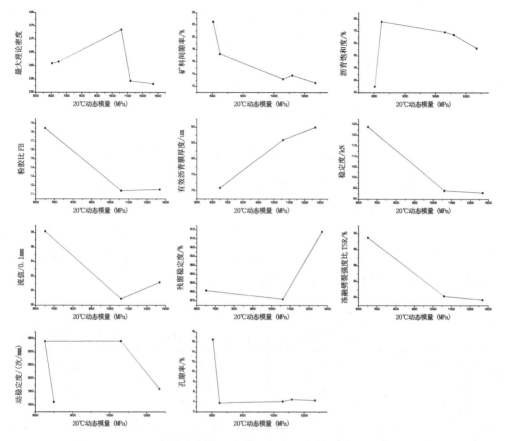

图 6.16 实验室各体积参数和配合比参数与模量的关系

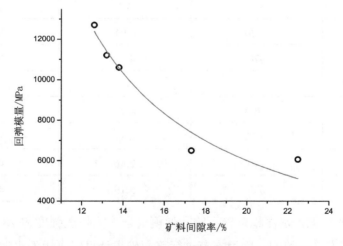

图 6.17 沥青混合料模量随矿料间隙率的变化规律

动态模量表征的是沥青混合料的刚度，矿料间隙率表征的是沥青混合料中除矿料以外材料所占的体积，沥青混合料模量随矿料间隙率的增加而递减，这说明沥青混合料的刚度与矿料占沥青混合料的比重成正比，即沥青混合料中矿料含量越多，沥青混合料的刚度也越大。

经过非线性回归，模量与矿料间隙率的关系为：

$$E = \frac{1}{(-0.00007+0.000012VMA)}, \quad R^2 = 0.930 \tag{6.15}$$

式中，E 为 20℃动态模量（MPa）；VMA 为矿料间隙率（%）。

2. 水泥稳定碎石材料的力学参数与实验室参数的关联性分析

试验路使用的半刚性材料主要是水泥稳定碎石，在施工过程中，对试验路的部分桩号进行取样，得到了各桩号半刚性基层材料的材料力学参数。水泥稳定碎石的力学参数试验结果见表 6.9，如图 6.18 所示。

表 6.9　水泥稳定碎石的力学计算参数

桩号	静态回弹模量/MPa	7 天抗压强度/MPa	28 天抗压强度/MPa
K130+460	1620	4.25	6.24
K130+640	1200	3.81	6.11
K130+760	1030	4.15	6.18
K131+150	1030	4.5	6.79
K131+250	690	4.5	6.41
K131+700	1120	4.91	5.57
K132+190	670	4.35	9.53
K132+280	1440	5.3	8.39
K132+440	1700	4.93	7.72
K132+530	1920	6.39	8.28
K132+840	740	2.86	4.14
K132+980	630	3.19	4.49

由图 6.18 可见，水泥稳定碎石的回弹模量与 7 天抗压强度和 28 天抗压强度的增长规律基本是一致的。因为本节进行路面破损计算时采用的水泥稳定碎石力

学参数是静态回弹模量，所以，以静态回弹模量代表其他力学参数与实验室参数
进行关联性分析。

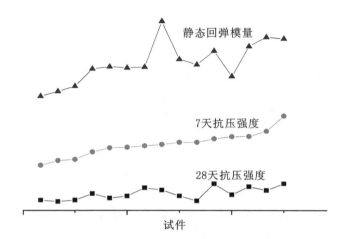

图 6.18　水泥稳定碎石力学强度试验的 offset 偏移图

实验室测得的水泥稳定碎石的材料参数结果见表 6.10。

表 6.10　水泥稳定碎石的材料参数试验结果

桩号	含水量/%	灰剂量/%	水泥胶砂 7 天抗折 强度/MPa	水泥胶砂 7 天抗压 强度/MPa	水泥胶砂 28 天抗折 强度/MPa	水泥胶砂 28 天抗压 强度/MPa
K130+460	4.1	4.3	5.73	28.43	8.6	41.64
K130+640	4.6	4.3	6.22	29.6	8.7	44.2
K130+760	4.5	4.1	5.47	25.43	9.3	39.93
K131+150	4.6	4.3	—	—	—	—
K131+250	5.2	4.2				
K131+700	4.6	5.13	5.57	25.19	9.2	42.73
K132+190	5.1	4.9	4.73	21.06	9.1	38.54
K132+280	4.4	4.1	5.03	22.38	9.2	37.53
K132+440	3.9	4.5	4.8	19.14	9.4	38.14
K132+530	3.4	4.3	6.5	27.85	9.1	37.37
K132+840	5.1	4.3	3.08	19.32	6.5	35.88
K132+980	4.9	4.2	4.8	20.22	8.8	37.32

经过处理，静态回弹模量与各材料参数的关系如图 6.19 所示。

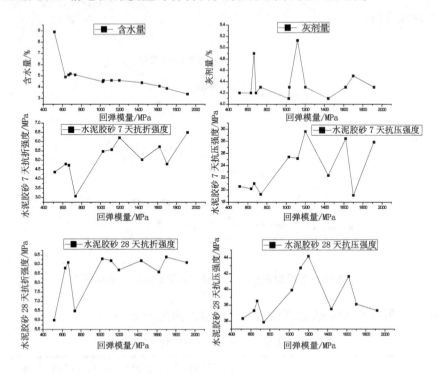

图 6.19　水泥稳定碎石的材料参数与模量的关系

由图 6.19 可见，水泥稳定碎石的含水量与静态回弹模量的关系最为密切，随着含水量的增加，静态回弹模量逐渐减小，半刚性基层静态回弹模量随含水量的增加其变化规律如图 6.20 所示。

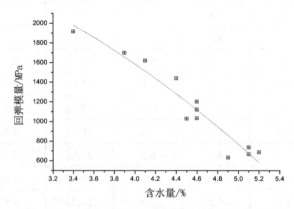

图 6.20　水泥稳定碎石的模量随含水量的变化规律

经过非线性回归，水泥稳定碎石的静态回弹模量与含水量之间的关系为：

$$E = 2954 - 75W^2 , \quad R^2 = 0.926 \tag{6.16}$$

式中，E 为回弹模量（MPa）；W 为含水量（%）。

3. 路基材料力学参数与实验室参数的关联性分析

对试验路的部分桩号进行承载板试验，测得原状路基的回弹模量见表 6.11。

表 6.11 原状路基的回弹模量

桩号	原状路基承载板模量/MPa	桩号	原状路基承载板模量/MPa
K130+380	42.3	K132+280	31.5
K130+460	49.6	K132+440	86.0
K130+760	49.5	K132+530	41.3
K131+250	55.5	K132+840	34.2
K131+400	68.1	K132+940	30.6
K131+700	81.9	K133+160	29.8
K131+850	45.8	K133+270	36.9
K131+950	52.5	—	—

实验室测得的原状土的材料参数见表 6.12。

表 6.12 实验室原状土的材料参数

桩号	液限/%	塑限/%	塑性指数	最佳含水率/%	最大干密度/(g/cm³)	CBR/%
130+380	28.4	17.9	10.5	12.3	1.95	18.4
130+460	31.5	18	13.6	13.5	1.95	19.6
130+760	33.7	15.5	18.2	12.3	1.97	16
131+250	29.5	10.9	18.6	10.9	1.97	15.4
131+400	27.6	17.3	10.3	11.8	1.93	20
131+700	27.6	16.8	10.8	11.3	1.99	26
131+850	31.2	15.4	15.8	10.7	1.97	14.2
131+950	29.9	13.9	11	11.3	1.93	18
132+280	29.2	13.9	15.3	12	1.95	11

续表

桩号	液限/%	塑限/%	塑性指数	最佳含水率/%	最大干密度/(g/cm³)	CBR/%
132+440	28.2	12.8	15.4	9.2	2	34
132+530	29.9	19.3	10.6	12	1.98	14
132+840	31.4	15.9	15.5	13	1.91	12
132+940	30.5	15.9	14.6	10.9	1.95	12.6
133+160	30.3	14.8	15.5	11.6	1.96	11
133+270	30.2	14.1	16.1	10.5	1.97	13

路基回弹模量与各材料参数的关系如图 6.21 所示。

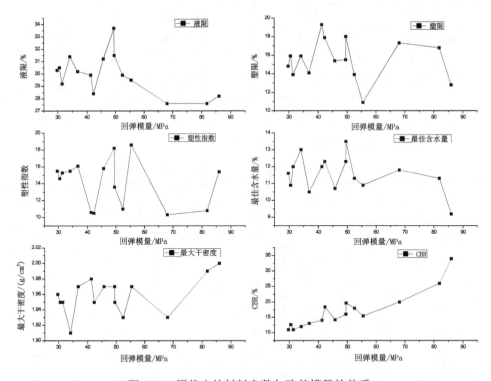

图 6.21　原状土的材料参数与路基模量的关系

由图 6.21 可见，加州承载比 CBR 与路基模量的关系最为密切，随着模量的增加，CBR 增大，CBR 随路基基层模量增加的变化规律如图 6.22 所示。

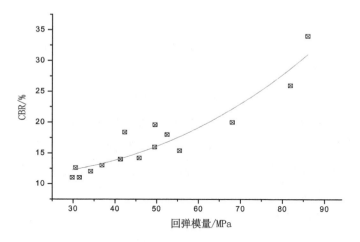

图 6.22　CBR 随回弹模量的变化规律

经过非线性回归，路基模量与 CBR 之间的关系为：

$$E = 10.8 + 0.00036CBR^{2.45}，\quad R^2=0.832 \qquad (6.17)$$

式中，E 为回弹模量（MPa）；CBR 为加州承载比（%）。

在得到面层动态回弹模量、基层静态回弹模量和路基回弹模量与实验室材料相关参数的回归关系式后，路面破损预估模型可以进一步细化。

偏荷载作用时，裂缝尖端产生的 K_{II} 导致的反射裂缝扩展寿命预估模型可以细化为：

$$N = 7010 \times \frac{(h_{p2}^{1.73} + h_{p3}^{536.76})}{h_b^{0.252}} \times (-7 + 1.2VMA)^{-0.005} \times load^{-0.122} \times (\varepsilon_{p计算} \times e^{0.015Load-0.915})^{-0.11}$$

$$(6.18)$$

温度荷载作用时，裂缝尖端产生的 ΔK_{I} 导致的反射裂缝扩展寿命预估模型可以细化为：

$$N = 84 \times \frac{(h_{p2}^{0.554} + h_{p3}^{3.731})}{h_b^{0.254}} \times (-7 + 1.2VMA)^{0.912} \times \Delta T^{-0.785} \qquad (6.19)$$

6.5　小结

本章通过对现场检测数据和荷载响应理论计算值的对比分析，得到了荷载响应理论计算值的现场修正系数模型，从而对路面破损预估模型进行了现场修正；建立了材料力学参数与实验室参数的关联，进一步细化了路面破损预估模型。主要工作与结论如下：

（1）通过传感器的埋设和检测，得到现场检测数据，并进行了数据处理分析。

1）相同车速条件下，轴载越重，应力和应变的检测值越大。

2）相同车速和轴载条件下，半刚性基层顶面的压应力大于路基顶面的压应力。

（2）根据现场检测条件计算了路面初始状态的荷载响应，并与实测值进行了对比分析，发现二者存在相关关系，通过建立现场检测数据和理论计算数据的回归模型，得到了路面荷载响应指标的现场修正系数模型，进而得到经过现场修正的路面破损预估模型。

其中，车辙预估模型修正为：

$$RD = \frac{(14+5N) \times load^{0.621} \times T^{2.652} \times \left(h_b \big/ h_{p2}\right)^{0.003}}{1000000 v^{0.343}} \times (\varepsilon_{p\text{计算}} \times e^{0.015load-0.915})^{0.121}$$

疲劳寿命预估模型修正为：

$$N = 4152000 \times \left(h_{p2} \big/ h_b\right)^{1.5} \times v^{1.34} \times load^{-1.74} \times (S_{CTB\text{计算}} \times e^{0.009Load-3.379})^{-0.24}$$

偏荷载作用下，K_{II} 导致的反射裂缝扩展寿命预估模型修正为：

$$N = 254570000 \times \frac{(h_{p2}^{1.73} + h_{p3}^{536.76})}{h_b^{0.252}} \times E_p^{0.005} \times load^{-0.122} \times (\varepsilon_{p\text{计算}} \times e^{0.015Load-0.915})^{-0.11}$$

（3）分别针对试验路的沥青混合料、水泥稳定碎石和原状土的材料力学参数与实验室参数进行关联性分析，得到了二者的关联方程，并根据关联方程进一步细化了路面破损预估模型。

偏荷载作用时，裂缝尖端产生的 K_{II} 导致的反射裂缝扩展寿命预估模型可以细化为：

$$N = 7010 \times \frac{(h_{p2}^{1.73} + h_{p3}^{536.76})}{h_b^{0.252}} \times (-7+1.2VMA)^{-0.005} \times load^{-0.122}$$
$$\times (\varepsilon_{p\text{计算}} \times e^{0.015Load-0.915})^{-0.11}$$

温度荷载作用时，裂缝尖端产生的 ΔK_{I} 导致的反射裂缝扩展寿命预估模型可以细化为：

$$N = 84 \times \frac{(h_{p2}^{0.554} + h_{p3}^{3.731})}{h_b^{0.254}} \times (-7+1.2VMA)^{0.912} \times \Delta T^{-0.785}$$

参考文献

[1]   周岚. 高速公路沥青路面使用性能评价及预测研究[D]. 南京：东南大学，2015.

[2]   康庆华. 沥青混合料种类与路面寿命的关系[J]. 交通标准化，2008.

[3]   Fhwa，Tien F. Sinha，Kumaras C. Pavement Performance and Life-cycle Cost Analysis[J]，1991(1)：33-46.

[4]   曾宇彤，陈湘华，等. 美国永久性路面结构[J]. 中外公路. 2003(3)：59-61.

[5]   胡群芳. 公路路面结构使用性能评价与预测研究[D]. 郑州：郑州大学，2003.

[6]   Pavement Type Selection Preprocess[S]. A Position Paper by The Asphalt Pavement Alliance. 2004：17-193.

[7]   David H. Tim，David E. Newcome. Perpetual Pavement Design for Flexible Pavements in the US[J]. International Journal of Pavement Engineering. Vol7，No.2，June 2006：111-119.

[8]   Mike Condillac. Proposed Relationships on Vehicle Maintenance and Repair Costs（Spare Parts and Labour）for Use in the Hdm4 Model[R]. The World Bank，1995.

[9]   黄仰贤. 路面分析与设计[M]. 北京：人民交通出版社，1998.

[10]   傅东阳，胡昌斌. 高速公路沥青路面使用性能马尔可夫概率预测[J]. 福州大学学报（自然科学版），2005.

[11]   姚祖康. 路面管理系统[M]. 北京：人民交通出版社，1990.

[12]   黄文雄. 基于混合遗传神经网络的高速公路沥青路面使用性能评价方法研究[D]. 武汉：武汉理工大学，2003.

[13]   赵复笑，杨殿海，陈宏. 基于神经网络的沥青混凝土路面使用性能预测[J]. 沈阳建筑工程学院学报（自然科学版），2004(2)：121-124.

[14]   樊永华，洪秀安. 基于人工神经网络的沥青路面剩余寿命分析[J]. 三峡大学学报，2005.

[15] 倪富健，屠伟新，黄卫. 基于神经网络技术的路面性能预估模型[J]. 东南大学学报（自然科学版），2000，30(5)：91-95.

[16] 胡霞光，王秉纲. 两种基于遗传算法的路面性能综合评价方法[J]. 长安大学学报（自然科学版），2002：6-9.

[17] 陆燕. 路面性能模糊综合评价模型及应用研究[J]. 安徽工程科技学院学报，2003.

[18] 中华人民共和国交通运输部. 公路沥青路面设计规范（JTG D50-2006）[S]. 2007.

[19] 姚占勇，商庆森，赵之仲，贾朝霞. 界面条件对半刚性沥青路面结构应力分布的影响[J]. 山东大学学报（工学版），2007(3)：93-97.

[20] Tschegg. E. K.，Kroyer G，Tan D. M.，et al. Investigation of Bonding Between Asphalt Layers on Road Construction[J]. Journal of Transportation Engineering，1995，1(121)：309-316.

[21] Annual Meeting 2005 in Ancona. Rassegna del Bitume 51/05，PartlMN，Canestrari F（2005）RILEMpp 53-56.

[22] Bitumino. ses Mischgut, Bestimmung des Schichtenverbunds（nach Leutner），Schweizer Norm 671961（2000）.

[23] Caratterizzazione Prestazionale a Taglio Delle Interface. Metodo di prova. ASTRAUNI/TS 11214（2007）.

[24] Felice A. Santagata. Gilda Ferrotti. Manfred N. Partl. Francesca Canestrari. Materials and Structures，（2009）42：705-714.

[25] 黄宝涛，廖公云，张庆芳. 半刚性基层沥青路面层间接触临界状态值的计算方法[J]. 东南大学学报，2007.

[26] 唐承铁，袁腾芳，黄开宇. 不同层间接触条件下半刚性路面结构疲劳特性分析研究[J]. 中南公路工程，2007.

[27] 赵炜诚，许志鸿，黄文. 混凝土面层与贫混凝土基层的层间作用对荷载应力和完成的影响[J]. 中国公路学报，2003.

[28] 崔鹏，李宇峙，张莉，邵腊庚，孙立军. 采用便携式剪切仪研究超薄白色罩面的层间抗剪性能[J]. 中南公路工程，2006.

[29] 南雪峰，田泽峰. 超薄磨耗层层间抗剪强度试验研究[J]. 公路，2010.

[30] 苏凯，武健民，姚红云，徐小坤．沥青路面层间滑移破坏分析[J]．重庆交通学院学报，2005．

[31] 高雪池．桥面排水与防水的研究[D]．南京：东南大学，2002．

[32] 陈亚章，吕继群．层间状态对沥青路面力学性能与疲劳寿命的影响研究[J]．湖南交通科技，2017，43(1)：88-91，151．

[33] 罗要飞，张争奇，杨博，张苛，李志宏．层间接触条件对沥青路面结构性能的影响[J]．中外公路，2015，35(5)：109-114．

[34] 孙敬福，马士宾，陈奕，虞秋富．层间接触状态对半刚性基层沥青路面使用寿命的影响分析[J]．路基工程，2016(3)：51-54．

[35] 严二虎，沈金安．半刚性基层与沥青层之间界面条件对结构性能的影响[J]．公路交通科技，2004，21(1)：3，8-41．

[36] 柳浩，谭忆秋，宋宪辉，赵立东．沥青路面基－面层间结合状态对路面应力响应的影响分析[J]．公路交通科技，2009(3)：1-6．

[37] 刘红坡．层间接触对半刚性沥青路面力学响应的影响[D]．成都：西南交通大学，2006．

[38] 艾长发，邱延峻，毛成，等．考虑层间状态的沥青路面温度与荷载耦合行为分析[J]．土木工程学报，2007，40(12)：99-104．

[39] 曾同．考虑竖向荷载的沥青路面层间界面模型研究[D]．武汉：武汉工程大学，2017．

[40] 刘细军，郝培文．评价沥青路面黏结层黏结强度的新试验方法[J]．中外公路，2006．

[41] 刘丽．沥青路面层间处治研究[D]．西安：长安大学，2008．

[42] 徐江萍．水泥粉煤灰稳定碎石基层沥青路面抗裂性能研究[J]．西安：长安大学，2006．

[43] 曾孟澜，马正军，易昕．广义 Paris 公式预测沥青路面的疲劳寿命[J]．湖南大学学报（自然科学版），2006，32(6)：20-23．

[44] 罗辉，朱宏平．基于断裂分析的沥青路面疲劳寿命预测[J]．中外公路，2007．

[45] 刘大维，陈静，等．动态荷载下半刚性路面应力分析[J]．青岛大学学报（工程技术版），2006．

[46] 毛成，邱延峻，等．沥青路面裂缝扩展数值模拟及影响因素分析[J]．重庆

交通学院学报，2006.

[47] 郑健龙，张起森. 半刚性路面反射裂缝及其应力强度因子的有限元分析[J]. 岩土工程学报，1990，12(3)：22-30.

[48] 赵磊，樊统江，等. 荷载作用下半刚性基层沥青路面开裂原因分析[J]. 重庆交通大学学报（自然科学版），2009：49-53，133.

[49] 姚占勇，练继建，任宪勇. 半刚性路面基层开裂的力学响应[J]. 岩土力学，2006(12)：2250-2254.

[50] 姚祖康. 沥青路面结构设计[M]. 北京：人民交通出版社，2011.

[51] 李自林，龚能飞，栾小兵. 半刚性基层沥青路面温缩型反射裂缝的扩展机理分析[J]. 公路交通科技，2008(1)：43-46，63.

[52] 郭忠印，苏向军，钱国平，朱云升. 水泥稳定碎石基层施工质量控制[J]. 公路，2004(9)：157-162.

[53] 冯德成，王东升，马宏岩，等. 沥青层低温开裂预估模型研究[J]. 哈尔滨：哈尔滨工业大学，2010.

[54] 田小革，应荣华，郑健龙. 沥青混凝土温度应力试验及其数值模拟[J]. 土木工程学报，2002.

[55] 郑健龙，周志刚，张起森. 沥青路面抗裂设计理论与方法[M]. 北京：人民交通出版社，2002.

[56] 吴文彪. 基于老化沥青砼应力松弛特性的沥青路面低温开裂研究[D]. 长沙：长沙理工大学，2008.

[57] 席晓波. 水泥混凝土切缝机理研究[D]. 西安：西安公路交通大学，2000.

[58] Balbo，J. T. High Quality Cement Treated Crushed Stones for Concrete Pavement Bases[D]. University of San Paul，1996.

[59] 李淑明，许志鸿. 水泥稳定碎石基层的最低劈裂强度和抗压强度[J]. 建筑材料学报，2007，10(2)：177-182.

[60] 李文广，宋人武，何兆益. 不同级配水泥稳定粒料强度及收缩性能研究[J]. 重庆交通学院学报，2006，25(1)：125-127.

[61] 张辉，张玉斌，陈为成. 水泥稳定碎石抗压强度与劈裂强度特性分析[J]. 公路，2012(10)：172-175.

[62] Paris P. C.，Erdogan F. A Critical Analysis of Crack Propagation Laws[J].

Journal of Basic Engineering，1962，85(4)：528-534.

[63] Abdulshafi A. A.，Majidzadeh K. J-integral and Cyclic Plasticity Approach to Fatigue and Fracture of Asphaltic Mixtures[J]. Transportation Research Record，1985(1034)：112-123.

[64] Tigdemir M.，Kalyoncuoglu S. F.，Kalyoncuoglu U. Y. Application of Ultrasonic Method in Asphalt Concrete Testing for Fatigue Life Estimation[J]. NDT&amp，E International，2004，37(8)：597-602.

[65] Abo-Qudais S.，Shatnawi I. Prediction of Bituminous Mixture Fatigue Life Based on Accumulated Strain[J]. Construction and Building Materials，2007，21(6)：1370-1376.

[66] Perez S. A.，Balay J. M.，Tamagny P.，Petit C. Accelerated Pavement Testing and Modeling of Reflective Cracking in Pavements[J]. Engineering Failure Analysis，2007，14(8)：1526-1537.

[67] Doh Y. S.，Baek S. H.，Kim K. W. Estimation of Relative Performance of Reinforced Overlaid Asphalt Concretes Against Reflection Cracking Due to Bending More Fracture[J]. Construction and Building Materials，2009，23(5)：1803-1807.

[68] 张婧娜，朱希岭，张肖宁. 沥青混合料疲劳损伤的研究[J]. 哈尔滨建筑大学学报，1997，30(5)：106-112.

[69] 韦金城，庄传仪，高雪池，王林. 基于疲劳损伤的沥青路面设计温度及预估模型研究[J]. 公路交通科技，2010，27(S)：6-10.

[70] 邱阳阳. 基于弹塑性有限元法的沥青路面局部应变与疲劳寿命预估[D]. 西安：长安大学，2013.

[71] 周志刚. 交通荷载下沥青类路面疲劳损伤开裂研究[D]. 长沙：中南大学，2003.

[72] N. F. Coetzee，C. L. Monismith. Analytical Study of Minimization of Reflection Cracking in Asphalt Concrete Overlays by Use of a Rubber—Asphalt Interlayer. TRR 700，1981：101-108.

[73] C. L. Monismith，N. F. Coetzee. Reflection Cracking：Analysis，Laboratory State and Design Consideration. Proceedings of AAPT，1980(49)：268-313.

[74] H. S. Chang, R. L. Lyton, S. H. Carpenter. Numerical Analysis of Thermal Propagation in Pavement Overlays. Washington DC: Numerical Methods in Geomechanics, 1976: 526-539.

[75] 张起森, 刘益河. 沥青路面开裂机理分析及试验研究[J]. 长沙交通学院学报, 1988, 4(2): 67-79.

[76] 刘益河, 张起森. 用光弹法研究半刚性路面基层开裂和裂缝稳定性问题[J]. 长沙交通学院学报, 1989, 5(3-4): 63-74.

[77] 刘益河, 张起森. 用温度光弹法确定路面结构裂缝的应力强度因子[J]. 长沙交通学院学报, 1991, 7(1): 71-80.

[78] 郑健龙, 张起森. 半刚性基层沥青路面表面裂缝的热效应分析[J]. 长沙交通学院学报, 1992, 8(2): 1-11.

[79] 周志刚, 张起森, 郑健龙. 交通荷载作用下土工隔栅防止沥青路面开裂的桥联效应[J]. 中国公路学报, 1999, 12(3): 27-42.

[80] 刘益河, 张起森, 李志勇. 沥青路面温度应力的光弹性研究[J]. 中国公路学报, 1991, 4(4): 20-28.

[81] 许永明. 沥青混合料疲劳性能影响因素的研究[J]. 石油沥青, 1995, 9(4): 8-15.

[82] 孙立军, 刘喜平. 路面使用性能的标准衰变方程[J]. 同济大学学报（自然科学版）, 1995, 23(5): 512-517.

[83] 周志刚, 张起森. 结构层组合对路面裂缝扩展的影响[J]. 中国公路学报, 1997, 10(2): 5-10.

[84] 谢军. 重载条件下沥青路面疲劳响应及设计方法研究[D]. 上海: 同济大学, 2006.

[85] 王保良. 车辆荷载作用下沥青路面疲劳行为研究[D]. 西安: 长安大学, 2008.

[86] 吕松涛. 老化沥青混合料黏弹性疲劳损伤特性研究[D]. 长沙: 长沙理工大学, 2008.

[87] 孙志林. 基于损伤力学的沥青路面疲劳损伤研究[D]. 南京: 东南大学, 2008.

[88] 张勇. 沥青路面长寿命加铺层材料和结构疲劳特性研究[D]. 南京: 东南大学, 2009.

[89] 高智杰. 柔性基层沥青路面疲劳寿命分析[D]. 重庆: 重庆交通大学, 2010.

[90] 潘昊宇. 沥青路面表面开裂的有限元分析[D]. 重庆：重庆交通大学，2009.

[91] 段启强，张辉，莫春立，等. 驻留滑移带与晶界和孪晶界的交互作用[J]. 材料研究学报，2006，20(5)：449-453.

[92] 褚武扬. 断裂力学基础[M]. 北京：科学出版社，1979.

[93] 陈传尧. 疲劳与断裂[M]. 武汉：华中科技大学出版社，2002.

[94] Aloysuis Tjan. Crack Propagation Modeling in Flexible Pavement Structures. Disertation Presented in Partial Fulfillment of the Requirements for the Degree Doctor of Philosophy in Arizona State University，1996.

[95] 郑健龙，周志刚，等. 沥青路面抗裂设计理论与方法[M]. 北京：人民交通出版社，2003.

[96] 王宏畅. 半刚性基层沥青路面反射裂缝扩展及寿命研究[J]. 交通运输系统工程与信息，2012，12(2)：174-180.

[97] 孙涛. 复合式路面反射裂缝机理与防治措施研究[D]. 重庆：重庆交通大学，2009.

[98] 李洪升，周承芳. 工程断裂力学[M]. 大连：大连理工大学出版社，1990.

[99] 虞文锦. 半刚性基层沥青路面的裂缝成因分析及处理研究[D]. 西安：长安大学，2006.

[100] Strategic Highway Research Program. Distress Identification Manual for the Long Term Pavement Performance Project. Report No. SHRP-338. Strategic Highway Research Program（SHRP），National Research Council，Washington，D. C，1993.

[101] Yongqi Li. Asphalt Pavement Fatigue Cracking Modeling. Louisiana State University August，1999.

[102] 丁武洋. 路面结构裂缝问题的理论分析与应用研究[D]. 郑州：郑州大学，2002.

[103] 彭翀. 贫混凝土基层沥青路面抗反射裂缝结构研究[D]. 西安：长安大学，2006.

[104] Jaeobs M M. Crack Growth in Asphalt Mix. Delft University of Technology，Delft，1995.

[105] 武红岭. 非对称多层薄板折算力学模量的讨论[J]. 地质力学学报，1997，

3(2)：24-31.

[106] Braz，R. T. Lopes，L. M. G Motta. Research on Fatigue Cracking Growth Parameters in Asphaltic Mixtures Using Computed Tomography. Nclear Instruments and Methods in Physics Research B213，2004：498-502.

[107] Aloysius Tjan. Crack Propagation Modeling in Flexible Pavement Structures. Arizona State University，1996.

[108] 易昕. 三维有限元方法分析沥青路面自上而下裂缝的扩展[D]. 长沙：湖南大学，2006.

[109] Robert Y. Liang，Jian Zhou. Prediction of Fatigue Life of Asphalt Concrete Beams. Int. J. Fatigue，1997，19(2)：117-124.

[110] 曹光伦，陈发根，杨牧盘，等. 水泥稳定碎石基层合理水泥用量和级配的确定. 公路，2006，(11)：180-183.

[111] 李强. 半刚性基层沥青路面反射裂缝控制指标研究[D]. 南京：东南大学，2007.

[112] 谭金伟. 行车荷载作用下级配碎石基层沥青路面开裂及疲劳寿命分析[D]. 长沙：湖南大学，2009.

[113] 龙光. 行车荷载作用下沥青路面表面裂缝的扩展及疲劳寿命的研究[D]. 长沙：湖南大学，2008.

[114] 梁亮. 沥青稳定排水基层抑制反射裂缝的研究[D]. 北京：北京交通大学，2007.

[115] 毛成. 沥青路面裂缝形成机理及扩展行为研究[D]. 成都：西南交通大学，2005.

[116] 才华，张敏江，徐术陇. 反射裂缝的断裂及疲劳分析和模拟计算[J]. 沈阳建筑工程学院学报，1997，13(3)：252-258.

[117] 齐艳. 应用损伤理论分析旧水泥混凝土路面上沥青罩面层反射裂缝. 公路运输文摘，2003，(10)：52-54.

[118] 沈庆. 基于 XFEM 的半刚性基层沥青路面反射裂缝疲劳扩展研究[D]. 长沙：湖南大学，2018.

[119] H. S. Chang，R. L. Lytton etal. Prediction of Thermal Reflection Cracking in West Texas. Texas Transportation Institute，Research Report，1976，18(3).

[120] N. F. Cotzee，C. L. Monismith. Analytical Study of Minimization of Reflective Cracking in Asphalt Concrete Overlay by Use a Rubber-asphalt Interlayer. TRR700，1981.

[121] S. B. Seeds，B. F. McCulloughm，F. Carmichael. Asphalt Concrete Overlay Design Procedure Research Report 1007，Portland Cement Pavement Transportation，Washington D. C，1985.

[122] P. W. Jayqwickrama，R. E. Smith，R. L. Lytton，M. R. Tirado. Development of Asphalt Concrete Overlay Design Program for Reflective Cracking，Proceedings of RILEM Conf. On Reflective Cracking in Pavements，1989.

[123] Doh，Young S. Estimation of Relative Performance of Reinforced Overlaid Asphalt Concretes Against Reflection Cracking Due to Bending More Fracture. Construction and Building Materials，2009.

[124] 孙雅珍，赵颖华. 含反射裂缝沥青路面黏弹性损伤分析[J]. 沈阳建筑工程学院学报（自然科学版），2002，18(2)：97-100.

[125] 彭妙娟，张登良，夏永旭. 半刚性基层沥青路面的断裂力学计算方法及其应用[J]. 中国公路学报，1998，11(2)：30-38.

[126] 李春明，李华章. 沥青橡胶碎石防止半刚性基层材料裂缝反射探讨[J]. 交通科技，2003，(1)：34-36.

[127] 苑红凯. 含裂缝沥青路面结构力学性能研究[D]. 南京：东南大学，2006.

[128] 廖丹. 半刚性基层沥青路面反射裂缝防治技术研究[D]. 北京：北京工业大学，2009.

[129] 刘斌清. 基于控制反射裂缝的沥青路面复合基层合理结构研究[D]. 西安：长安大学，2010.

[130] 周富杰，孙立军. 复合路面荷载型反射裂缝的力学分析和试验路验证[J]. 土木工程学报，2002，35(1)：50-56.

[131] 杨涛. 半刚性基层沥青路面反射裂缝的产生机理及其防治措施[D]. 武汉：武汉理工大学，2005.

[132] 葛折圣，黄晓明. 运用损伤力学理论预测沥青混合料的疲劳性能[J]. 交通运输工程学报，2003.

[133] 罗辉，朱宏平. 基于断裂分析的沥青路面疲劳寿命预测[J]. 中外公路，2007，

27(4)：49-52.

[134] 关宏信，郑健龙，张起森．沥青混合料的勃弹性疲劳损伤模型研究[J]．力学与实践，2007，29(2)：50-53.

[135] 王宏畅，李国芬，黄晓明．高等级沥青路面表面裂缝扩展规律及寿命研究[J]．公路交通科技，2007，24(7)：10-14.

[136] 元松，谈至明．沥青路面荷载型竖向反射裂缝疲劳断裂分析[J]．同济大学学报（自然科学版），2007，35(10)：1352-1357.

[137] 元松，张显安．荷载与温度耦合下沥青路面结构复合型反射裂缝断裂分析[J]．长沙交通学院学报，2008，24(1)：49-53.

[138] 元松，李雪莲．交通荷载下半刚性基层沥青路面反射裂缝疲劳断裂分析[J]．中外公路，2008，28(4)：59-63.

[139] 马祥，马广平．浅析沥青路面半刚性基层反射裂缝成因及修补措施[J]．中小企业管理与科技，2010，(12)：179.

[140] 彭妙娟，程玉民．西三线沥青路面的荷载应力和温度应力分析[J]．西安理工大学学报，1998，14(2)：172-177.

[141] 岳福青，杨春风．半刚性基层沥青路面温缩裂缝的有限元分析[J]．桂林工学院学报，2004，(1)：52-54.

[142] 吴赣昌，凌天清．半刚性基层温缩裂缝的扩展机理分析[J]．中国公路学报，1998，(1)：21-28.

[143] 广西壮族自治区高速公路管理局，广州大学土木工程学院．广西高速公路旧水泥砼路面加铺沥青层典型结构研究[J]．研究总报告，2006，(2)：61-63.

[144] 杨涛．半刚性基层沥青路面反射裂缝的产生机理及其防治措施[D]．武汉：武汉理工大学，2005.

[145] 祝海燕．沥青加铺旧水泥混凝土路面复合结构研究[D]．西安：长安大学，2006.

[146] 黄钦寿．沥青加铺层反射裂缝扩展行为模拟及疲劳寿命预估[D]．广西：广西大学，2010.

[147] Krans RL, Tolman F, Vande Yen M F C. Semi-circular Bendingtest: A Practical Crack Growth Test Using Asphalt Concrete Cores. The 3th RILEM Conference on Reflective Cranking in Pavements, 1996: 331-342.

[148] Mull MA，Sturt K，Yehia A. Fracture Resistance Charaterization of Chemically Modified Crumb Rubber Asphalt Pavement. Journal of Materials Science，2002，37：557-566.

[149] 元松. 半刚性基层沥青路面结构疲劳断裂分析[D]. 上海：同济大学，2007.

[150] A. Vanelstraete，L. Franeken. Prevention of Reflective Cracking in Pavement. RJLEM Report 18，1997.